高职高专"十二五"规划教材

服装跟单实务

李广松　主编

FUZHUANG
GENDAN
SHIWU

化学工业出版社
·北京·

本书紧紧围绕服装跟单这条主线，从订单开发、接单洽谈，到订单采购、生产和货运整个订单处理过程进行阐述，展开相关内容及其管理方法讨论，思路清晰简明。同时，结合市场和企业实际运作情况，运用典型案例，对跟单常见问题与技巧进行深入浅出的分析，使《服装跟单实务》更切合企业的实际需求，并加强订单管理的可操作性。

《服装跟单实务》既可作为高职高专院校服装专业的教材，又适合新跟单员初学跟单业务时使用，也可帮助资深的跟单员再度整理、规范相关业务流程，解决跟单业务中的难题。

图书在版编目（CIP）数据

服装跟单实务/李广松主编. —北京：化学工业出版社，2011.12（2024.8重印）
高职高专"十二五"规划教材
ISBN 978-7-122-12344-2

Ⅰ.服… Ⅱ.李… Ⅲ.服装工业-生产管理-高等职业教育-教材 Ⅳ.F407.866.2

中国版本图书馆CIP数据核字（2011）第190965号

责任编辑：蔡洪伟　陈有华　　　　文字编辑：林　丹
责任校对：洪雅姝　　　　　　　　装帧设计：王晓宇

出版发行：化学工业出版社（北京市东城区青年湖南街13号　邮政编码100011）
印　　装：北京科印技术咨询服务有限公司数码印刷分部
787mm×1092mm　1/16　印张15½　字数377千字　2024年8月北京第1版第6次印刷

购书咨询：010-64518888　　　　　　售后服务：010-64518899
网　　址：http://www.cip.com.cn
凡购买本书，如有缺损质量问题，本社销售中心负责调换。

定　价：39.00元　　　　　　　　　　　　　　　　　　　　版权所有　违者必究

前 言
FOREWORD

随着市场需求的多变与客户要求的不断提高,给企业的计划、生产、品质、交货期提出了更高的要求,因此基于跟单管理的需要,高素质的订单执行队伍"跟单员"则成为这一岗位不可缺少的专业人才。无论是业务跟单员、还是生产跟单员,社会需求一直维持在较高水平;不论是外资企业还是民营企业,几乎每个企业都需要不同数量的跟单员。企业生存与发展,都是以订单为主线,作为以订单为核心的企业运作管理,跟单人员所从事的跟单管理工作涉及到一个企业运作体系的每一个环节。企业所有的工作都是以客户和订单为中心去展开。因此跟单管理工作是一项非常"综合性"的工作,不但融合在企业的生产与运作之中,更重要的是需要进行非常专业的统筹计划、实施生产、协调沟通以及高强的跟催等实际操作。随着商品市场的多样化、小批量化以及节奏的加快,跟单管理工作质量的好坏直接影响公司的服务品质和企业形象,其重要性不断凸显出来。

本书主编为李广松,副主编为窦俊霞、勾爱玲。第一章和附录部分由平顶山工业职业技术学院窦俊霞编写;第二章和第三章由湖南文理学院李广松编写;第四章、第五章、第六章由山西晋城职业技术学院赵晓玲、常瑞萍和漯河职业技术学院刘心宽编写;第七章和第八章由漯河职业技术学院勾爱玲编写;第九章由开封大学苗静编写。全书由李广松统稿。

由于编写时间短促,难免有遗漏、不妥之处,欢迎专家、学者及广大读者批评指正。

编者

2011 年 10 月

目 录
CONTENTS

第一章　绪论 …………………………………………………………………… 1

　第一节　服装跟单概述 ……………………………………………………… 1
　　一、服装跟单的由来 ……………………………………………………… 1
　　二、跟单的概念 …………………………………………………………… 3
　　三、跟单的形成过程 ……………………………………………………… 4
　　四、跟单的特点 …………………………………………………………… 4
　　五、跟单的种类 …………………………………………………………… 5
　第二节　服装跟单的业务程序 ……………………………………………… 6
　　一、服装跟单的基本业务程序 …………………………………………… 6
　　二、服装订单的处理流程 ………………………………………………… 7
　　三、贸易跟单岗位的具体工作职责 ……………………………………… 7
　　四、某企业规定的跟单员岗位职责 ……………………………………… 13
　　五、服装跟单的重要性及发展前景 ……………………………………… 16
　第三节　跟单的适用范围 …………………………………………………… 17
　　一、服装跟单的应用 ……………………………………………………… 17
　　二、服装跟单在内销企业与外销企业中应用的区别 …………………… 18
　　三、跟单的适用范围 ……………………………………………………… 18
　　四、不同部门的跟单应用 ………………………………………………… 20
　　五、跟单员的素质能力要求 ……………………………………………… 21
　　六、跟单员的工作要求 …………………………………………………… 23
　第四节　服装跟单基本流程 ………………………………………………… 24
　　一、查阅订单工艺文本 …………………………………………………… 24
　　二、审核相应的企业生产工艺文本 ……………………………………… 25
　　三、检验大货面、辅料 …………………………………………………… 25
　　四、核对款式 ……………………………………………………………… 27
　　五、生产过程中的缝制工艺管理 ………………………………………… 30
　　六、首件流水样检验 ……………………………………………………… 30
　　七、后整理封样 …………………………………………………………… 30
　　八、包装封样 ……………………………………………………………… 30
　　九、装箱封样 ……………………………………………………………… 31
　　十、装箱单的填制 ………………………………………………………… 31
　思维拓展 ……………………………………………………………………… 32
　思考与练习 …………………………………………………………………… 33

第二章　服装订单开发 ………………………………………………………… 34

　第一节　订单开发业务分析 ………………………………………………… 34

一、订单开发业务工作流程 …………………………………………………… 34
　　二、订单开发业务工作内容 …………………………………………………… 34
　第二节　订单开发前期工作 …………………………………………………………… 38
　　一、制定接单计划 ………………………………………………………………… 38
　　二、设计开发产品 ………………………………………………………………… 38
　　三、联系开发客户 ………………………………………………………………… 40
　　四、识别评审客户 ………………………………………………………………… 40
　　五、加强客户服务意识 …………………………………………………………… 42
　　六、相关准备工作 ………………………………………………………………… 43
　第三节　服装订单合同的签订 ………………………………………………………… 43
　　一、订单的磋商 …………………………………………………………………… 44
　　二、服装合同的签订 ……………………………………………………………… 51
　思维拓展 …………………………………………………………………………………… 55
　思考与练习 ………………………………………………………………………………… 57

第三章　服装订单资料管理 ……………………………………………………… 58

　第一节　订单计划管理 ………………………………………………………………… 58
　　一、订单计划管理的工作流程 …………………………………………………… 58
　　二、合同资料管理 ………………………………………………………………… 60
　第二节　订单资料跟单 ………………………………………………………………… 65
　　一、订单资料的收集与输入 ……………………………………………………… 65
　　二、订单资料的编制与分发 ……………………………………………………… 66
　　三、订单资料的更改与修订 ……………………………………………………… 68
　　四、订单资料跟单注意事项 ……………………………………………………… 69
　第三节　服装内销企业的订单资料管理 ……………………………………………… 70
　　一、内销服装订单工艺文本的编制 ……………………………………………… 70
　　二、内销服装款式号的编制方法 ………………………………………………… 72
　第四节　外销服装跟单管理 …………………………………………………………… 73
　　一、出口服装报价 ………………………………………………………………… 73
　　二、出口服装合同 ………………………………………………………………… 77
　　三、出口服装订单工艺文本的编制 ……………………………………………… 79
　第五节　跟单资料信息化管理 ………………………………………………………… 82
　　一、订单管理系统基本功能 ……………………………………………………… 82
　　二、订单管理系统模块介绍 ……………………………………………………… 83
　　三、服装订单管理系统介绍 ……………………………………………………… 84
　第六节　订单资料跟单案例 …………………………………………………………… 85
　思维拓展 …………………………………………………………………………………… 86
　思考与练习 ………………………………………………………………………………… 87

第四章　服装样板跟单 …………………………………………………………… 88

　第一节　服装样板简介 ………………………………………………………………… 88

一、服装样板的含义 …………………………………………………… 88
　　二、服装样板的作用 …………………………………………………… 88
　　三、服装样板的分类 …………………………………………………… 89
　第二节　服装样板的制作与管理 …………………………………………… 92
　　一、服装样板的制作流程 ……………………………………………… 92
　　二、样板制作工艺单的编写 …………………………………………… 92
　　三、服装样板用料供应管理 …………………………………………… 94
　　四、服装样板的归类管理 ……………………………………………… 97
　第三节　服装样板跟单流程 ………………………………………………… 98
　　一、明确客户的制板要求 ……………………………………………… 98
　　二、选择合适的样板加工厂 …………………………………………… 98
　　三、准备并跟进样板用料 ……………………………………………… 98
　　四、收集和整理有关样板资料 ………………………………………… 99
　　五、编发样板制作工艺单 ……………………………………………… 99
　　六、跟进样板的制作过程 ……………………………………………… 100
　　七、全面核查评审样板 ………………………………………………… 100
　　八、寄送样板给客户批复 ……………………………………………… 103
　　九、分析处理客户审批样板意见 ……………………………………… 104
　　十、做好跟板记录 ……………………………………………………… 105
　　十一、结算制板费用 …………………………………………………… 105
　第四节　样板跟单注意事项 ………………………………………………… 105
　　一、熟练掌握外语和专业知识 ………………………………………… 105
　　二、认真核算成本和准确报价 ………………………………………… 105
　　三、分析客户的个性需求 ……………………………………………… 106
　　四、积极准备制板用资料 ……………………………………………… 106
　　五、控制样板数量，简化生产 ………………………………………… 106
　　六、仔细查验和评审服装样板 ………………………………………… 107
　　七、充分考虑大货生产的难度 ………………………………………… 107
　　八、耐心跟进客户的修改意见 ………………………………………… 107
　　九、严格控制样板用料与交货期 ……………………………………… 107
　第五节　服装样板跟单案例 ………………………………………………… 108
　思维拓展 …………………………………………………………………… 109
　思考与练习 ………………………………………………………………… 110

第五章　面辅料跟单 …………………………………………………… 111

　第一节　面辅料采购跟单概述 ……………………………………………… 111
　　一、面辅料采购跟单总流程 …………………………………………… 111
　　二、面辅料跟单工作职责 ……………………………………………… 111
　第二节　面辅料基础知识 …………………………………………………… 114
　　一、面料种类及特点 …………………………………………………… 114
　　二、辅料种类与特点 …………………………………………………… 117

三、面料鉴别常用方法 ………………………………………………………… 120
　第三节　面辅料开发与供应商管理 ……………………………………………… 124
　　一、面辅料开发 ………………………………………………………………… 124
　　二、供应商开发 ………………………………………………………………… 126
　思维拓展 …………………………………………………………………………… 128
　思考与练习 ………………………………………………………………………… 129

第六章　服装成衣生产跟单 …………………………………………………… 130

　第一节　服装成衣生产跟单流程 ………………………………………………… 130
　第二节　成衣订单评审 …………………………………………………………… 130
　　一、订单评审的目的和意义 …………………………………………………… 130
　　二、订单评审的内容 …………………………………………………………… 130
　　三、订单的文本形式 …………………………………………………………… 132
　　四、订单评审的操作 …………………………………………………………… 134
　　五、订单评审结果 ……………………………………………………………… 134
　第三节　服装成品样衣试制 ……………………………………………………… 134
　　一、样衣试制的目的 …………………………………………………………… 135
　　二、样衣试制的准备工作 ……………………………………………………… 135
　　三、样衣试制的程序 …………………………………………………………… 136
　　四、客户确认样衣 ……………………………………………………………… 138
　　五、封样 ………………………………………………………………………… 138
　第四节　服装生产过程中的跟单工作 …………………………………………… 139
　　一、生产计划的制定与操作 …………………………………………………… 139
　　二、生产计划安排 ……………………………………………………………… 140
　　三、面辅料的采购或织造、染整 ……………………………………………… 142
　　四、生产计划的实施 …………………………………………………………… 147
　　五、生产跟进工作 ……………………………………………………………… 148
　第五节　服装跟单技巧与应用 …………………………………………………… 149
　　一、建立综合信息资料汇编 …………………………………………………… 149
　　二、建立相关客户的资料汇编 ………………………………………………… 154
　思维拓展 …………………………………………………………………………… 159
　思考与练习 ………………………………………………………………………… 159

第七章　服装成品包装、出货、运输跟单 ……………………………………… 160

　第一节　服装成品包装跟单 ……………………………………………………… 160
　　一、服装包装的意义 …………………………………………………………… 160
　　二、服装包装的分类 …………………………………………………………… 160
　　三、服装包装的基本材料 ……………………………………………………… 161
　　四、服装成品包装的形式 ……………………………………………………… 163
　　五、服装成品装箱的分配方法 ………………………………………………… 165
　　六、包装的标志 ………………………………………………………………… 165

七、包装跟单 ··· 166
　　八、成衣包装的质量要求 ·· 167
　　九、服装包装的发展趋势——绿色包装 ·· 168
　第二节　服装成品出货跟单 ·· 168
　　一、出货跟单流程及跟单员工作职责 ·· 168
　　二、出货期间跟单员的主要工作内容 ·· 169
　第三节　服装成品运输跟单 ·· 171
　　一、主要运输方式 ·· 171
　　二、签订货物运输合同 ··· 171
　　三、公路运输方式 ·· 172
　　四、铁路运输方式 ·· 172
　　五、水路运输方式 ·· 175
　　六、航空运输方式 ·· 182
　　七、多式联运方式 ·· 185
　　八、集装箱运输 ·· 186
　思维拓展 ··· 189
　思考与练习 ··· 190

第八章　服装外贸跟单管理　192

　第一节　服装外贸跟单流程 ·· 192
　　一、工艺单跟单 ·· 192
　　二、备货 ··· 194
　　三、催证、审证和改证 ··· 196
　　四、订舱装船 ··· 198
　　五、制单结汇 ··· 199
　　六、资料整理与归档 ·· 202
　第二节　服装外贸订单评审 ·· 202
　　一、订单评审的步骤 ·· 202
　　二、跟单员审单 ·· 203
　第三节　国际货物运输单证 ·· 203
　　一、主要的货运单证 ·· 204
　　二、运输单据 ··· 204
　第四节　国际货款收付与结算 ·· 206
　　一、国际货款的支付工具 ··· 207
　　二、国际货款结算常用方式 ··· 209
　　三、银行保函 ··· 212
　　四、各种支付方式的选用 ··· 212
　第五节　国际贸易电子单证 ·· 213
　　一、EDI 简介 ··· 213
　　二、EDI 的工作流程 ·· 213
　　三、EDI 业务应用领域 ·· 213

四、基于EDI技术的电子单证在国际贸易中的优势 ················· 214
　第六节　服装外贸函电书信 ··· 214
　　一、服装外贸函电的特点 ·· 214
　　二、服装外贸函电的翻译原则 ·· 215
　　三、外贸函电的撰写原则 ·· 216
　思维拓展 ·· 216
　思考与练习 ··· 218

第九章　客户管理与服务 ··· **219**

　第一节　客户信息资料收集与整理 ···································· 219
　　一、客户信息资料的内容收集与整理 ······························ 219
　　二、客户信息资料收集的方法和途径 ······························ 219
　　三、客户信息资料的汇总整理 ·· 220
　第二节　客户的分类与管理 ··· 221
　　一、客户分类整理的原则 ·· 221
　　二、客户分类的方法 ·· 221
　第三节　客户的联络与跟踪 ··· 222
　第四节　客户服务 ·· 224
　　一、客户的满意度调查 ··· 224
　　二、管理客户投诉，力争服务创新 ································· 225
　　三、提升客户服务的几种方式 ·· 225
　思维拓展 ·· 227
　思考与练习 ··· 228

附录　高级服装跟单员认证考试大纲 ································· **229**

参考文献 ·· **236**

第一章 绪论

学习目标

1. 了解服装跟单的产生、概念、学习要求。
2. 了解服装跟单在服装企业的作用。
3. 掌握服装跟单的岗位职责以及服装跟单的素质能力要求。

服装跟单是服装厂或服装公司为了生产和制造的需要,在实际过程中整个流程的跟踪和负责的业务统称,是服装企业经营管理的核心业务,综合反映了企业的贸易谈判能力、产品开发能力、生产协调能力、成本控制能力、资讯管理能力和客户服务能力。跟单工作能力的强弱和工作水平的高低,直接关系到产品质量的好坏,交货期的准时与否,成本与效益的高低。跟单一般有布料跟单、辅料跟单、厂内跟单、厂外跟单、绣花印花跟单、洗水跟单等,总的来说,就是对客户一单货的全程负责。跟单员就是为了完成这单货而对各个部门的沟通和协调,也可以说跟单员也就是联络员。因此服装跟单是服装生产、贸易运作过程的基本控制手段。

第一节 服装跟单概述

一、服装跟单的由来

跟单岗位的出现不是偶然的,它是外贸企业内部管理结构的有效调整,外贸经营管理规范化和科学化发展的产物。它的出现不但进一步划清了外贸企业各岗位的责任界限,而且充分调动了企业跟单人员的积极性和创造性,对提高对外贸易企业的管理水平和经营效率,避免外贸业务操作失误和风险具有重要的意义。

首先,跟单岗位的出现符合系统论的原理和要求。系统论认为系统是由若干相互联系的基本要素构成的,它是具有确定的特性和功能的有机整体。系统中各要素不是孤立地存在着,每个要素在系统中一定的位置上起着特定的作用。各个要素之间相互关联,构成了一个不可分割的整体。由于世界上的具体系统是纷繁复杂的,必须按照一定的标准将千差万别的系统分门别类,以便分析、研究和管理。如机械系统中主机、零件、配件的分工;行政系统中科、处、局、部、委的分工;军事系统中排、连、营、团、师、军的分工等,正是由于其层次性和关联性的存在才保证了这些系统的正常运作。

从系统论的角度看,外贸业务的各个分工不是孤立的,是一个有方向性的动态过程。在生产性跟单中,生产企业的选择与原料的采购、工艺流程与技术、生产进度与质量监控、投入与产出;在业务性跟单中,"船、货、证、款"的平衡、装运、保险、报检、报关、结汇的操作与监控,都涉及系统的层次性和有机联系。跟单是外贸企业维护产品和服务的生产链和供应链的完整,反映外贸企业运行系统意志,促进外贸企业经营管理有序化,保证企业经营机制和风险防范机制有效运行的重要组成部分。在这个意义上可以说，跟单岗位的产生是外贸企业为了取得最佳经济效益，对外贸合同履行进行系统化分工与管理的必然产物。

系统论的基本原理要求系统中的各个环节的功能充分发挥，互相衔接，而不是彼此代替，最终保证整个系统的顺利运行。跟单岗位的产生适应了外贸经营管理系统有机性的要求，与外销、货运、单证等工作岗位相区别，跟单岗位既体现了本岗位的特性与规律，又体现了外贸经营管理系统的整体性和功能性。忽视跟单的特性与地位，用别的岗位功能来替代跟单岗位的功能，势必造成外贸经营管理系统的破坏；而只强调跟单的重要性，将跟单功能孤立起来，忽略其他环节的功能，外贸经营管理系统同样难以有效运转。跟单岗位的产生较好地解决了各业务环节层次性和关联性的关系。

其次，跟单岗位的出现符合控制论的原理和要求。控制论是研究各类系统的调节和控制规律的科学。控制论通过对系统运动规律的认识，能动地运用有关的信息并施加控制作用以影响系统运行行为，使之达到人类预定的目标。任何事物都有其既定的发展趋势或偏离正常发展的趋势，控制论的关键之处就在于其能够控制事物的这种发展趋势，使其得到延缓或加速，以达到预期的目标，满足人类的决策和需求。跟单功能与国内贸易跟单功能相比，其涉外性、复杂性和风险性的特点更为突出，因为任何一份合同的履行都涉及两个或两个以上的国家或地区，涉及众多的环节；产品质量要求、技术标准和法律体系复杂；市场波动、行情变化、外汇风险等不测风云时常出现。尽管从形式上看，跟单的任务是落实合同或信用证条款、对生产安排、组织货源、质量管理、报关报验、装运结汇等过程进行全程监控，但从性质上看，跟单的所有任务集中到一点，就是对业务进程中现实的或潜在的风险进行有效的控制。无论是前程跟单、中程跟单还是全程跟单，任何一个环节的问题处理不当均可能酿成风险或损失。跟单员不可能只是被动地执行合同条款，而要面对客观现实，主动地、积极地、迅速地解决可能产生的问题，规避业务进程中的各种风险。

外贸企业的风险控制可分为高级风险控制——涉及企业长远利益和根本利益的风险控制；中级风险控制——涉及企业经营战略中的决策风险控制；初级风险控制——涉及企业业务工作效率的风险控制。三种风险可以相互影响和转化，其风险控制也不是固定不变的。一般来说，跟单的风险控制主要是业务性风险控制，如产品质量风险控制——及时发现和更换不符合合同条款规定的产品；交货期风险控制——为避免错过装运期督促生产企业按期交货；结汇风险——及时改变结算方式和更新不合格的业务单证等，但如果这些风险不能有效控制，或风险信息传播渠道受阻，就可能影响企业中级或高级风险的控制，导致企业丧失防范或规避风险的有利时机，进而破坏整个企业的风险防范机制。因此，跟单岗位的出现将在外贸业务的基础环节上防止失误与漏洞，对外贸企业有效进行风险控制，保证风险防范机制的正常运行具有重要意义。

第三，跟单岗位的出现符合信息论的原理和要求。信息论是关于信息的本质和传输规律的科学的理论，是研究信息的计量、发送、传递、交换、接收和储存的一门新兴学科。人类的社会实践活动不仅需要对周围世界的情况有所了解和做出正确反应，而且还需要与周围的人群沟通关系才能协调地行动。这就是说，人类不仅时刻需要从自然界获得信息，而且人与人之间也需要进行通信，交流信息。人类需要随时获取、传递、加工、利用信息，才能生存和发展。当今人类社会已进入了信息时代，善于利用信息、处理信息、利用信息转化、解决各种矛盾已成为认识事物复杂运动规律的一种科学方法。从信息论的角度看，跟单工作就是在履行合同中充分利用各种有利条件和信息源，及时收集来自生产、物流、海关、商检、银行等各部门的信息，处理和化解各种矛盾或不利因素，对各个业务环节做好科学的统筹安排的过程。也就是说，在履行每一笔合同中，能够在物与物、人与人、人与物之间有效交流信息和处理信息是跟单岗位的基本功能和任务。

信息也是生产力，无论是维护发挥服装企业经营管理系统的整体性和功能性，还是有效控制对外贸易业务的各个环节可能出现的风险，信息的可获得性和可靠程度直接影响到企业的正确决策。从信息论的角度看，外贸企业经营和信息环境关系密切，信息不对称，随时可能出现企业决策失误。在跟单业务中，跟单员始终处在生产和流通环节的前沿，掌握着第一手信息，其拥有信息量有时甚至超过上级决策者，因此在信息处理上具有独特的条件和作用：一是可以随时依据信息变化和本岗位的职责范围做出相应决策；二是将自己不能直接处理的信息传递给上级部门，供上级部门参考和做出决策；三是对上级和自己决策的效果进行检测、评价和反馈，从而在最大限度上避免决策失误和风险。

随着国际市场需求的多样化、产品小批量化以及履约节奏的加快，跟单员对信息的处理能力直接关系到企业的经济效益、服务品牌、信誉和形象。特别是在条件不确定的情况下，外贸合同的顺利完成往往来自于一项决策的成功，而一项成功的决策往往来源于跟单员对信息的正确把握与处理。"军事信息好比千军万马，经济信息犹如黄金万两"，信息交流与处理的重要性是不言而喻的。

总之，根据系统论、控制论和信息论的原理对跟单岗位进行分析，不难得出结论：跟单岗位的出现是我国服装企业在新的经营环境下，经营管理人才的重新分工和调整，也是服装企业经营管理模式的创新，它适应了服装企业管理的内在需求和人力资源开发的新趋势，具有客观的必然性和可观的发展前景。在当前，由于经济发展的不平衡，不同服装企业的经营管理环境和跟单员个体的差异，规范外贸跟单岗位，对其从业人员进行统一系统的专业培训不仅具有重要的理论依据，也具有重要的实践意义。

二、跟单的概念

跟单是英文 walkthrough 的直译，"跟"是指跟进、跟随；"单"是指订单。跟单的重点是订单。所谓订单，从广泛的意义上来看，订单实际是指市场机会，从实践中来看，它是企业或公司生存和发展的先决条件。如果一个企业或公司订单充足，企业或公司就会有发展的机会，否则没有订单，就会面临生存的危机。因此，跟单就是如何把握住市场机会，并能够将这一机会变为现实的工作，是一种需要有耐心、毅力和勇气，具有挑战性的工作。

跟单是服装企业以客户需要为起点，以客户订单为线索，对服装生产、贸易过程中的各种沟通资讯以及订单标的（产品或服务）的生产运作过程加以监控，对与订单任务有关的生产、物流、信息、资金、客户服务等进行全程跟进、组织、协调、管理、控制，以确保生产任务和订单交易按质、按量、按时完成的全过程。从事跟单工作的人员称为跟单员。

在跟单的实践中，跟单通常有两种基本形式：一种是在订单合同签订之后，指定一个跟单员，跟进订单的整个完成过程，也就是一人跟到底的形式；另一种是将整个跟单过程分解成面料、辅料、制板、生产等多个环节，指派多人分工协作完成整个跟单过程。对于一些小规模的服装贸易或零售公司、服装进出口经营公司（以下统称为服装贸易公司），通常采用一人跟到底的形式，这样有利于同一客户、同一订单跟单工作的连续性，减少因跟单脱节而导致的错误。但这种跟单，需要跟单人员具有较全面的跟单能力，如果跟单任务变化频繁或者跟单任务较重，跟单人员很容易顾此失彼，出现错误。

对一些规模大、客户多、经营品种多的服装贸易公司，其跟单工作通常进一步细分，由多人或多个部门完成。通过工作细分，可以提高跟单工作的专业化水平，从而提高工作效率与服务水平。由于跟单工作对同一客户或同一订单需要经过多个部门或多人完成，在整个跟单过程中，需要紧密配合，如果工作中的沟通、协调不到位，就容易出现失误，甚至导致严重后果。

跟单从市场经济的角度来看包含两个方面的含义，一是指公司企业营销人员的跟单工作，更加侧重于"接单"，甚至是企业的负责人或经营部门经理，需要做经营方面的跟单工作。它包含有与客户的沟通，企业的内部管理和部门之间的协调等方面的工作，目的就是为了如何将订单保质、保量、按期的完成任务，顺利地将服装产品交付给客户；另一方面是指订单的完成过程，这一含义主要侧重于订单的跟进，包括跟单过程的执行、沟通、跟进、敦促、催办以及协调等具体的工作。目的就是保证和维护订单的正常运作和顺利完成。因此跟单工作室服装企业生产经营过程中非常重要的环节。

三、跟单的形成过程

从跟单的形成过程来看，跟单是专业化分工的结果。在手工业时代，一件产品是由一个人完成的，产品的质量由单个生产者的技艺水平决定，生产者的质量标准就是市场的质量标准。专业化分工出现之后，产品是由多人分工来完成的，为了达到预期的质量标准，必须有人专门跟进生产线，监督每位员工的工作质量是否与预期标准一致，这是跟单最早的形态。在卖方市场时期，由于市场的质量标准是由生产者的质量标准决定的，消费者没有选择权，因此，跟单的职能也就简单地界定为企业内部预期的质量控制。随着大工业化出现，生产者在产品生产、交换、分配、消费四个社会再生产价值链中的地位开始下降，生产者由生产要素的组织者转变为生产要素的被组织者。随着生产、交换的时间与空间分离，特别是品牌营销策略付诸实践之后，为了确保统一的质量，贸易或零售企业制定了质量标准，生产企业必须按照客户的质量标准组织生产。为了检查客户的质量标准是否被有效执行，生产企业需要有内部跟单人员进行质量监测，客户也需要有专业的跟单人员进行质量监测，从而形成了由企业跟单与客户跟单构成的质量监测体系。随着跟单业务的发展，跟单的核心职能转为贸易过程控制与客户服务，并使跟单职能从生产过程中分离出来，成为贸易公司的职能部门。为了给国际贸易客户提供专业化的跟单服务，跟单职能从贸易过程中分离出来，形成了以跟单为核心职能，以贸易、生产企业为服务对象，拥有专业化人才的独立跟单服务机构。

四、跟单的特点

服装跟单工作涉及面广、综合性强，包括企业内部的业务营销、设计、计划、样板制作、生产、质量控制、包装、仓库管理、财务等部门，企业外部涉及国内外客户、服装贸易公司、海陆空运输或快递公司、海关、税务、商品检验和检疫等政府机关、保险等金融机构以及外协生产加工厂等。很显然，对于跟单人员，其工作具有很强的综合性和开放性，主要具有以下几个方面的特点。

① 跟单是服装企业所有工作的起点与终点。跟单体现了以客户为中心的营销理念，贯穿接单、制单、制板、制造、交货等整个运作过程。

② 跟单是服装企业内外联系的渠道和桥梁。跟单的核心工作是利用订单资讯，架起客户与企业之间的沟通桥梁。在企业所有的工作中，跟单工作是接触部门最广的工作岗位，沟

通、协调能力特别重要。与客户签订订单后，查询进度、意见反馈、协商要求等，都是通过跟单员与企业联系，再由跟单员向相关主管人员汇报，采取相应措施加以落实。

③ 跟单是服装企业完成客户订单的重要保障。跟单，通过对订单生产和交易全程的计划、组织、协调、管理等，以控制订单生产和交易按预定的设想、进度进行，确保订单顺利完成。

④ 跟单具有协调企业与客户意见的功能。跟单员拥有客户、生产企业、市场等全方位的资讯，对客户的需求、企业的实际都比较了解。当企业与客户意见有分歧或企业的生产能力不能满足客户的需求时，采取折中的办法，提出双方都能接受的解决方案，既符合企业的实际能力，又能达到客户的预期要求。

⑤ 跟单工作具有较高的难度和较强的挑战性。跟单要面对形形色色的客户与生产经营状况各异的企业或部门，而且在全程跟进中要环环紧扣，工作节奏多变、快速，面临不同的客户、企业或部门，需要解决的问题多且随机，这样就加大了工作任务的难度。当一个环节出现问题时，要当即提出解决问题的办法，以保证订单生产、交易流程不受影响。

⑥ 跟单工作辛苦，但有助于个人能力的提高。由于跟单是跟着订单走，其工作地点、工作时间随时都会发生变化，工作较辛苦。不过，由于跟单涉及企业所有部门，工作接触面广，其工作的综合性强，一方面，对个人能力是一个全面检验；另一方面，也可以积累丰富的工作技能与经验，提高个人适应工作的能力和解决问题的能力。

五、跟单的种类

由于工作地点、工作单位、工作对象和工作内容的不同，跟单可以划分为不同的种类。各种划分方法没有固定的模式，各服装企业可根据自身的实际情况，做适当分类，以明确工作分工和职责。

1. 根据工作地点不同划分

根据跟单人员的工作地点的不同，跟单可划分为内勤跟单与外勤跟单。内勤跟单是指在企业内部开展相关跟单工作，外勤跟单是指在有关协作企业开展相关跟单工作。对于接单能力较强的生产企业，通常会有大量的外发业务，为了控制外发业务的质量与进度，需要派出专门人员跟进，就属于外勤跟单。对于一些大型的服装贸易公司，内勤跟单通常是在公司的办公室，与客户及生产企业沟通，跟进订单；外勤跟单是公司派出的、常驻生产企业的工作人员，旨在对协作企业的生产过程进行监控。

由于内勤跟单与外勤跟单工作的地点及服务的对象不同，对跟单人员的要求也不完全相同。如对服装贸易公司的内勤跟单，主要是为客户及加工厂提供沟通服务，对沟通能力、资料处理能力等要求较高；而外勤跟单，主要是监控服装加工厂的生产质量、进度、交货期等方面是否达到订单的要求，对生产现场的监控能力要求较高。

2. 根据工作单位性质不同划分

根据跟单员所任职的工作单位性质不同，跟单可划分为工厂跟单与贸易跟单。工厂跟单是指由服装加工厂聘用的跟单人员；贸易跟单则是指服装贸易企业聘用的跟单人员。工厂跟单与贸易跟单的目标是一致的，即确保加工厂按照客户的要求完成订单生产、交易的任务，但他们任职的主体不同，利益关系不同。因此两者之间既有协作，又有对立，特别是在质量问现出现争议时，需要相互的理解与合作，才有利于问题的解决。

3. 根据跟单环节不同划分

根据跟单工作的环节不同,跟单可划分为业务跟单与生产跟单。对于集生产、贸易于一体的服装企业,为了提高专业化水平和工作效率,往往将生产与贸易两个环节分开,成立相对独立的生产部门和营销部门。营销部门的跟单主要是为客户和生产部门提供服务、完成交易、销售产品,称为贸易跟单;而生产部门的跟单,是监控生产过程是否符合订单或客户要求,称为生产跟单。业务跟单与生产跟单虽然分工不同,但同在一个企业内,既有共同的目标,又存在共同的利益,沟通方便、协作紧密。从服务性、独立性的角度看,业务跟单更有代表性,生产跟单通常从属于业务跟单,为业务跟单服务。

4. 根据跟单隶属不同划分

根据跟单人员的隶属关系不同,跟单可划分为企业跟单、中介跟单、客户跟单。企业跟单是服装生产加工厂、服装贸易公司聘用的跟单人员,中介跟单是专门提供跟单服务的中介公司聘用的跟单人员,客户跟单是客户聘用的跟单人员。

企业跟单、中介跟单、客户跟单都有着共同的目标,就是保证订单生产、交易顺利完成,但是他们的利益是不同的。在国际贸易中,许多大型的采购集团经营范围很广,不可能在各个专业领域配备专门的跟单人才,通常委托专业的跟单服务机构,提供独立性强的第三方跟单服务,他们提供的跟单报告具有权威性,是交货、付款的重要依据。

5. 根据生产阶段的不同划分

根据跟单环节不同,跟单可细分为业务跟单、样板跟单、订单资料跟单、面料跟单、辅料跟单、生产跟单和船务跟单。

对于一些中小型的服装生产加工厂或服装贸易公司,一个跟单员的工作涵盖了客户业务、面辅料采购、订单资料、样板试制、生产与货运的全过程跟进工作。对于一些大型的服装企业,订单量大、客户较多,为了提高跟单专业化水平,将跟单过程分解,每个跟单员只负责某一个环节的跟进工作。以上两种组织方式各有优、缺点,前者对跟单员的素质要求较高,要求具备全过程的跟进能力,由于全程由一个人完成,与客户、生产企业的沟通更容易展开,服务水平较高,责任也比较清楚。后者只要求跟单员掌握个别环节的监控方法,分工较细,专业化程度较高,因此效率较高,但由于全过程是由多人完成,协作难度加大,客户与生产企业的联系容易出现脱节。为避免这种情况发生,需要建立完善的资讯系统及良好的沟通机制。

第二节 服装跟单的业务程序

一、服装跟单的基本业务程序

服装跟单广泛存在于服装加工厂、服装进出口贸易公司、服装品牌经营公司中,其工作内容与企业的规模有关,但核心工作内容是相同的。服装跟单的业务也是依据企业的规模与性质而有所不同。一般可分为前期跟单、中期跟单和后期跟单三个阶段。

1. 前期跟单

(1) 熟悉订单工艺文本　服装跟单员充分围绕订单工作,因此必须熟悉、掌握跟单的订单工艺文本内容,保证每一道加工工序顺利进行。

(2) 评估生产企业　对生产企业的性质、生产类型、生产能力、生产管理状况等作全面的了解，并提出反馈意见。

(3) 指导样衣生产　样衣制作的质量和速度直接影响客户能否最终下订单。有时客户下订单的时间比较仓促，此时有效地指导样衣生产才能保证得到订单；但如果样衣的确认反复出现错误会导致客户另寻合作伙伴。

(4) 检验大货面、辅料　服装跟单员对服装面、辅料的检验是前期跟单中一个非常重要的环节，面、辅料的质量将直接影响大货的品质。

(5) 交寄产品样衣　在完成订单过程中需要给客户寄款式样、产前样、广告样、船样等各类样衣。

(6) 制定大货生产工艺文本　依据订单工艺文本制定符合企业的大货生产工艺文本，按照订单要求细化每一道加工工序，严格指导服装产品的生产，以达到客户的要求。

2. 中期跟单

(1) 半成品检验　大货生产期间进行不定期的跟踪抽查，对加工部门进行中期评估。

(2) 确认生产进展情况　在服装产品投入生产后，要求跟单员进行生产进程的评估，合理有序地安排生产时间，从而保证能按照合同交货日期出货。

(3) 中期报告　跟单员每一次在加工部门所发现的有关产品质量和其他需要改正的问题都必须做出书面报告，由生产部门主管和跟单员同时签字后存档，以作跟单员中期查货和加工企业修改生产细节的依据。

3. 后期跟单

(1) 确认出货时间　一般在出货前一星期，跟单员必须对订单的交货日期进行评估。如果出现交货日期紧张的情况，要敦促加工部门通过多种途径（延长劳动时间或者增加加工人员）赶货。

(2) 陪同客户验货　跟单员对大货情况非常熟悉，因而验货时通常要跟单员陪同，尤其当客户委托专业验货公司进行验货时，必须由跟单员陪同。

(3) 整理装箱单　通常最终出货的数量会与订单数量有出入，这种情况下，首先要核对订单资料中客户是否允许数量溢缺，然后核对出货产品的最终总体积、总重量等数据（若为出口服装产品还需整理相关数据资料以备报关），并把最终装箱单存档。

(4) 后期总结报告　跟单员必须做出书面验货报告上交理单员，并需要跟单员和生产企业的法人代表或委托代表签字。后期跟单总结报告是跟单员对订单执行情况的总体评价。

二、服装订单的处理流程

服装订单的处理过程包括：信息收集、样板试制与评核、订单确定、物料采购与检验、大货生产、包装与质检、发货与收款等步骤。图1-1为成衣订单生产处理流程简图。

三、贸易跟单岗位的具体工作职责

服装跟单员是在企业业务流程运作过程中，以客户订单为依据，跟踪服装（产品）运作流向并督促订单落实的专业人员，是企业开展各项业务，特别是外贸业务的基础性人才之一。

服装跟单员工作是企业的中心线，几乎涉及服装企业的每一个环节，因此服装跟单员的工作是全方位的。

服装跟单员责任大、权力小。服装跟单员的工作是以订单为核心，广泛联系客户、贸易

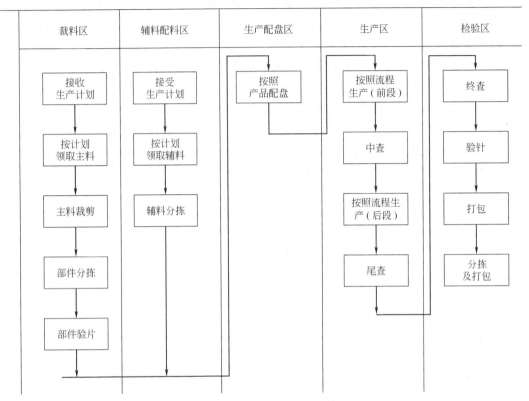

图 1-1 成衣订单生产处理流程简图

公司与生产企业，其责任十分重大。因为订单是企业的生命，如果订单的质量出现问题就不单是赔款的问题，还可能失去客户，客户是企业的上帝，失去订单和客户将危及企业的生存。但是服装跟单员的权利却非常小，可以说毫无权利，因为他没有放货的权利，最终能否出货取决于客户，所以客观地说服装跟单员只是一个办事员而已，服装跟单员完成其职责的权利不是来自其职权，而是来自其所做工作的范围及职责。

服装跟单员的工作重心是协调均通，做好参谋跟单员与客户、贸易公司、企业加工部门之间的工作都是为完成订单而进行的与人沟通的工作。跟单员从本质上讲是为客户服务的，他掌握着生产企业的大量资料，又对客户的需求特点十分熟悉，同时也了解企业加工部门的情况，他可以对订单提出意见，以利于客户的订货。

服装跟单员的工作节奏快速而且客户的需求是多样的，有时客户的订单批量小，时间短，这就要求跟单员有较高的工作效率。同时，跟单员面对的加工部门的状况也是多样的，这也要求跟单员的工作节奏是快速和多变的。

（一）贸易跟单部经理的职责描述

1. 工作联系

跟单部是由高级跟单员、跟单员、助理跟单员组成的团队。跟单部经理负责该团队客户分配及具体的工作安排，大量的工作时间都用在工作计划、部门之间协调与沟通方面。

（1）与总经理的联系　汇报跟单工作及行政管理工作，接受新的跟单任务，取得工作支持等。

（2）与生产部、面料部、船务部的联系　主要是跟单业务方面的协作配合。

（3）与客户的联系　订单报价、生产工艺制作单的修订、客户的各种批复意见、客户提供的面辅料样板、客户的业务要求、客户的投诉等与加工工厂的联系包括了解工厂报价、制板进度等。

（4）与面料、辅料供货商的联系　了解面辅料报价，商谈面辅料订购采购事宜等。

2. 职权范围

为了确保跟单部有序开展工作，必须对经理进行适当授权。根据跟单部业务工作内容，跟单部经理的职权范围如下。

① 将客户分配给下属实施跟进，并要求下属为客户提供各项报价服务。

② 指导并监督下属按照设定的流程开展报价工作。

③ 通过合理分工，组织团队开展有效的客户服务工作。必要时可指派高级跟单员分担部分管理工作。

④ 对下属的工作成果，如沟通邮件、报价文件、工作进度进行检查、监督。

⑤ 对下属工作进行评价与考核，为人事部门或主管提供工资提升及职位晋升等方面的依据。

3. 管理职责

① 掌握客户的各种资料，跟进客户各种修改意见和业务要求的落实情况。

② 接受总经理安排的新客户跟单工作，并指定相应的跟单员负责。

③ 审核客户第一轮、第二轮的报价资料，包括报价表及修改的生产工艺制作单（见表1-1、表1-2）。

④ 审核为客户提供的各种样板，督促各个跟单工作计划的落实。

⑤ 定期检查跟单员的跟单工作情况，评价跟单员履行职责情况。

⑥ 传达并推行公司的目标和政策，监督本部门工作人员执行公司规章制度情况，根据公司制度，选聘、调动、升任、辞退下属员工。

4. 工作安排

① 参加总经理主持的订单安排与进度跟进会议。

② 根据订单开发情况，调配跟单人员跟进各个订单。

③ 与跟单员一起分析客户报价，确定订单产品价格。

④ 与跟单员一起分析客户的回复资料、要求修改的意见，并做好落实客户要求的工作安排和人员安排。

⑤ 与客户商定产品质量标准、生产进度、交货期等事项，签发与客户联系的重要文件、资料，审核或回复客户重要文件资料。

⑥ 检讨每周订单报价工作情况及跟单工作完成情况，及时协调解决工作中出现的问题。

⑦ 协调做好运输安排、货款结算等工作。

5. 工作控制

① 协助公司制定或修订公司规章制度及业绩考核标准等。

② 监督、管理员工依据工作规程、工作流程等开展工作。

③ 针对工作中的问题，组织相关人员分析原因，并提出解决办法。

④ 对客户要求修改的合同条款，及时向总经理汇报，并作出适当处置。

⑤ 对前一阶段的跟单工作进行总结，对下一阶段跟单工作进行部署。

表 1-1 FOB 成本报价表

客户：_____ 款号：_____ 款式：女式长裤 制单日期：

面料成本(1)					图示
序号	布料名称	规格/颜色	用量/Y	单价/元	金额/件
1	CT271	棉弹	1.78	19	33.82
2	袋布	本白	0.2	3	0.5
3					
4					
面料成本合计(含税)：(1)					32.82
辅料成本(2)					
序号	辅料名称	规格/颜色	用量/件	单价/元	金额/件
1	拉链	YKK	1	1.6	1.6
2	工字纽	环保	2	0.2	0.4
3	撞钉	环保	8	0.08	0.64
4	拷贝纸		1	0.01	0.01
5	防潮珠	袋	2	0.01	0.02
6	小塑料袋	5cm×7cm	1	0.01	0.01
7	包装袋	PE料	1	0.4	0.4
8	中包袋	PE5C	1/4	0.8	0.2
9	纸箱	环保	1/20	7	0.3
10					

加工成本(3)	
车花加工费	0.5
车间加工费	5.5
洗水加工费	9
后整加工费	1.5
印花加工费	1.5
加工成本合计(含税)：(3)	18

辅料成本合计(含税)：(2)		3.58

交易成本：(4)			面料成本(1)	32.82
工厂固定费用加损耗		2	辅料成本(2)	3.58
商检＋运费＋关税		2	加工成本(3)	18
利润 10%		5.84	交易成本(4)	13.052
税金 5%		3.212		
交易成本合计(含税)：(4)		13.052	总体报价	67.452

6. 工作研究

工作研究的目的是不断改进跟单工作，提高工作效率和工作水平。跟单部经理可从以下几个方面开展工作研究。

① 与面料部、辅料部、生产部协作，开发新面辅料供应商或新的外协加工厂，提高订单开发能力和生产能力。

② 分析客户询价、报价资料，划分客户类型，评估不同类型客户报价特点，有针对性地选择报价服务，提高报价速度及报价质量，缩短签单期。

③ 分析客户订单资料和样板资料，研究、衡量本企业和外协加工厂的生产加工能力，提出提高生产能力和选定新的外协加工厂的建议。

表 1-2　服装订单合同

买方地址：	卖方地址：
交货地点：	订单代码：
款式代码：	颜色尺码分配：
款式说明：	单价：
数量：	金额：
合同签订日期： 交货期： 产地： 配额： 付款方式及条件：	
买方签字：	卖方签字：
备注：	

（二）高级跟单员的职责描述

1. 工作联系

高级跟单员上对跟单部经理负责，下管由跟单员、助理跟单员组成的团队，指导并管理该团队的具体客户服务工作，做好与相关部门的协调与沟通工作。

（1）与跟单部经理的联系　汇报跟单工作的进展情况，接受新的跟单任务，取得工作支持，协助跟单部经理的工作等。

（2）与客户的联系　订单报价、生产工艺制作单的修订、客户的各种批复意见、客户提供的面辅料样板和采购要求、客户的投诉等。

（3）与加工厂的联系　了解工厂报价、样板制板、生产进度等。

（4）与面料辅料供货商的联系　了解面料辅料的报价、样板修改、采购进度、客户所供辅料的到达时间等。

2. 职权范围

① 指导和协调下属开展订单报价工作。

② 指导和管理下属开展跟单工作。

③ 掌握客户各种报价、样板，确认资料。

④ 协助跟单部经理做好对下属的评价与考核。

3. 管理职责

① 协助跟单部经理开展订单报价工作。
② 做好跟单工作计划，向跟单员分配具体的订单跟单任务。
③ 按照跟单部经理的要求，指派跟单员落实客户的要求。
④ 做好跟单工作日常管理，检查督促跟单工作进度。
⑤ 审核向客户提供的重要文件、资料、样板。
⑥ 协调解决跟单工作中的问题，保证跟单工作顺利开展。

4. 工作安排

① 参加跟单部经理组织的跟单工作会议。
② 审核报价资料的准确性、合理性，分析客户的特点及报价过程中应注意的问题，做好订单报价工作。
③ 根据跟单工作计划，检讨总结前一阶段的跟单工作，指导做好下一阶段的跟单工作。
④ 组织跟单员讨论、研究不同客户类型的跟单工作要求，总结工作经验，为今后跟单工作提供参考。
⑤ 加强与客户的沟通联系，及时回复客户重要咨询，为客户提供优质服务，争取客户长期的订单。
⑥ 利用各种渠道，做好新客户开发工作，开拓市场。

(三) 跟单员的职责描述

跟单员对高级跟单员负责，并与助理跟单员协作，完成具体的跟单工作，包括订单报价和客户服务等。在跟单工作过程中，与高级跟单员及跟单部经理联系主要有：汇报跟单工作、接受跟单任务、取得工作支持等；与面料部或面料供应商的联系包括，获得面料报价、跟进面料样板、面料采购、面料查验等；与客户的联系包括，订单报价、生产工艺制作单的修订、掌握客户的各种批复意见、客户提供的面辅料样板、客户的业务要求、客户的投诉等；与外协加工厂的联系包括，外协加工厂的报价、样板制作、大货生产的进度与质量控制等。为了有效地开展各项跟单工作，跟单部的所有跟单员能够共享公司的各种信息资源，每位跟单员能独立地与客户、工厂、面料部或供应商就报价、采购、质检等业务开展沟通与协作，并对报价、样板、生产等环节发表自己的意见。跟单员的具体工作包括以下几个方面。

1. 订单资料收发工作

① 查阅公司公告，及时掌握公司近期的工作任务。
② 接收客户的咨询、报价资料及回复意见的修改、确认等资料。
③ 查收面辅料供货商寄出的报价、样板等资料。
④ 查收加工厂的报价、样板、生产、质检等资料。
⑤ 对重要的文件资料做备份或存盘。
⑥ 向主管提供文件资料的收发清单，转交重要的文件资料。

2. 文件资料处理工作

① 统计个人或小组报价、跟单任务。
② 分析客户的询价资料。

③ 向客户提供订单报价资料和各种样板资料，并跟进客户的修改、确认意见。
④ 整理寄送外协加工厂的报价资料。
⑤ 整理寄送制板厂的制板资料。
⑥ 根据客户需求，编写面料、辅料采购清单。
⑦ 评审成衣样板，编写样板评语。
⑧ 回复客户的各种咨询，并及时向客户通报订单生产及交易进展的情况。
⑨ 及时向客户反映订单生产、交易过程中出现的问题，并与客户商讨解决办法。

3. 核板工作
① 审核客户需要确认的成衣样板、面料色板、大货面料板。
② 审核辅料卡、包装辅料清单。
③ 审核外协加工厂寄来的各种报告、样板资料。
④ 保存与客户、面辅料供货商、外协加工厂的各种联系、确认凭证。

4. 部门之间的工作协调
① 如果客户修改订单报价，应及时向主管汇报，并通知设计、生产、物料等部门。
② 客户对面辅料的修改意见，要及时向面料部门、辅料部门反映。
③ 客户对生产工艺制作单的修改，需立即通知生产部或外协加工厂。
④ 客户对交货期的修改，需及时通知生产部、船务部或运输部。

(四) 助理跟单员的职责描述

助理跟单员主要是协助跟单员开展跟单工作，并与跟单员、加工厂、供应商等保持紧密联系和合作。其具体的工作职责包括以下几个方面。
① 协助跟单员编写采购文件。
② 协助跟单员编写辅料清单。
③ 协助跟单员补充生产制单资料，寄送外协加工厂。
④ 协助跟单员审核样板及寄送样板等。
⑤ 协助跟单员查询报价资料。
⑥ 协助跟单员查收客户、外办加工厂、供应商的确认资料，并做好存档工作。

四、某企业规定的跟单员岗位职责

东莞市××××企业跟单员的工作职责

1. 目的：为明确跟单员工作职责和权限，并与其他部门得到有效沟通，特制定此部门职责说明书。

2. 适用范围：跟单部跟单员。

3. 定义

3.1 跟单：跟单英文 walkthroug 的直译，意思是从业务的起始一直到业务的结束——一般都是到财务做账结束——整套业务流程。跟单就是跟着这些已经发生的业务所留下的证据——各种证据、单据、报表等——对业务流程进行重复模拟。

3.2 跟单员：跟单员是指在企业运作过程中，以客户订单为依据，跟踪产品，跟踪服务运作流向的专职人员。所有围绕着订单去工作，对出货交期负责的人都是跟单员。

4. 日常工作安排

4.1 板单

4.1.1 收到客人资料或样板，对照原板或图片，用最快的时间整理出一份完整的工艺板单，板单上必须有客户名称、客户级别、客户款号、上海跟单姓名和东莞跟单姓名。

4.1.2 查询纱线来源，在板单上注明纱线的成分、支数、缸号、色号、针种、组织架构纱线来源和效板日期。

4.1.3 通常情况下尺寸度法均需按照《度尺表》为标准进行度尺。若客人有特别指明的要求，则需在板单上进行特别注明。

4.1.4 板单上要注明是什么板，如初板、复板，或者是销售板。整理好的板单跟单员需仔细确认，原则上经跟单员整理确认后的资料需再电邮/传真给客人或上海营业部再次确认，以防资料有误。客人初次确认无误的资料再交跟单主管进行审核，审核后的资料再予发放。

4.1.5 初板、复板资料需发放给企业经理、板房、采购各一份；销售板单资料需发放郑经理、李经理、板房、生产厂长、生产主管及品管主管各一份。发放时接单人员需作签收记录，交板房板单时同时需附客人的板单原稿复印一份。

4.1.6 跟单员根据打板所需的辅料，提前填写《采购申请单》经经理签字审批后交采购员进行采购，采购回的物料（含大货辅料）需对其验收。

4.1.7 纱线到东莞后，跟单员需第一时间通知生产厂长和制板师傅。如果纱线有重大质量问题，需立即通知相关人员和上海营业部同事，并提出书面建议或更换纱线。

4.1.8 如果客人要求打布片等需填写《打布板通知单》交于板房，由板房织板师傅到货仓领取纱线并于3小时内将织好的布片（不洗水）交于跟单部。

4.1.9 寄板前，跟单要做详细记录，根据度尺示意图度尺、看质量、磅重量，记录纱线在打板中出现的情况，寄板前对板要拍照（含吊牌）留底，整理资料并保存。

4.1.10 寄板后要进行跟踪，直到确认所有板都到达客人手中。同时跟进客人对复板的修改意见。

4.1.11 收齐打板的所有资料：辅料的来源、价格、特殊工艺的做法、所需工时等进行报价。如果打板过程中客人有改动，要及时通知相关人员，对已经报价的款项进行更改。

4.2 报价

4.2.1 初办报价：当初板寄出之前应作好报价，但一定要注明此为初办报价。若尺寸加大，手工加复杂等需重新报价。

4.2.2 销售板报价：下销售板时应及时地报出销售板价格。

4.2.3 大货报价：根据销售板和初板之前的尺寸、手工偏差所带来的价格偏差重新来作整。报价时应注意外机市场行情、毛料价格是否稳定、尺寸变化（如客人有几个尺码）以及衣服辅料谁来提供等。

4.2.4 所有报价均需根据《报价公式表》进行报价，《报价单》必须由公司经理审批后才可报客人或上海营业部。

4.3 下单时拟两份合同

4.3.1 与上海营业部或客户签订"订购/加工合同"。

4.3.2 若外发加工时，需与外加工商签"委外加工合同"。

4.4 大货生产

4.4.1　资料汇总表：将每款的小图、订单数量、颜色、交货日期和每一款相对应的辅料注明清楚，并寄一份给上海确认。

整理/日期　　　　　　　　　　　　批准/日期

4.4.2　工艺尺寸单：内容一定要详细，客户名、级别、款号、厂批号、纱线成分、支数、颜色和订单数量等。若某些部位名称在尺寸表中无法书面详细表达，则需配小图作参考，务必让人看得很明白。如果在生产过程中客人对某些地方进行了修改或变动，跟单员要对这些做特别声明，在备注栏内注明清楚日期及更改项目，且用醒目的荧光笔涂上以提示，同时收回以前的资料并作废。

4.4.3　跟单员负责所有本厂采购员所请购回来的毛料、辅料的验收工作，并在相关单据上签名确认（大批量毛料时需货仓的《验收入库单》）。如有短缺及时向客人反应。

整理/日期　　　　　　　　　　　　批准/日期

4.4.4　跟单员在纱线、辅料到位后第一时间通知板房织板师傅。纱线到时要收齐纱线色卡，并用同色的4~5毛筒织在一块布上（布片约25cm×100cm），看是否有色差、粗细毛等，若有则需立即通知生产部门。纱线无异常则需提供一份纱线清单给发单人员，否则发单人员不能控制订单的准确性。

4.4.5　大货投产前，跟单部需整理一份完整的辅料通知书，注明辅料用在哪个位置、数量及做法、装箱件数及纸箱规格、箱唛内容要详细。

4.4.6　正式生产前，需做一件大货产前板，所有的包装都需配齐、尺寸做工符合要求，挂上吊牌并签名。此板以供生产部门和品管部门参考、验货。样板由跟单员统一保管，其他部门借用需做好登记。

4.4.7　在大货投产期间，跟单员每天要到车间对其每道工序进行半成品、成品检验，如有问题需立即反映生产部门或经理室经理，并监督、落实整改。

4.4.8　如需商检或测试的毛衫需提前做好准备，于大货出货前1周左右时间向生产部门上抽齐。

4.4.9　跟单员每天必须将当天的工作事项记录于《工作备忘记录本》上，记录当天的生产进度、产品情况。如生产进度与货期不吻合时要向生产厂长、公司经理汇报。次日必须完成的或需跟进的也要记录，以防次日遗忘。已完成的工作事项可以后面备注。

4.4.10　跟单员每天都需养成良好的工作习惯：文件分类归档、做好目录索引、文件夹标识清楚、桌面办公用品摆放整齐、待处理文件及已处理文件分层摆放、样板辅料等标识好，用文件袋包装好并叠放整齐。下班前需关好电脑、电灯，最后离职人员需检查空调及门窗有无关好才可离开。

4.5　出货准备情况

4.5.1　验收报告要明确提出此订单出现的问题（大问题不能出货），需要工厂负责人签名才能发货。

4.5.2　装箱单明细如数量、颜色、箱号、净重毛重等要书面正确（因为包装上出现的问题而遭到客户的索赔现象很普通）。

4.5.3　出货后马上把装箱单交到财务部。

4.6　工作日报表

每天需整理一份《日报表》，记录当天的样板安排及完成情况。

5.　每周工作安排

5.1 每周六跟单员准备好本周工作中存在的问题，于周六跟单部的周会上提出，由跟单部主管负责解决跟单部所发生的问题。

5.2 每周一整理一次出货单据，并交财务部，做好签收记录工作。

整理／日期　　　　　　　　　　批准／日期

5.3 每周六整理一份《下周工作计划》，并交跟单主管审核。

5.4 每周六整理出自己所负责客户的所有订单的生产进度表，将最新的资料提供给客人。

5.5 每周六整理一份自己所负责的客户未出样板的具体原因，并交跟单主管。

5.6 每周六整理一份《上周速递月结清单》交财务部并签名。

6. 月工作安排

6.1 每月5号之前整理一份自己所负责客户《上月订单完成统计分析表》交跟单主管审核。

6.2 每月8号之前整理一份自己所负责客户《上月板单完成情况统计分析表》交跟单部主管审核。

6.3 每月8号之前整理一份自己所负责客户《上月板单品质状况及客户抱怨、投诉汇总表》交跟单部主管审核。

6.4 每月28号之前整理一份《下月工作计划》，并交跟单主管审核。

五、服装跟单的重要性及发展前景

我国是世界上最大的服装生产国和出口国，对全球服装贸易的影响举足轻重，出口额占全球服装出口总额的四分之一。中国出口服装呈现如此强劲的发展势头，主要原因是经过20世纪90年代末的产业结构调整和大规模技术改造之后，中国服装产业生产技术与世界的差距已缩小，无论是加工设备、生产工艺还是管理水平都有了明显进步，产品质量明显提高。20世纪90年代服装跟单对于人们来说还是一个陌生的职业，企业对出口服装的生产管理与质量控制尚处于一种概念模糊、不重视状态，随着出口服装质量标准的出台与实施，服装企业对出口服装的质量检验与质量管理体制的重视力度加大，对出口服装的安全、卫生、环保等项目的检验也相应受到重视。

中国加入WTO给国内的服装产业带来了前所未有的发展机遇，国内服装企业将能更方便地获得进出口经营权，更多的服装生产企业将直接介入服装出口贸易，服装跟单的岗位从原来的服装贸易公司向订单型服装生产企业发展，其重要性在于可促使服装产业与国际接轨，使服装企业的制造管理与质量管理同行，取得更大的经济效益。加入WTO也使服装企业面临巨大挑战，迫使企业的各个方面都必须与世界接轨，越来越多的订单型服装生产企业从简单的"贴牌生产"或"代工生产"（OEM·Original Equipment Manufacturer，直译为原始设备生产商，是指生产企业按某品牌企业委托合同进行产品开发和制造，用原品牌商标，由原品牌销售或经营的合作经营生产方式）转而向"再设计生产"（ODM Original Deign Maufactuer，直译为原始设计制造商，是指在品牌企业没有买断其产品版权的情况下，生产企业修改产品的部分设计，并冠以自己的名称再进行生产的企业经营方式）或自创品牌的方向发展，这就要求服装企业熟知和遵循国际规则，服装跟单由此发展成为订单型服装生产企业最重要的工作之一。服装跟单已成为当前社会需求的一个缺口，服装跟单的发展前景将是非常广阔的。

第三节　跟单的适用范围

一、服装跟单的应用

（一）服装跟单在内销服装企业中的应用

服装跟单是综合性的业务，它要求服装跟单人员不仅了解服装的面、辅料，而且要掌握服装板型、制作工艺等。在内销服装企业中，还应掌握服装生产技术标准的等级，譬如国家标准、行业标准、地方标准、企业标准等。随着社会分工的细化和明确化，内销服装企业对各项管理也日趋成熟，特别是质量认证体系的出现，使服装跟单等相关的业务在内销服装生产中发挥了相当重要的作用。

服装跟单在内销企业中的应用是根据企业的经营性质来决定的。在国内服装贸易中，由于各个服装企业经营的性质、范围及经营项目各不相同，因此服装跟单在服装内销企业中的应用也是各不相同的。

① 单一经营企业的服装跟单　在国内进行服装贸易的企业通常有自己的品牌，有的品牌经营的品种比较单一，比如西服、裤子、衬衫、内衣等，各企业依据各自品牌经营的理念、目标定位而不同。单一经营的企业一般都有加工能力，有一定的生产管理和质量管理体系，在这种情况下，服装的跟单工作融于生产与质检部门当中，服装跟单员充当了质量监督员的角色，也叫质检员 QC。

② 多元化经营企业的服装跟单　有的服装企业经营品种比较丰富，包括休闲男装、休闲女装、商务男装等，还有的企业除了经营服装主导产品外，还经营各类服饰配件、装饰品等。这些企业涉及的面料品类繁多、款式多样、工艺文件各成系列，跟单工作往往复杂多样。但在多元化竞争的市场中，企业家想方设法要让自己的品牌在消费者心目中树立良好的形象，因而保证产品质量的跟单工作非常重要。

③ 外向型经营企业的服装跟单　随着国内服装贸易的日趋成熟，业务分工也越来越细，有些服装企业家的经营思路也在不断创新变化，他们把精力和财力集中在品牌建设和产品研发上，而把繁琐的加工放给有加工能力的服装企业，实行联手经营的政策。由于各个服装企业的质量标准、生产状况各不相同，代工企业对本企业服装产品的特点也不了解，在这种情况下就要发挥服装跟单员的作用了。跟单员必须引导代工企业控制好产品的质量，使外发产品的质量达到本企业的质量标准。这类企业对自己产品制定了严格的质量标准，服装跟单员必须按照其质量标准进行验货和收货。

（二）服装跟单在外销服装企业中的应用

服装跟单在外销服装企业中的应用更为广泛和重要。在国际服装贸易中，与国外客户的沟通和交流是很平常的，因此，除了一般跟单工作外，要求理单员必须要有相应的外语基础。

外销服装企业要求跟单员具有完备的专业知识，精通外语，熟悉服装面、辅料的品质鉴别，掌握服装样板和工艺技术。在实际应用中，多侧重服装面、辅料跟单、服装样衣跟单和服装大货跟单。

二、服装跟单在内销企业与外销企业中应用的区别

在一些惯例的质量标准中两者没有多大的区别,内销企业服装跟单中大都参照的是国家标准、行业标准和企业自己的质量标准;在外销企业服装跟单中则更多的是参照出口服装标准,并最终以国外客户的要求为质量标准。

1. 针对的客户不同

内销服装的直接客户是国内的服装公司或企业,外销服装所面对的是国际服装贸易中的国外客户。

2. 岗位设置不同

服装跟单在内销企业中的应用是根据企业的经营性质来决定的。在外销企业中,一般设有跟单部或业务部来专门进行服装跟单工作。

3. 要掌握的学科内容不同

外销企业的服装跟单员必须掌握一门或者一门以上的外语才能和客户进行正常的交流沟通。另外,外销企业的服装跟单员必须掌握一定的国际贸易知识,以应对各类国际贸易的磋商和纠纷。

4. 参照的服装质量标准不同

内销企业大多参照的是国家标准、行业标准和企业自己的质量标准;外销企业则更多的参照出口服装标准,并最终以国外客户的要求为质量标准。

三、跟单的适用范围

跟单从服装生产专业化过程中衍生出来,在服装生产规模不断扩大、服装贸易不断增长的过程中,跟单成为其中关键的控制手段。目前,跟单已被广泛应用于服装生产、服装贸易、第三方公证服务等领域。

1. 服装加工企业(加工厂)

服装加工企业是指按客户订单要求进行服装产品加工的企业,客户订单可以来自国内服装品牌经营者,也可来自国际大型的采购集团、品牌公司或百货公司。对于中小型的服装加工企业,往往只具有单纯的服装生产加工能力,其主要业务包括接受客户订单加工委托,按客户指定的供应商采购订单生产所需的面料、辅料及包装物料,并为客户提供制板或产品报价服务。对于大型的服装加工企业,还可提供产品设计、面料开发、辅料开发、出口业务等方面的服务。

在服装生产加工企业,跟单作为生产控制、质量控制的重要工作,就是在全面理解客户订单所规定的技术要求、质量要求的基础上,对生产过程的每一个环节进行质量、数量、进度方面的跟进与管理,并与客户沟通,确认生产的每一个环节均能符合客户的要求,确保正确履行订单合约,保证质量(含品种)、数量、成本、交货期达到客户要求。

2. 服装贸易公司(或服装贸易行)

大多数以生产加工为主要业务的服装企业,一般只负责服装生产加工,服装销售则是由中间商完成的。以本国资本为主的中间商,通常称为服装贸易公司,其业务包括国内贸易业务,也包括国际贸易业务。以外资为主的中间商,沿用我国香港、台湾的叫法,通常称为服装贸易公司,其业务主要是面对国际客户,提供服装采购服务,其采购地点可以遍及世界

各地。

服装贸易公司按照业务性质不同，又可分为批发商和代理商。批发商通过批量购进和批量转售服装商品，套取进销差价，获得经营利润。代理商通过为客户提供服装商品的采购代理服务，提取佣金，获得经营收入，代理商通常也兼营服装批发、零售业务。由于经营规模或经济实力不同，服装贸易公司为其客户或服装生产商提供的服务也不相同。规模较大、职能较全的服装贸易公司，通常拥有自己的服装品牌，可为客户提供市场信息咨询、服装产品设计、服装样板制作、仓储运输及质量保证等服务，也可为服装生产商提供原材料采购、生产技术指导等服务。而规模较小的服装贸易公司，往往只能提供有限的批发服务，或按照客户提供的成衣样板，代理服装商品采购。

在服装贸易公司，跟单的任务主要是监控承揽加工任务的加工厂完全按照订单的要求，按质、按量、按时完成订单生产任务。一方面跟单员根据订单规定，对加工厂的生产过程进行全程跟踪、监测，使订单的生产过程完全按要求进行；另一方面，跟单员与加工厂有关部门、生产跟单员进行沟通，使生产企业更准确地理解订单对产品的要求，及时解决生产过程中出现的问题，正确安排与组织生产。

3. 服装集团公司

服装集团公司是指拥有自主品牌，集研发、生产、贸易于一体的大型服装企业，其产品设计、样板制作、材料采购、生产加工、仓储运输、销售贸易等过程中的全部业务由企业内部机构完成，企业内的各个部门相对独立，业务各有分工。还有的大型服装集团公司，设有专门的信息部门，负责国内外服装市场的信息收集、需求预测、动态研究等。

在服装集团公司，跟单主要包括生产跟单与贸易跟单两大类，其他的样板跟单、面料跟单、辅料跟单等都从属于或服务于生产跟单和贸易跟单。生产跟单主要职责是根据设计部门的要求，按照样板部门提供的样板，使用采购部门提供的原材料，组织大货生产，监控生产过程，确保完成营销部门下达的生产任务。贸易跟单主要职责是根据市场需求的预测或客户订单的要求，制订销售计划，确定产品款式、规格、质量等方面的具体要求，下达大货生产通知书，安排产品付运、出口，进入销售市场，协助货款结算等。在服装集团公司内部，生产部门相当于生产加工企业，营销部门相当于客户，大货生产通知书相当于订单。生产跟单与贸易跟单虽然各自职责不同，但目标、利益完全一致，在统一领导指挥下，相互间紧密配合，协调运转。

4. 国际公证机构或商会机构

国际公证机构或商会机构是专门提供国际贸易过程中督促、监控服务的机构，其受客户委托，以第三方的身份，对客户委托的标的（产品或服务）进行全程监测，独立发表相关的专业意见，出具权威报告。报告是标的是否符合要求的重要依据，直接影响客户是否接受标的。如沃尔玛（WalMart）在国际市场的采购中，通常需要公证机构或商会机构提供厂评、查货、技术检测等服务。目前与纺织服装行业有关且较具影响和权威的国际公证机构或商会机构有以下几家。

（1）中国检验认证（集团）有限公司［China Certification & Inspection (Group) Co. Ltd.，简称CCIC］ 是在原中国进出口商品检验总公司基础上改制重组，经国务院批准成立、国家质量监督检验检疫总局和国家认证认可监督管理委员会认可的，以"检验、鉴定、认证、测试"为主业的跨国检验认证机构。目前，CCIC业务是根据国家有关的法律、法规，以第三方身份，受理对外贸易关系人和外国检验机构的委托，办理进出口商品检验、鉴定业务，签发检验、鉴定证书以及提供咨询服务，为对外贸易关系人进行商品交接、结算、计费、合理解决索赔议等提供服务。

（2）瑞士通用公证行（Societe Generale de Surveillance S，简称 SGS） 总部设在日内瓦，是一家综合性的检验机构，可进行各种物理、化学和冶金分析，包括进行破坏性和非破坏性试验，向委托人提供一套完整的数量和质量检验以及有关的技术服务，提供装运前的检验服务，提供各种与国际贸易有关的诸如商品技术、运输、仓储等方面的服务，监督产品生产、贸易的操作过程。SGS 是目前世界上最大的、专门从事国际商品检验、测试和认证的集团公司。SGS 在中国的业务由香港 SGS 中国事务部承担，并与我国国家技术监督局合资开办了"通标检验公司"，主要承办质量检验、数量/重量检验、包装检验、标志检验、监视装载、海关税则分类与税率、审核进口货物是否符合进口国法令等业务。

（3）英之杰检验集团（Inchcape Inspection and Testing Services，简称 IITS） 总部设在伦敦，包括嘉碧集团、天祥国际公司、安那实验室、英之杰劳埃德代理公司（汉基国际集团、马修斯旦尼尔公司）、英特泰克服务公司及英特泰克国际服务有限公司等，是世界上规模最大的工业与消费产品检验公司之一。IITS 由 Labtest 消费品测试检验及认证、ETL SEMKO 电子电器产品国际认证、CB 体系测试认证、Caleb Brett 液体燃料及化工产品认证四个主要运作部门构成，IITS 在中国的业务由香港天祥公证行有限公司承担。在服装贸易中，其可提供包括成衣面料在内的测试或品质公证服务。

（4）美国材料与试验学会（American Society for Testing and Materials，简称 ASTM） 总部设在费城，是美国资格最老、规模最大的学术团体之一，是从事工业原材料标准化的一个非官方组织。ASTM 从事的业务范围十分广泛，涉及冶金、机械、化工、纺织、建筑、交通、动力等领域所生产或所使用的原材料及半成品。ASTM 所制定的标准范围广、影响大、数量多，其中大部分被美国国家标准学会（ANSI）直接纳入国家标准。美国的一些专业学会，如钢铁、纺织、机械工程等，都与 ASTM 有合作关系。ASTM 在国际上很有影响，它所制定的标准被国际上很多贸易双方采用为供货合同的品质条款，我国进口的原材料检验也常用 ASTM 标准。

四、不同部门的跟单应用

无论是服装生产企业，还是服装贸易公司，都会根据本公司的规模、经济实力及服装经营的特点，设计合理的组织机构，进行合理的内部分工，以此建立为客户提供完善、满意的服务体系。跟单工作也会因为内部分工而形成相应的跟单服务。对于一个能为服装贸易提供全过程服务的服装贸易机构，通常具备以下几个主要职能部门，每个职能部门都会有相应的跟单人员，提供专业化跟单服务。

1. 营业跟单部

负责与客户接触和接单，将有关客户的信息传递给各个职能部门。它是贸易机构内部各个职能部门同客户之间联系的中间环节，是一个核心部门。

2. 面料部

负责公司的面料资源搜集、面料供货商的评估、面料报价与成本核算，确定面料交货期，订购客户所需面料以及与客户在面料品质、规格、颜色、要求等方面的沟通。

3. 辅料部

负责公司的辅料资源搜集、辅料供货商的评估、辅料报价与成本核算，确定辅料交货期，订购客户所需辅料以及与客户在辅料品质、规格、要求等方面的沟通。

4. 采购部

采购部的主要职能是按照客户的要求，在正确的时间、正确的地点，提供正确的数量、合适的品种、价格以及合格质量的服装商品。要做好服装采购工作，首先采购部门要全面了解客户对服装品质的要求，选择适当的服装生产商，必要时，对服装生产过程中所需要的面料、辅料代理采购，以控制服装生产质量；其次，为服装生产商提供生产技术资料及指导。

5. 查货部

查货部的主要工作是根据客户的品质要求，代表客户协助生产商达到既定的品质标准，减少生产过程中的失误，为客户提供质量保证。另外，还负责生产进度的跟进工作，保证加工厂能按合同要求准时交货。

6. 出口部

出口部的主要工作是按照客户要求的交货期组织货物的采购、仓储、运输及出口托运；负责出口过程所需要的有关单据的准备、制作和传递工作；负责办理出口商品的海关报关、报验等手续。

7. 制板部

制板部的工作是将服装设计加工制作成实物样板。设计部的服装设计被客户接受之后，由设计部门提供制板单，交由制板部制作服装样板。为客户或生产部门提供实物样板的主要目的是让客户进一步了解服装设计的效果及制作的工艺或为生产部门提供加工的方法与要求。对于一些中小型服装贸易公司，一般没有专门的制板部，如果需要制板，通常发包给专门的制板公司或生产加工企业。

8. 设计部

设计部的工作是为客户或本集团企业提供服装产品设计服务。客户可以是拥有自己品牌或设计师品牌的服装贸易公司、百货公司、服装连锁店、服装邮购中心等。设计部可以根据市场区域的不同划分为若干个设计组，负责不同地区的服装产品设计服务。每个设计组应在每个季度根据从市场中搜集的最新潮流动向，按照款式、面料、颜色、最新洗水及最新款的物料等设计要素，塑造出不同的设计主题。也可从专业报纸、杂志中搜集图片，利用设计手段，创作出不同系列的效果图。对于一些中小型的服装贸易公司，一般没有专门的设计部，大多根据客户提供的产品概念进行产品设计、接受客户设计或由客户提供样板组织生产。

五、跟单员的素质能力要求

现代商贸物流和国际贸易的迅速发展，服装经营规模不断扩大，为跟单提供了广阔的就业空间，服装企业对跟单的专业人才需求迅速增长，同时，对跟单人员的素质提出了更高的要求。作为跟单员需要具备以下素质和能力。

（一）能力要求

1. 分析报价能力

能够分析客户的特点，清晰了解客户的需求。随时掌握市场原材料价格的变化，并根据订单产品价格的构成，迅速提供生产企业与客户均能接受的准确、合理的报价，以尽快获取订单。

2. 生产预测能力

根据客户订单的要求、企业的生产能力、物料的供应情况等，预测生产加工过程中可能出现的问题，并与客户协商，制定相应预防、变通措施，反馈给客户确认，以利于订单签订、生产计划以及交货期的安排。

3. 沟通交际能力

跟单员不仅要善于口头沟通，还要善于书面沟通，能够熟练使用现代通信工具，准确地表达本企业的生产能力、产品的报价、规格限制、交货期限、付款方式等各种信息。同时，跟单员既要与企业外部的客户、协作企业、原材料供应商等打交道，也要与企业内部的主管、同事打交道，建立良好的人际关系，做好各方面的协调工作，取得各方面的支持，确保任务完成十分重要。

4. 服装专业能力

对客户所下的任何一张订单，跟单员都要从价格、面料、辅料、工艺、款式、质量等多方面加以分析，所以跟单员需具有相应的服装专业知识，例如掌握产品原材料的特点、性能、来源地、成分，所生产成衣的种类特点、款式细节、品质要求，以便向客户提供专业的参考意见，帮助客户改进产品，提高产品市场竞争力。

5. 商务谈判能力

跟单员在日常工作中经常遇到与客户谈判的情况，无论是涉及价格、服务、投诉以及面对客户提出过高的要求，都需要通过与客户谈判，争取客户的认同或降低标准，力求用有限的资源换取最理想的回报。跟单员要通过谈判，努力使企业与客户双方达成共识，实现双赢。

6. 紧急应变能力

成衣生产过程中，如果出现紧急情况或突发事件，跟单员必须根据实际情况，作出快速反应，或及时向主管汇报，或采取恰当办法，或请求援助，务必使问题得到及时有效的解决，确保订单生产按预定计划进行。

7. 角色转变能力

跟单员有时代表服装生产企业与客户进行谈判，有时又代表客户与服装生产企业协商，有时代表服装生产企业与原材料供应商洽谈，有时又代表供应商向客户反映原材料的问题。总之，跟单员在整个跟单过程中必须懂得随时转换角色。

8. 其他综合能力

由于跟单具有较强的综合性，涉及相关的外贸业务，决定了跟单员还需要具备一定的外语会话能力、计算机操作能力、灵活运用各种统计工具控制进度的能力，需具备装卸、运输、仓储、配送以及财务会计、银行单证等方面的知识，了解国际贸易的相关规则以及商检、报关等进出口手续，熟悉关于合同、票据等的法律知识。

（二）服装跟单员的素质要求

① 服装结构样板、基础服装在生产过程中会出现各种问题，而有些质量问题根源就在于生产企业在技术部门出现板型问题。作为服装跟单人员不但要及时发现问题，还应该能够协助解决问题，所以跟单员应具备板型设计与管理方面的基础知识及技能，跟进加工部门改进产品因板型引起的质量问题。

② 服装创作工艺基础及品质检验标准 服装制作工艺是服装跟单最主要也是最基本的工作，它保证服装产品达到原定技术要求，是决定产品经济效益的重要环节，也是交流和总结制作与操作经验的重要手段，更是产品质量检查及验收的主要依据。只有很好地掌握服装制作工艺及品质检验标准的相关知识与技能，才能成为一名合格的跟单员。

③ 服装面、辅料的鉴识 面、辅料是构成成衣的主要元素，也是成衣质量的硬件基础。能够把握面、辅料的质量，不仅给成衣生产带来了先决的质量保证，也为加工部门顺利完成订单、及时出货赢得了时间。造成订单出货时间延误多因面、辅料的质量问题，因为一旦面、辅料出现了质量问题返工周期会延长，加工成本增加，尤其是出口服装订单，有时就因为面、辅料的质量问题而影响了交货日期，给生产企业带来了重大的经济损失。所以合格的跟单员必须掌握服装面、辅料的质量控制和检验。

④ 其他综合知识 除了服装专业的基本知识外，一名合格的跟单员还需要掌握外贸、物流管理、生产管理、单证与报关等综合知识。

六、跟单员的工作要求

1. 必须以订单为依据，坚持实事求是的原则

我国虽然已经加入了 WTO，国内的服装产业也呈良性发展的势头，但服装生产企业拥有自行进出口权的仍占少数，绝大多数的生产企业还是通过服装贸易公司出口，因此客户、贸易公司和生产企业三者之间的关系紧密。订单是这三者之间的连接点，生产企业的产品首先要通过贸易公司的认可，双方通过加工合同互相约束，贸易公司为了取得良好的信誉，自己也在服装质量等方面有一系列的标准，要求服装跟单员不折不扣地去执行；但是贸易公司也不是最终验货者，而是要通过客户或客户委派的人员认可后才算合格。因此对跟单员来说必须严格依照订单资料要求，坚持实事求是的原则，把好服装产品的每一道质量关。

2. 以客户意见为准，不可擅自做主

每个订单型生产企业都有自己的服装质量标准和习惯性的工艺制作方法；每个客户有自己的特别要求，而跟单员也对服装企业质量标准和客户要求有自身理解，因而通常会遇到与订单资料相抵触的问题，此时跟单员切不可自作主张，按照自己的主观意愿指导加工部门，盲目地更改订单资料，而应该及时通知客户，让客户来做决定，一切都要遵循客户的要求，尤其是出口服装的质量标准中，客户标准就是最终标准。

3. 必须具备勤恳、细致的工作作风

跟单员在工作过程中必须按照跟单的程序指导加工部门，从面、辅料配给，加工工序，生产进度，成品包装等各个环节层层把关。

4. 必须具备良好的沟通和表达能力

跟单员除了要把握好服装产品的质量外，还应该处理好生产企业、贸易公司和客户之间的关系。贸易公司需要信誉优良、生产管理能力强的生产企业做后盾，同样，生产企业也需要贸易公司的业务支持。跟单员与生产企业接触最频繁，是促进贸易公司和生产企业真诚合作的纽带。跟单员应把握自己的业务位置，不但要指正加工过程中的质量问题，还要指导其如何改正和改良生产技术，以良好的沟通和表达能力使生产企业既能接受其意见和建议，还能拥护其在生产企业的特殊地位。

5. 刻苦钻研业务，不断提高

在当前外贸学历教育体系中，针对跟单业务的应用性培训相对滞后，大量未经职业培训的从业人员使得外贸跟单业务的风险大大增加；还有些有经验的业务员受到的可能是不规范的训练，由此形成不良的工作习惯，这些也必须通过培训，结合实际生产问题的症结来加以克服。可见，对跟单员进行全方位系统的培训势在必行。有些培训班已经具体安排了如下课程：跟单员的工作职责、企业跟单模式、工厂管理流程、物料采购跟单、生产过程跟单、出口货物跟单、进口货物跟单、货物运输跟单、跟单员与客户管理、跟单员工作策略、跟单员的沟通、跟单员管理学等。因此跟单员要不断加强业务学习。

第四节　服装跟单基本流程

一、查阅订单工艺文本

服装跟单员接手订单工艺文本后，应仔细核对订单文本上的资料是否完整准确。工艺文本是跟单员跟进订单的唯一依据，只有完整准确的工艺文本才能确保服装订单的跟进工作。

（一）核对工艺文本的具体内容

1. 工艺文本是否完整

根据工艺文本的具体内容来确定其是否完整，不可遗漏任何一个步骤。

2. 文字描述是否和款式图相一致

包括款式描述、工艺描述是否与款式图上的各款式相一致，如果发现有不一致的地方应及时与客户或者客户开发人员核对准确。

3. 产前样是否和工艺文本中的资料一致

产前样一定要与工艺文本中的款式描述、工艺描述及款式图相一致。

4. 面、辅料是否经客户确认

首先核对工艺文本中是否有面、辅料样卡和色卡，然后核对所示样卡和色卡是否经客户确认。

5. 查看印绣花等其他设计要素

查看款式是否有印花或绣花等要求，若有则须附印花或绣花图稿的确认样。

（二）分析工艺文本

1. 了解订单情况

（1）了解客户情况　了解客户情况是一个长期的过程，只有长期接触同一个客户的订单，才会总结出一些常规的经验，比如有些客户对服装的线头特别敏感，而有的客户则对划粉渍特别敏感等，掌握不同客户的特殊要求有利于在跟单过程把握整个订单的侧重点。

（2）查看出口服装订单的出口国情况　若接到的是出口服装订单，要了解不同国家对出口服装的特殊要求。了解订单的出口国有利于把握订单的一些常规状况，比如出口日本的所有服装必须验针，不可留有返修标签等；出口欧洲的服装必须注意环保，特别是包装要用环保胶袋且必须印上环保标志，而且金属辅料不能含镍，面料、纱线的染料不能含偶氮结构等，充分掌握各国的情况可以减少因不必要的索赔而造成的经济损失。

（3）了解加工厂的情况　对于产品的质量要把握好两个因素：一是外在因素，即先进的生产工具；二是内在因素，即生产者与管理者的素质状况。两者当中后者的弹性及可塑性更强，生产过程很大程度上是人为的过程，而跟单贯穿于生产的全过程，因此了解加工厂的生产技术及人员素质的状况有利于跟单员与加工企业之间默契配合、相互促进，顺利完成订单。

2. 分析整个订单的难点与重点

在了解了订单的客户、出口国家、加工企业等相关情况后，结合其实际可比较分析出该订单在此企业加工中会出现的难点和需要解决的重点，使跟单员在跟单进程中做到心中有数，尤其在跟单员同时跟进多个订单时，这样的分析有利于合理地安排时间，使工作有条不紊。

3. 统筹分析生产过程

在了解了订单的相关情况后，就要合理地统筹、分析订单的生产过程，虽然这个过程生产企业也会有相应的安排，但跟单员自己了解生产过程的话，就能够主动地指导生产企业，使跟单员能在生产企业当中树立良好的形象，也使跟单员与生产企业之间的配合更加默契。

二、审核相应的企业生产工艺文本

在订单下达服装生产企业后，生产企业必须依据订单工艺文本编制企业相应的生产工艺文本，服装跟单员首先就要核对企业的生产工艺文本是否和理单员的工艺文本相一致，核对的重点如下。

1. 面、辅料供应是否正确

面、辅料供应是客供还是自供，以防止出错后影响交货日期。

2. 面、辅料的材质、颜色是否正确

面、辅料的材质、颜色是否与订单工艺文本的要求一致。

3. 款式是否正确

按照企业生产工艺文本的工艺流程制作的服装款式，是否与将要完成的跟单工艺文本中的款式相一致。

三、检验大货面、辅料

（一）检验大货面料

当大货面料进厂时，跟单员必须立即进行检验。"立即"很重要，较早地发现问题，可以及早采取补救措施，因为面料的重新生产往往导致交货延期。有些特殊面料，例如经、纬纱支或经、纬密度不同于市售的常用规格，就需要定织定染；有些色织面料生产流程长，需要较长的生产周期，若不符合客户要求会严重影响交货期限，给双方带来不必要的经济损失。因而一旦发现大货面料与色卡或样卡有差异，跟单员必须及时通知生产方，并将大货面料的小样寄客户确认，同时通知加工部门不准开裁，否则后果自负。

（二）检验大货辅料

1. 核查项目

（1）服装辅料的颜色　核对辅料的颜色是否与工艺文本中的要求一致。

（2）服装辅料中的文字内容　带有文字的辅料须核对文字内容是否准确，例如，洗涤标中洗涤内容的文字是否出错等。

（3）服装辅料的规格　例如拉链的长度是否达到工艺文本中的要求，胶袋的厚度是否达到要求，喷胶棉的克重是否达到要求等。

（4）服装辅料的品质　服装辅料的品质见是否达到了款式或客户要求。

2. 核查内容

（1）核对洗涤标（图1-2）　主要核对洗涤标的成分、洗涤方法及洗涤标符号是否准确。

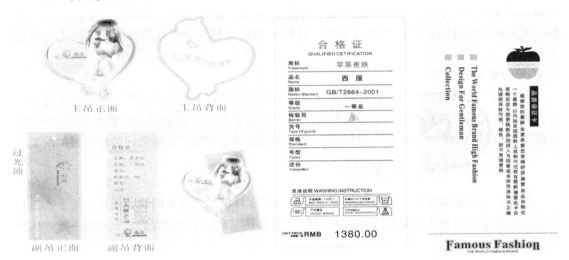

图1-2　服装吊牌标志

（2）核对吊牌（图1-2）　主要核对主吊牌和价格吊牌中客户商标、价格帖等是否准确。

（3）核对箱标（表1-3）　生产企业订购包装纸箱的时间要根据工艺文本中箱标内容是否完整来定。如工艺单中的箱标内容已经齐全，订纸箱的时间与面料、辅料同时进行，如毛净重及体积等数据不能确定，一般要等成品出来才能定，当然也要视订单的货期长短。所以核对箱标也必须及时，纸箱一到就进行核对。

表1-3　纸箱资料信息

SHIPPING MARK	SIDE MARK
CASUAL WEAR	MODEL NAME：HAGGER
MODEL NAME：HAGGER	COLOUR：
COLOUR：	SIZE：
LOT MODEL NO.：4115-4130-90	GR. WT.：
SALES ORDER NO.：20398	NET WT.：
QUANTITY：36PCS.	MEAS.：
SIZE：	
CARTON NO.：1-UP	
MADE IN CHINA	
● THE WEIGHT MARKED IN SHIPPING MARK MUST BE THE SAME AS THE REAL WEIGHT	

（4）主标类　主标除了领标外，根据款式不同还有侧标、旗标、皮标等，也要核对其文字与图案颜色是否准确。

（5）印绣花　主要是核对图案、文字及其颜色是否准确。

（三）环保测试

这里主要根据订单的客户及出口国家是否有此方面的特殊要求而定，比如面料染色剂的环保测试，金属辅料是否达到的环保要求（含镍测试）等。

四、核对款式

款式核对的内容和方法可以参照服装中期验货。

（一）服装款式的核对

服装款式的核对一般分为五个步骤。

（1）根据工艺文件的款式图进行核查　核查的内容包括缝纫形式、服装结构是否与工艺文件一致等。核查的方法可以采取"打钩法"，即对工艺文件中的款式图进行打钩，把已经核查的和核查以后正确的地方打上"√"，核查的顺序可以按照从左到右，自上而下，从前到后的原则有序进行核查。由于跟单员有时同时跟进甚至十几个订单，采取"打钩法"核对服装款式可以防止遗漏。

（2）根据工艺文件的款式描述进行核查　款式描述核查可以和款式图相结合，核查的内容与方法同（1）。

（3）根据工艺文件的服装辅料搭配进行核查　核查的内容主要包括印绣花以及服装的特殊工艺制作等。核查的方法同（1）。

（4）根据工艺文件的服装辅料搭配进行核查　核查的内容主要包括辅料的颜色搭配以及辅料装订的位置是否和工艺文件一致等。

（5）根据工艺文件的服装规格指示进行规格的核查　服装半成品规格核查，是针对服装大的部位进行服装总体规格的核查。比如上衣核查的部位包括胸围、腰围、下摆、衣长、袖长等，裤子核查的部位包括腰围、臀围、横档、脚口、裤长等。

（二）半成品的外观质量检验

半成品外观质量检验的内容包括部件外形、外观、平整度、缝迹质量、整烫质量等。

（1）部件外形　领、袖、袋等部件成形后，形状是否符合要求，应与标准纸样进行对照检查等。

（2）外观平整度　缝合后外观是否平整，缝缩量是否过少或过量等。

（3）缝迹质量　半成品整烫成型质量是否符合要求，有无烫黄等污损现象。

不同产品的缝制、整烫质量要求是不同的。各种不同服装的缝制和整烫参见《服装工业常用标准》。

（三）半成品上装的外观质量检验操作规程

半成品上装的外观质量检验操作方式及流程如下。

（1）衣领部位　查看衣领部位时将上衣正面朝上，检验领里及缝线、底领与衣身缝合线迹、底领绗线、底领与翻领结合的压线，目测翻领翻折形态等。

（2）口袋部位

① 左手持住第一粒扣位，右手持在末扣位，目测前门襟止口。

② 两手放在大袋左右，目测大袋盖明线、封口、打结。
③ 掀起大袋盖，查看嵌线。
④ 查看嵌线结线。
⑤ 目测胸腰省缝，检查胸袋盖止口、缝线打结。
⑥ 掀起胸袋盖，查看袋嵌线、扣袢是否错位。

(3) 肩袖、侧缝部位
① 右手拉袖山上端，左手压住领子查看右肩缝是否顺直、平服。
② 拉出袖山从反面查看右袖山缩缝状态。
③ 拿起袖口查看右袖头部位。
④ 两手持袖口外端查看右袖口一周。
⑤ 抻平右侧袖身查看右袖中缝。
⑥ 由下向上查看右侧缝，转过右手袖山，目测后身是否有污迹、色差并查看下摆。
⑦ 再由下向上查看左侧缝，右手持住袖口部查看左右袖山。
⑧ 抻平左侧袖身产看左袖中缝。
⑨ 两手持住袖口外端查看左袖口一周。
⑩ 持袖口查看左袖头部位。
⑪ 右手拉住前袖山，左手拿袖口端，查看左袖山缩缝状态及左肩缝。

(4) 右前身部位
① 领口对齐，查看领口、钩环。
② 左手拿右前门襟折合，提起前门襟向外，查看扣结。
③ 掀起贴边看钉扣垫布。
④ 拉住贴边上下端，查看下摆直至后身中线。
⑤ 目测后身，两手翻看大袋垫头，大袋布拼接、翻看大袋布。
⑥ 左中指大袋袢，查看胸、腰省缝。
⑦ 右手掀拉胸袋布，两手翻看胸袋头、袋布。
⑧ 右手压住领子，左手持住袖山查看左肩缝。
⑨ 两手翻看袖条，右手伸进右袖查看袖头。
⑩ 两手持住袖口上端，查看袖口一周。
⑪ 左手持袖口，右手持袖山，查看右袖中缝，目测右侧缝。

(5) 左前身部位　右手持住领袢，左手持右下边，提起向外翻，看下边直至右前门襟止口。其他与右片相同。

(6) 领、袖、前门襟
① 从反面比小袖，右手持住两肩缝，左手持住两袖外缝、由上向下比小袖。
② 右手持住两侧领子，左手持住两肩缝比领偏，查看领尖长短、绱领是否歪斜。
③ 右手持住两侧领口，左手持住前门襟下端，比前门襟长短，掀起左前门襟查看扣眼错位。

(四) 下装半成品的外观质量检测操作方法及流程

1. 裤腿部位
① 将裤子前开口朝上平展开，先里后面目测裤左侧，由左向右查看侧缝。
② 左手持脚口，由裤脚查看下裆缝，右手分别持大、小裆查看大小裆缝。

③ 左手持大、小裆折合处,右手持腰头,伸拉后裆部查看缝合状况。
④ 两手持袖口目测袖口一周。

2. 口袋、腰头部位

① 查看袋口,目测袋布。
② 左手掀起袋布,查看袋布拼接、袋垫、袋口里线,翻看掩裆、扣结、小裆牵条。
③ 左手持住腰头部位,右手理平腰头,查看腰里、腰袢带垫布、省缝。
④ 右手掀起右袋布,查看垫布、袋口里线、拼接袋布。
⑤ 左手持住腰头扣位,查看门襟扣眼、扣结、明线,右手推看里襟的明线、钉扣。

(五)半成品检验报告

半成品检验后应填写检验报告,并将有关质量信息及时反馈给相关作业人员,防止疵品继续出现。半成品检验报告可根据不同订单自行设计,也可以填写在中期验货报告中(见表1-4)。

表1-4 中期验货报告

PRODUCTION INSPECTION

(Cutting. Sewing. Packing & Pressing)

合同号:	加工厂名称:	跟单员:
Contract No.:	Maker:	Inspector:
货号:	数量:	日期:
Article:	Quantity:	Date:
客户:	部门:	时间:
Client:	Deparment:	Time:

检验工序	OK	Not Ok	检验工序	OK	Not Ok	检验工序	OK	Not Ok
1. 裁剪 Cutting								
2.								
3.								
4.								
5.								
6.								
7.								
日期(Date)	工艺意见			加工厂意见			跟单员/工厂签字	
31.								
32.								
33.								
34.								
35.								
36.								
评语 Remarks								

五、生产过程中的缝制工艺管理

生产过程中的缝制工艺管理在跟单工作中也是比较关键的步骤,如果在生产过程中能够控制好各个环节的缝制质量,也就很好地把握了产品的基本质量,可保证在后期验货中不至于出现较大的质量问题。

六、首件流水样检验

首件流水样的检验与确认非常关键,当首件流水样出来时,还是大货生产的初级阶段,如果能在这个时候发现问题,及时改正,就不会影响大货的生产,也可避免成品翻仓。首件流水样的检验确认应有以下步骤:

① 核对款式;
② 检验缝制工艺;
③ 测量成品规格;
④ 报告者件流水样的检验结果(封样报告)。

七、后整理封样

后整理是生产中的后道工序,主要是指熨烫、清理污渍、锁钉、验针等工作。

1. 熨烫

熨烫的质量检验主要查验有无烫黄、烫焦、极光、水花、污迹等现象。

2. 清理污渍

常见的污渍包括油污渍、水渍、划粉渍等。

3. 锁钉

锁钉包括扣件锁钉、套结、翘边等。

4. 验针

验针指检验成品服装中残留的针头等金属残留物。

八、包装封样

包装封样根据服装款式不同有不同的要求,跟单员必须按生产工艺文本中的要求进行核对,包装封样有以下步骤。

1. 全验产品包装形式是否准确

挂装(有衣架的)包装形式主要查验服装是否平整,平包装则要查验折叠方法是否正确等。

2. 查验挂牌(串牌和价格牌)的挂法是否正确

挂牌的挂法通常有三种,即枪针打于主标后中、枪针穿于主标后中及挂于前门襟纽扣处。一般情况下价格牌在服装正面(上面),吊牌放在服装后面(下面),价格牌必须露在服装外面,使服装入胶袋后仍清晰可见。

3. 核对挂牌中价格贴是否达到工艺文本要求

有时加工企业同时生产同一客户不同款式的产品,价格贴容易混淆,必须仔细核对。

4. 核对是否需防潮纸(拷贝纸)

垫防潮纸的目的一方面是为了防止服装受潮,更重要的则是为了防止搭色或出现挤压痕。合成面料的服装产品易出现搭色或挤压痕,而一般金属或比较硬的服装辅料,如拉链头、吊钟、纽扣等也需要用拷贝纸包扎起来,因为服装产品可能在船、车等交通工具上滞留的时间较长,难免出现遇高温受潮的情况。

5. 包装材料及规格是否准确

包装材料主要是指胶袋,胶袋的材料必须按出口国家、客户及资料内容进行核对。一般同一个款式不同尺码的胶袋也是相应有规格变化的,胶袋的规格必须同服装尺码相匹配。服装装入胶袋后要平整,封口松紧适宜,不得有开胶、破损现象;胶袋的字迹、图案要清晰、不得脱落,并与所装服装的方向一致等。

九、装箱封样

(一) 纸箱要求

① 纸箱应保持内外清洁、牢固、干燥,适应长途运输。有时货物到达目的地以后,便进入配(发)货中心,由于其物流管理对纸箱的尺寸和重量有严格的规定,因而客户也相应地对纸箱的尺寸和重量严格要求。在实际控制中,考虑到误差性,故使实际的尺寸和重量略小于规定的尺寸和重量。有时客户对纸箱会有特殊说明或指定所用的类型,有时客户对纸箱的材质等有特殊要求,如不能带有铁钉等,这些都要一一检查。

② 纸箱封口时应衬垫防割破材料,具有保护商品的作用。

③ 箱底、箱盖封口严密、牢固。封箱纸贴正,两侧下垂10cm。

④ 装箱适度,不可出现"胖顶"(超装)或"空箱"(未装满)现象。

⑤ 包装带要正且松紧适宜,不准脱落,卡扣牢固。

⑥ 箱体标签字体要清晰、端正,不得有任何污染。

⑦ 客户若要求有内盒,服装入盒内应松紧适宜。

⑧ 挂装纸箱要端正平整。

(二) 纸箱落体试验

纸箱落体试验是将装有货物的纸箱从规定的高度自由落下,查看纸箱中的货物及其包装有无损坏,从而检验纸箱的品质。规定的高度与被测物的毛重有关,如表1-5所示。

表1-5 纸箱落体试验规定

被测物毛重 W/g	规定的高度/cm
$\leqslant 10$	36
$10 < W \leqslant 26$	30
$26 < W \leqslant 51$	24
$W < 7$ 或 $W > 51$	18

十、装箱单的填制

装箱单一般包含产品名称、发票号、编号、数量、内装产品详细型号、规格、颜色、毛(净)重体积、尺寸、日期等。装箱单的模板如下。

长城贸易有限公司
GREAT WALL TRADING CO., LTD.
Room 123 HUASHENG BUILDING NINGBO P. R. CHINA
TEL：010-12345678 FAX：010-87654321

装箱单
PACKING LIST

TO:		INVOICE No.
收货人：		发票编号：
		S/C No.：
		销售确认书编号：
		DATE：
		日期：
FROM：		TO：
起运港：		目的港：

唛头号码 MARKS & No.	货品名称 DESCRIPTIONS	数量 QTY	体积 MEAS	净重 N. W	毛重 G. W
TOTAL AMOUNT:					

GREAT WALL TRADING CO., LTD

思维拓展

服装跟单员的日常工作流程

服装跟单员通俗点来说就是一款衣服从原料到成品入库全程对质量和进度的监督掌控，解决协调各环节的问题，向上一级主管部门汇报进度。根据服装生产的流程，可以细分到面辅料跟单、样品跟单、大货跟单、业务跟单、质量跟单等，这个在不同的公司、不同的流程下面工作职责也不尽相同。下面，小编和大家分享下服装跟单员的工作流程。

一、从板单跟起

① 逐项检查板单，看清楚客人要求。

a. 首先是主料，如面料的品种、纱支、组织、克重、颜色，弄清楚是否有特别要求，比如磨毛、丝光、防静电、防皱等处理；然后注明要求下单给布厂订板布。

b. 看需要何种辅料，包括底面缝纫线、拉链、纽扣、鸡眼、人字带、花边、丈巾、罗纹、主标、水洗标、吊牌、装饰牌等。整理清楚查寻本厂是否有仓存物料可用，如没有速下单订购。

② 根据客户板单要求，研究是否有不合理的地方，着重看一下有无特殊要求，如有指示不明的地方要及时和客户沟通，如客户无特别要求则可按照常规操作自行设计工艺和制作要求，制定自己的工艺单。

③ 工艺单要注明面辅料要求，洗水方式，用线要求，缝制要求，印、绣花及其他处理，交板日期等。

④ 完整的样板工艺生产通知单＋齐全的面辅料，交给样板房起头板。

⑤ 板房做好样衣后交给跟单员安排洗水，跟单员查看样衣符合各项要求后交给联系好

的洗水厂并交代清楚洗水要求。洗水回来由跟单员检查核对符合要求后交给板房做后整。

⑥ 板房整理好样衣检查辅料齐全，尺寸无误后交给跟单员。跟单员要自己再检查核对，无误后寄给客人。

二、送样跟进核价

① 跟单员寄出样板同时要安排进行核价，并填写核价单，在填写核价单时一定要认真，清晰，力求准确，包括面料，纱支，克重，幅宽，用量，单价，印、绣花价格和各种物料价格和用量；加工费，洗水费，出货运输文件费，以及利润等一览表。

② 核实板单上客户要求的纱支、克重、幅宽或有关面料生产的生产难易度，主要是与布厂同事沟通，落实确定后明确面料价格资料，方便用料的价格核算。由裁床核算样板用量或者跟单员自己核算。

③ 跟单员要对辅料情况进行详细了解，要广泛寻求辅料供应商进行寻价，避免报价失误，造成不必要的损失。

④ 跟单员提供板单及样衣给生产部对照，进行生产量及加工费的计算和报价。

⑤ 有关洗水印花问题的价格问题一定要在做板时就和各加工厂确认谈好价格，避免落单后做货价格有出入。

⑥ 汇总资料，核算价格。如果客户有特殊要求的时候，一定要有明确指示，如面料有特殊要求或牵扯到面料检测及成衣检测、跟单员一定要特别注意，还有辅料比较奇特的，印、绣花，洗水价格等。所有这一切，都必须详细准确的写到核价资料里以备后查。

思考与练习

1. 服装跟单的定义是什么？
2. 服装跟单的作用是什么？
3. 服装跟单工作内容是什么？
4. 服装跟单的能力要求是什么？
5. 服装理单跟单的基本业务程序是什么？
6. 服装跟单员的素质要求是什么？
7. 服装跟单员的工作要求是什么？

第二章 服装订单开发

学习目标

1. 熟悉和掌握订单开发的业务流程，订单开发的前期工作、订单洽谈磋商、订单成本估算和报价、签订合同与订单生成、接单与录入、接单后的研究与改进、客户分类管理等。
2. 能够根据客户的需要制定合适的报价计划和方案。

在服装企业中，订单是企业与客户之间的一个交易契约。作为跟单员，订单开发是跟单的开始，订单开发是配合公司下一年的产品计划，提供产品报价服务与制板服务，并根据客户的要求，协助客户完成产品或面料后期的市场化开发工作。订单开发及客户服务工作一般是由营业部（又称为开发部）完成的，以服务老客户为主，同时也承担新客户的开发任务，为有订单意向的新客户提供服务。订单开发的过程主要包括订单开发的前期工作、订单洽谈磋商、订单成本估算和报价、签订合同与订单生成、接单与录入、接单后的研究与改进、客户分类管理等。订单开发的每一个环节，都是客户亲身体验交易过程的"关键时刻"，其中任何一个环节出现疏漏，将导致整个过程出现问题，损害客户对企业的满意度。要真正让客户满意，首先必须做好订单开发这项基础工作。

第一节 订单开发业务分析

一、订单开发业务工作流程

营业部的业务工作可划分为市场工作与技术工作两部分：市场工作大致可分为客户开发工作与营业部人员的报价工作（包括选择工厂、工厂报价及船期确认）两大类；技术工作大致可分为成本项目分析、估算面料用量、跟样板三类。

根据营业部的工作内容，营业部的业务工作流程大致步骤为：接受客户询价资料、分析询价资料、收集并分析报价资料、制板与物料预算、签订合同等相对独立的工作流程，其相互关系如图 2-1 所示。

二、订单开发业务工作内容

1. 客户开发

客户开发是订单开发业务的起点，直接与客户接触，收集客户的产品需求信息与市场营销信息，作为业务部提供报价服务的基础资料。客户开发人员作为企业与客户之间沟通的桥梁，需为客户提供高效、优质的咨询服务，提高客户对企业的认知度。

2. 客户报价

营业部在收到客户的相关询价资料后，要整理分析，并对客户的询价做出迅速准确的回

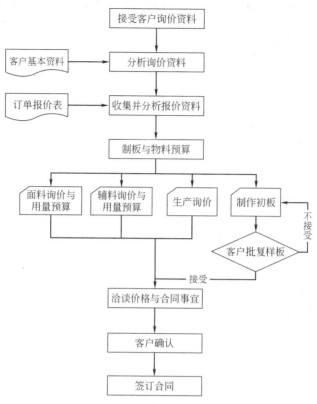

图 2-1 营业部业务工作流程

复。报价工作大致分为以下几个步骤。

① 分析客户资料及客户的产品市场。
② 向加工厂发出询价资料。
③ 预算用料，并询问面料及辅料价格。
④ 填写报价表，并与加工厂报价比较。
⑤ 确定第一轮报价价格。
⑥ 将报价资料发给客户确认。
⑦ 进行第二轮报价（见表2-1）。

报价过程实际上就是加工厂、服装贸易公司、客户三者之间对目标产品的生产、交易成本与利润水平合理分配的商议过程。作为服装贸易公司的目标，就是保证加工厂能在其目标利润下，保质、保量、准时生产与交货，同时，也能让客户在其目标成本下，及时采购正确的货品，并能实现服装贸易公司的目标利润，实现三方共赢。因此，正确理解客户需要，并提供快速报价是报价工作的基本原则，也是影响成功报价的关键因素。

要提高报价工作的效率与成功率，要考虑以下三个因素：一是向客户提供具有市场竞争力的报价；二是为加工厂提供具有市场竞争力的报价；三是确定公司合理的利润水平。评价报价工作质量的标准是工厂满意、客户接受、公司目标利润得到保证，并最终能实现按质、按量、准时交货。

3. 成本分析

成本项目分析的工作质量，取决于报价员对客户产品的理解能力和生产工艺制作单等询价资料的分析能力,需要经验或专业能力的支持。各个成本项目合理水平的确定,取决于与面辅料供应商、加工厂之间的价格沟通磋商,技术难度相对较小,但需要有较强的沟通能力、信息资料的收集、分析能力。成本分析见表2-2。

表2-1 FOB成本报价表

客户:_____　　款号:_____　　款式:<u>女式长裤</u>　　制单日期:

面料成本(1)						
序号	布料名称	规格/颜色	用量/Y	单价/元	金额/件	图示
1	CT271	棉弹	1.78	19	33.82	
2	袋布	本白	0.2	3	0.5	
3						
4						
面料成本合计(含税):(1)					32.82	
辅料成本(2)						
序号	辅料名称	规格/颜色	用量/件	单价/元	金额/件	
1	拉链	YKK	1	1.6	1.6	
2	工字纽	环保	2	0.2	0.4	
3	撞钉	环保	8	0.08	0.64	
4	拷贝纸		1	0.01	0.01	
5	防潮珠	袋	2	0.01	0.02	加工成本(3)
6	小塑料袋	5cm×7cm	1	0.01	0.01	车花加工费　　0.5
7	包装袋	PE料	1	0.4	0.4	车间加工费　　5.5
8	中包袋	PE5C	1/4	0.8	0.2	洗水加工费　　9
9	纸箱	环保	1/20	7	0.3	后整加工费　　1.5
10						印花加工费　　1.5
辅料成本合计(含税):(2)					3.58	加工成本合计(含税):(3)　18
交易成本:(4)						面料成本(1)　　32.82
工厂固定费用加损耗					2	辅料成本(2)　　3.58
商检+运费+关税					2	加工成本(3)　　18
利润10%					5.84	交易成本(4)　　13.052
税金5%					3.212	
交易成本合计(含税):(4)					13.052	总体报价　　67.452

4. 面料预算

面料预算工作是由纸样制作人员根据客户提供的生产工艺制作单或成衣样板,绘制面料预算纸样(精度要求不高),并通过人工排料,确定合理省料的排料方案,以确定每批服装的面料用量。作为报价人员,面料预算是面料成本计价的依据,同时也可作为工厂用料、制板用料的参考。

表2-2 成本分析表

××××(香港)有限公司成本分析表					
款号：	4P104-I369	主唛： SB	面料：	QH169	日期： 3月24日

名称	用量(码)	单价(元)	小计：(元)	备注
表布	1.54	19.5	30.3	琼威(W：−10％　L：−1％)
袋布	0.13		0.5	
洗水			9	酵磨＋手擦＋马骝＋猫须＋套色＋磨破
做工			6	
绣花				
拉链	1	0.38	0.38	假YKK
线			0.8	
唛头			0.5	
钉钮			0.5	
腰带				
胶袋			0.35	
纸箱			0.4	
挂卡			0.3	
包装			1.5	
利润			3	
税			2	
损耗			1.5	
其他				
合计：(元)			57.3	

5. 样板跟进

为客户提供制板服务有两种情况：一是客户有自己的产品开发计划，公司为客户提供制板服务，实际上是承担了客户选款前的制板准备工作。二是一些客户，要求公司提供畅销产品的制板服务。不管哪一种类型，签约前提供制板服务是必须的环节，而提前制板有助于提高报价的成功率。样板跟进最重要的是正确理解客户的产品需要，向加工厂提供正确的制板资料，监控制板过程，并及时按照客户意见完成修正。

第二节 订单开发前期工作

接洽订单工作是服装贸易过程的开始，也是服装贸易工作的一个重要环节。它包括订单开发的前期工作、订单的洽谈磋商、合同的签订和服装加工厂的评审等工作。订单开发的前期工作包括制定接单计划、产品开发服务、联系或寻找客户、识别评审客户等基本工作内容。

一、制定接单计划

接单计划是服装企业下一年度全年接单任务或客户开发的预期目标。营业部通过各种渠道搜集市场动态及发展趋势，结合本身的经营策略、工作目标及客户要求，制定年度接单计划，设定企业在计划 1 期内将要开发的客户、成衣品种、订单的期量标准（计划接单的交货期与数量）等，有的还包括个别固定客户的目标接单数量、品种及产地等。年度接单计划是服装企业编制季度或月份接单计划的依据，也是跟单业务计划的基础，所有跟单计划都将会落实到每一个营业小组，由专门跟单员跟进各个订单的具体工作。

为了避免接单任务、订单生产过分集中，在根据年度接单计划制定季度或月份的接单任务时，要统筹安排，综合平衡，尽量将接单任务均衡分配在各个季度或月份。由于年度接单计划的编制周期较长，在实施过程中，往往容易出现计划与实际及客户需求脱节的情况，在实际运作中，要根据实际生产能力及客户需求的变化，对年度接单计划进行调整，从而为季度或月份接单计划提供更准确的依据，以增强接单计划的连续性和准确性。

年度接单计划制定以后，一般需交给营业/跟单部主管以及公司总经理审批，副本则交给合同控制部或资料部存档备查。

二、设计开发产品

服装企业的客户主要分为两大类，一类为市场开发型客户，有设计开发能力，大多有自己的品牌；另一类是客户只销售畅销款，没有设计能力。绝大多数的服装企业，主要依靠客户提供的样板或产品概念进行产品开发，从企业长远的发展来看，市场开发型客户应是重点发展的客户，如果能为他们提供设计开发服务，可以使企业更多地接触客户的产品，从而为获取客户长期订单奠定基础。企业的产品开发能力越强，获取客户订单的能力也就越强，订单的数量也就越多、越稳定。因此，越来越多规模较大的服装企业将产品开发能力，作为其核心竞争力加以培育。从服装企业产品开发的实际情况来看，有以下几种类型的产品开发服务。

1. 客供样板产品开发

客供样板产品开发是指根据客户提供的服装实物样板、样板的审核评语及修改意见，由服装企业寻找面料供应商、辅料供应商、加工厂等，通过优化组合这些生产资源尽量满足客户对产品品种、质量、价格、数量等生产需要。

在服装订单开发中，这是最常见的产品开发方式。实际上，服装企业担负着产品生产能力的开发工作，而不是真正意义的产品设计开发，这种生产能力开发的难点在于寻找可替代面料、辅料。有可能客户要求寻找的产品正是目前市场紧缺的货品，也有可能是已经停产的产品，而客户提供的服装实物样板的面料、辅料不一定是当前市场上流行的，为此，寻找可替代面料或辅料是最常见的做法，但哪种是最合适、成本最低、客户最满意的替代品，服装企业比较难把握。

2. 客户原创产品开发

客户原创产品开发是指根据客户提供的产品概念或图纸，由服装企业进行样板开发。在服装订单开发中，这种产品开发方式也比较常见。

在客户原创产品开发中，服装企业实际上参与了客户产品设计及产品生产能力开发工作，与客供样板产品开发相比，多出了产品试制与商讨环节。产品设计能否被客户接受，主要看产品设计和样板的整体效果。虽然产品设计要受客户产品开发概念的限制，但由于客户还没有最终产品的具体标准，服装企业有一定的主动权去选择产品设计元素。只要产品设计被客户接受，寻找面料、辅料、加工厂等生产要素方面就能快速确定下来。客户原创产品开发的流程大致如下。

（1）前期准备　初步了解客户→客户提案→向客户提出建议及预算→双方达成一至。
（2）签定合同　签定合同→支付费用。
（3）项目设计　面料选择→提交设计初稿→客户提出修改意见→修改设计稿→客户确认→确定后期工艺。
（4）样品制作　制板，调整，工艺→样衣制作，调整→客户样衣确认。
（5）产品交付　交付全部设计产品及技术资料或者生产产品→项目结束。

3. 公司原创产品开发

公司原创产品开发是指服装企业根据客户目标市场的特点，组织专门的设计人员，应用服装流行信息与消费者需求调查信息，开发实物样板，为客户提供选板服务。这是服装企业为了提高接单的成功率及接单后生产资源的组织效率，为客户主动提供的一项超值产品开发服务。客户在此之前，无须任何人力、物力的投入。

与客户原创产品开发相比，公司原创产品开发多出了产品概念开发及产品设计元素的开发。为客户开发的样板能否被客户选中并列入客户新季度产品组合中，主要看所开发出的样板是否符合客户的要求和新季度产品组合的流行风格。为了提高样板被客户选中的概率，服装企业通常会开发大量的样板，为客户提供更多的选择。一旦样板被选中，由于服装企业组织了样板开发和试制的全过程，因此各种生产资源的寻找和组织难度都会大大降低。

在服装企业接单中，这种产品开发方式还比较少。主要是因为服装企业面对的客户很多，而且客户产品的种类及风格各不相同，要为这些客户提供公司原创产品开发的难度是很大的。对于长期稳定而且订单量大的客户，一些服装企业会结合本身的专长，提供一些专业的原创产品开发服务。一些新成立或需要开拓市场的服装企业，通常也会以原创产品开发为核心竞争力，大量开发成衣实物样板，以此争取客户订单。

三、联系开发客户

服装企业的客户，通常包括国内外的服装批发商、大型百货零售商、品牌经营商及服装连锁店等，在这些客户中，有些是老客户，有些是新客户。无论是哪一类客户，取得与客户接触的机会，了解客户需求，并向客户推荐公司开发的产品，是获得客户订单的基础。

客户开发是营业部业务的起点，业务跟单员是设计部、营业部与客户之间的桥梁，营业部的业务跟单员应主动与客户接触，收集客户的产品需求信息与市场营销信息，并将这些信息传递回设计部和营业部，作为产品开发和提供报价服务的基础资料。

在实际工作中，营业部跟单员与客户接触的方式有以下三种。

1. 服装贸易公司主动联络客户

对于老客户，跟单员可以通过电话、信函、邮件等，很容易取得与客户的联系。通过与老客户的联系，不仅可以了解客户产品的最新动态及需求的变化，而且可及时地将企业开发的最新产品信息传递给客户。

营业部的客户开发不能局限于老客户，还应主动寻找新客户。充分利用各种服装专业展览会、博览会及各种专业性的报纸、杂志、公布的商业情报等各种资源，寻找新客户，以进一步开拓市场。

2. 客户主动联络服装贸易公司

一些新客户通过网络、公司的广告宣传或媒体的报道等一些信息渠道，获得服装企业的基本业务资料后，会主动联系具有一定知名度的服装企业，作进一步的咨询、了解、询盘或报盘。这时，跟单人员要把这类客户当作准客户，认真对待，详细答复新客户的咨询，及时向客户传递各种资料，让客户更全面、深入了解企业，也可以在条件许可的情况下，直接到客户处所，了解客户需求，展示企业的实力，努力争取客户的信任和订单。

3. 老客户介绍新客户

老客户介绍新客户是开发新客户非常有效的方法。每个老客户在其经营领域，都可能有一些合作伙伴，对企业满意度较高的老客户可能会将企业介绍给新客户，这种方法不仅可以降低交易成本，而且由于有了老客户的推介引荐，诚信度较高，成功率较高。

要鼓励老客户介绍新客户，首先，要保证为老客户提供包括产品开发、价格、品质、交货期等方面的满意服务，为老客户输送具有超市场价值、赢利能力强的产品。其次，要向老客户做一些公司形象的宣传，让老客户了解公司的业务内容、整体实力和发展前景，增强老客户的信心。第三，是要制定一些鼓励措施，让老客户分享公司业务发展的成果。

四、识别评审客户

客户既是企业最大的财富来源，也是最大的风险来源。无论采用哪种方式联系的客户，都必须加以识别、评审，这是提高订单成功率、降低企业经营风险的重要环节。如客户的信誉、客户的业绩、客户的经营资格、客户所在地区的法律环境、优惠政策等宏观环境的特征等，只有在充分了解了客户的有关情况之后，才可以开发出高质量的客源，并获得利润稳定的贸易订单。

识别评审客户需分析的项目包括：

① 哪些客户对企业成本的影响最大；

② 企业本年度最想和哪些企业合作；

③ 上年度有哪些客户对企业有抱怨或投诉，改善后是否获得客户的满意；

④ 去年最大的客户今年订了多少产品，比去年多还是少，原因是什么；

⑤ 是否有客户只在本企业订了一两种产品，却从其他企业订了许多产品，原因是什么。

由于服装市场竞争激烈，一些企业在接单中，对客户的选择存在着较大的盲目性，跟单人员联系寻找客户时，缺少统一、科学的客户识别评审依据。简言之，服装企业究竟可以接受哪些客户的订单，如果没有形成严格规范的管理，将会给企业经营带来较大的风险。实践证明，以下几类客户是企业风险损失的主要来源。

① 经营实力较弱、偿付能力不足的客户。服装企业一旦接受这类客户的订单，产生呆账、坏账的可能性会增大很多。

② 以往付款记录较差的客户。这类客户已经形成惯性拖欠，将给企业带来较大的逾期应收账款利息损失，该项损失通常要远远高于坏账损失。

③ 一些以大额订单为条件、获取更优惠条件的大客户。这类客户在付款时常不遵守合同约定，一旦拒付货款，将给企业带来相当严重的损失。

④ 新客户或一次性客户。对这类客户由于缺乏了解，如果贸然采取远期信用结算方式，往往给企业带来"欺诈性风险"损失。

因此，在开展客户识别、评审时，除了要对客户的经营资格、经济实力、产品需求等基本情况了解清楚外，还要特别对客户的信用信息、信誉度，有充分、真实的掌握。一些服装企业在接单中，由于缺少识别客户信用风险程度的统一标准，造成信用条件管理上的混乱。例如，企业究竟允许向哪些客户给予远期信用结算？客户需达到怎样的信用标准才能获得远期付款结算？这些在接单业务中经常遇到的决策问题，如果仅凭权力，而不是规范化的标准去处理，企业的风险损失难以得到有效的控制。另外，由于缺少科学的客户信用分析方法，难以对客户的信用状况做出准确的判断，甚至有的接单管理人员仅仅凭客户的订单量，就主观地认定其偿付能力，其结果给企业带来巨大的风险损失。针对这些问题，服装企业应建立一套规范化的客户资信管理方案，从而对客户进行科学、准确的识别和评审。建立客户资信管理方案主要从两个方面入手。

① 实行制度化、标准化的客户信用信息管理。首先，企业需要解决的问题是如何搜集真实、准确的客户信息。为此，需要根据各部门和岗位的特点，建立一套客户信用信息管理制度和流程。事实上，由一线跟单人员搜集客户信息是最为直接和最节约成本的方法。问题的关键在于，要让跟单人员知道搜集哪些信息和怎样搜集这些信息。其次，企业应建立专门的客户信用信息数据库，并由专门的信用管理人员负责。只有这样才能保证客户信息的准确性和完整性，以满足各级决策人员的需要。同时，这种方式也有助于使企业的客户资源集中统一管理，防止客户资源的垄断和流失。

② 以科学的信用分析方法预测和防范客户信用风险。对客户进行信用分析是企业信用风险管理的基础和核心工作。从实践上看，信用分析对企业经营管理的质量具有很大的影响，尤其是对于企业的跟单业务和财务管理水平，往往具有决定性的影响。通过专业化的信用分析，可以帮助业务人员有效地识别和选择客户，在营业利益和风险成本之间做出正确的选择。同时，信用分析将使企业的应收账款风险大为降低，节约收账成本。

企业开展识别评审客户的信用分析工作，首先应重视信用分析的组织管理工作。实践证明，简单地由跟单人员或不了解客户的财务管理人员进行该项工作，很难达到有效的风险控制的要求。该项工作应在跟单人员的配合下，由专门的信用管理人员独立、客观地进行。其次,企业在开展信用分析时应采用科学的方法,不能仅靠一些经验性的方法。例如,采用以综合性分析客户信用风险为主的"特征分析模型"和分析客户财务能力为主的"营运资产分析模型"等一些国际上成熟、适用的信用分析模型,以进一步规范企业的客户信用信息管理工作和提高对客户的信用分析质量。

五、加强客户服务意识

根据客户对企业的影响和价值(年度成交额、销售收入、与本企业有业务交往的年限),把客户分为大客户、普通客户和零散客户三大类。按照客户之间的关系又可以分为同城客户、竞争客户、无关联客户等。

同城客户是指几个客户在同一个地区或城市,在为这类客户提供服务时,由于同城客户之间的信息交流相对容易,而且容易出现竞争业务,要特别注意客户之间的竞争关系、客户之间提供的服务内容及服务水平。为了减少同城客户的投诉,提高服务满意度,提供个性化服务、差异化服务是非常重要的,跟单员在与这类客户沟通的过程中,要加强引导,区别对待,使差异化服务得以实现。

竞争客户是指客户之间的业务是相互竞争的,在为这类客户提供服务时,由于竞争客户在产品品种方面具有同质性,服务内容也具有同质性,可以降低服务工作的难度,但很容易引起客户的不满或投诉。要避免竞争客户的不满或流失,在选择竞争客户时,尽量避免选择同城的竞争客户。

无关联客户是指客户之间的业务不具有相互竞争的特点,在为这类客户提供服务时,由于各个客户所需要的采购服务是不同质的,服务的内容也具有差异性,服务的难度增加,但客户之间缺乏比较,容易达到较高的满意度,同时这类客户各自在相对独立的目标市场中发展,客户业务的增长潜力较大。

无论采用哪种方式取得哪种类型的客户,都必须加强客户服务工作,提高客服质量,从而提高接洽订单的工作效率与签约的成功率。

业务跟单员应保持与客户的良好关系,日常工作中常用的方法如下。

① 把每次与客户的联系都看作是一次推销的机会。
② 向竞争对手的客户了解情况,比较本企业的服务水平与差距。
③ 随时检查记录有客户信息的文件资料并进行有效跟踪。
④ 询问客户希望以怎样的方式、怎样的频率获得本企业的信息资料。
⑤ 定时、主动与大客户联络。
⑥ 运用电子信息技术,使客户与企业的业务来往更加方便快捷。
⑦ 发给每一位客户的邮件更加人性化。
⑧ 替客户填写各种表格。
⑨ 重视客户的抱怨并持续改善处理方案。
⑩ 找出客户真正需要的是什么。
⑪ 征询排名前十位的客户的意见,找出企业可以向这些大客户提供哪些特殊的产品或服务。

要提高为客户服务的质量,可从以下几个方面考虑。

① 拓宽客源信息渠道,加强客户信用的评价,提高客源的质量。对于客源较少的服装贸易公司,往往会盲目开发客户,导致一系列后续问题,如客户信用太好,交易不能完成;

公司不具备这方面的服务能力导致客户投诉或不满,影响后续的订单。

② 了解重点客户的市场策略,确定客户服务的方向。每个服装贸易公司都有一些核心客户,他们的交易量占了公司业务量的大部分,提高对这类客户的服务质量,会起到事半功倍的效果。对这类客户的服务,不能坐在办公室,等待客户下单或提出产品需求,而应是主动了解这类客户的市场需求及特点,主动为其提供产品组合服务。这种做法不仅能提高交易的成功率,而且由于公司主动提供产品组合服务,一旦被客户采纳,这些产品组合将是公司擅长的产品,公司的工作效率也会大幅度提高。

③ 为重点客户提供产品设计概念与设计元素,加强客户与公司之间的合作关系。传统的服装贸易公司往往是被动接受客户订单,很少为客户提供设计服务。随着市场竞争的加剧,服装贸易公司越来越重视为客户提供超值的服务,包括产品设计概念、新型面料生产资源的开发、辅料生产资源的开发、后整理资源的开发等,通过这些超值的服务,使客户的产品开发融入公司提供的概念或元素,从而提高公司与客户之间交易磋商的成功率。

④ 提高制板能力,为客户提供及时全面的制板服务。在新客户开发的过程中,新客户特别注重产品样板的提供能力。一般来讲,产品样品的提供能力综合反映了服装贸易公司生产资源的组织能力及生产过程的控制能力。要提高制板能力,可以从以下两方面考虑:一是设立制板中心或者与专业的制板公司合作,形成稳定的制板能力;二是充分利用有合作关系的服装加工厂,要求他们提供专业制板服务。

六、相关准备工作

在与客户交易前,还必须准备好本厂的情况简介、以往生产过的图样效果、生产能力、最新试制的样板以及有长期合作伙伴关系的供应商、外协加工厂信息等资料,同时,还要衡量现有资源能否迎合客户的需要。

(1) 衡量人力资源　包括衡量满足客户订单要求过程中所涉及的工作人员的数量、技术水平、管理能力等是否适合即将接洽的订单。

(2) 衡量生产资源　针对本公司现存档案中已认可的外协加工厂名单中,衡量各个加工厂在生产能力、产品品质、交货期的准确性、产品加工的价格、市场品种与类别以及一连串的服务能否满足客户需要。如果某些项目存在问题或无法满足客户需求,要及时准确地向该工厂反映,促进该工厂改善或发展其他更合适的加工厂。此外,交易前的准备工作还包括:向客户提供最新、最流行的设计图样、接受客户的设计图样或客户所提供的服装样板,以及制作实物样板以体现本企业的生产状况和成衣效果等。

第三节　服装订单合同的签订

服装企业和客户洽谈磋商的结果是由双方协商一致的订单合同或协议来体现的。合同作为双方经济交往的重要凭证,合同条款实质上反映了各方的权利和义务。合同条款的严密性与准确性是保障双方获得各种利益的重要前提,服装订单合同要对涉及的有关价格、数量、质量、交货期、结算方式、运输方式、交货地点等条款进行协商并达成一致的过程。因此,在拟订合同条款时,一定注意合同条款的完整、严密、准确、合理、合法,保证双方按约定履行义务,保证双方的利益。

一、订单的磋商

服装企业在签订合同之前要就订单中涉及的有关价格、数量、质量、交货期、结算方式、运输方式、交货地点等条款进行协商并达成一致,这个过程叫订单磋商。

(一)洽谈磋商的形式

订单洽谈磋商可以采取面谈交流磋商和信函磋商确认两种方式。无论采用哪种方式,最终双方就服装加工贸易达成协议而签订合同,这是洽谈磋商成功的主要标志。

1. 面谈交流磋商

面谈交流磋商是服装企业和客户初次进行交易往来,或者是在大宗、长期的服装贸易情况下经常采用的方式。一般是客户经过充分的调查后,选择符合要求的服装企业进行交易磋商。这种方式,对客户相对有利,即所谓的有备而来,甚至客户可以选择多个服装企业进行磋商,从中选出最优的服装企业签订协议,从而争取最大的利益。因此,对于服装企业,要做好充分准备,尤其应充分掌握竞争对手的情况,各方面的信息掌握得越充足,在磋商谈判时对自己越有利。

2. 信函磋商确认

信函磋商确认是指交易双方通过信函往来沟通的方式进行贸易谈判,达成协议。这种方式通常用于长期稳定、合作关系良好的服装企业和客户之间的贸易谈判。双方通过多次或长时间的合作,彼此之间通常已形成了一个较稳定的原则性合作框架,有时也预先确定框架协议。在交易往来中,双方在这个框架内,通过信函往来的方式,针对不同的服装产品确定具体的交易条件,不需要进行面对面的磋商,从而达到快速、省时、省力的效果。这种方式在服装的交易往来中采用得越来越多。一般情况下,双方在第一次合作时,采用面谈交流磋商的方式,并由此建立起良好的彼此信任的合作关系,在后续的交易往来中,只需通过信函交往,即可确定订单合同。

(二)订单洽谈磋商的过程

交易磋商是对交易合同中涉及的有关价格、数量、质量、结算方式、运输方式主要条款进行协商的过程。交易磋商可以采取当面洽谈,也可采取函电的方式进行协商。在服装企业接单中,洽谈磋商的过程包括询盘、报盘、还盘、成交四个阶段。其中报盘和成交是必不可少的交易磋商环节。

1. 询盘

询盘是客户向服装企业询问有关的交易条件,如价格、品质、规格、数量、交货期等。目前,大多数客户都是通过电子邮件的形式,将有关交易条件发送给服装企业,服装企业应有专门的跟单人员对客户的电子邮件进行及时、认真的回复。

2. 报盘

服装企业对客户询盘所做出的回应。报盘不能仅提供服装产品的加工价格,同时应将企业的生产能力、设备能力、质量水平等有关的情况通报给客户,对自身企业也要做一定的宣传。这一点对初次交往的客户尤其重要,对企业进行有效的广泛宣传,既可以使客户对企业有一定的了解,同时,也会使客户对企业树立信心,从而增加争取到客户订单的机会。

报盘有实盘(也称实价)和虚盘(也称虚价)两种方式。实盘通常是指卖方提出的最低限度的要求，是没有余地再进行更改的。实盘在报出时，应明确规定交易的条件、报盘的有效期，并且要强调是实盘，以供客户做出接受或不接受的选择。实盘通常会使客户，尤其是初次交往的客户产生较生硬的感觉，有时还会引起客户的反感。因此在报实盘时，相对要报得低一些，能够保障客户的利益，使其接受。虚盘通常是指服装企业报出的价格和条件还有协商的余地，某些条件含有未确定的因素，要视具体的情况而定。在报价书中如果有"以我方最后确认为准"、"以原料价格没有变动为准"、"仅供参考"等字句时，可视为是虚盘。虚盘对服装企业来说相对比较灵活、主动，并且不受约束。当对某种服装产品的市场行情不太了解，或者同时有多家客户进行询价时，可采用虚盘，既可以使服装企业占据主动地位，也可使客户灵活掌握，争取双方进一步磋商的可能性，但有时也容易错过商机。

进行报盘时，一定要充分了解和掌握服装生产市场和销售市场的行情，针对客户所需要的服装产品的实际情况，分析潜在的竞争对手可能的报价，合理准确地报出价格。报盘时要注意以下几点。

① 报盘要按自身的实际情况，不可为了争取客户而报出过低的价格，以致影响到企业的收益和利润，有时甚至可能会产生亏损的现象。过高的报盘，固然对企业的效益有好处，但有时会产生相反的效果，当报盘对客户没有吸引力时，会失去进一步磋商的机会。因此，要结合自身的实际成本控制情况，加上适当合理的利润进行报盘。

② 客户对服装企业报出的价格，通常在进行比较后，才会做出决定。首先要与目标价（即客户预先设定好的价格）进行比较，其次会与其他的服装企业报价进行比较，同时，还要对服装企业报出的其他条件如交货期、结算方式等进行比较，从中选择最优的报价企业，展开进一步的磋商。

③ 报价后要及时跟进客户的反应。通常在报价后，客户短时间内做出反应，说明服装企业的报价有一定的吸引力，已引起了客户的关注，服装企业应及时跟进，以争取到订单。如果客户长时间没有做出反应，说明报价失败，失去了商机。服装企业应及时分析总结，找出原因并加以改进（包括降低成本、提高质量、加强管理等方面），以提高竞争力。

总之，报盘是一项相当复杂、涉及面广的工作，必须在充分准备的基础上报盘，才有可能赢得订单。

3. 还盘

还盘也称还价，是客户对服装企业报盘的回应。通常客户对报盘的内容不能够完全接受，进而提出修改意见，如对服装的价格、生产周期、结算方式等提出自己的要求，要求服装企业重新报盘。对于服装企业来说，存在着交易成功的希望，此时应积极面对，及时调整报盘，以期望能够成交。通常报盘和还盘是相辅相成的，也是双方在洽谈磋商过程中的重要内容，是双方协商的焦点，要通过几个回合的磋商，才能够达成协议。对双方来说，都要有足够的准备和耐心。

4. 成交

成交是服装企业和客户双方通过磋商，其中一方完全接受对方的所有条件，并愿意按这些条件与对方达成交易，即可视成交。签订合同是交易磋商的最终成果，通过签订合同明确贸易双方的权利和义务。

成交是谈判成功的结果。双方达成交易后，不可以再对成交协议（合同）进行修改。如果一方出现反悔时，可以在合同执行之前撤销合同，但是要承担协议（合同）中规定的责任。通常双方会在合同中有明确的规定，划分出双方的责任和义务，以保证合同的顺利执行。

(三) 洽谈磋商的内容

洽谈磋商的内容是围绕双方所要进行交易的服装产品的名称、规格、款式、数量、价格、交货期、结算方式、包装运输等方面的条件而展开的。谈判的内容，实际上是对合同的条款进行充分协商后做出明确的规定，分清双方的责任和义务。因此双方在谈判过程中，可从以下几个方面进行磋商。

1. 服装名称、规格和品质要求

从法律的角度来看：在合同中明确规定成交服装商品的具体名称是买卖双方在货物交接方面的一项基本权利和义务。

从业务角度来看：明确规定服装商品品名是交易的物质基础和前提。只有在确定成交品名的前提下，卖方才能够据此组织生产、加工或收购，卖方交货才有依据，买方接货才有据可循，买卖双方才能进一步确定包装、运输方式、投保险别以及价格等交易条件，使交易顺利进行。通常的做法是在确定服装名称的同时，将每一种服装编制一个号码（即款号），使跟单人员在订单跟进的过程中容易记忆和清楚、明确地表达，不致产生错误。服装名称常用的表达结构是：

"使用对象" + "（面料）" + "中心词" + "服装特征"。如 "women's silk jackets with fur collar…"，"men's cotton shirts with short sleeves…"。

服装的规格是由客户来确定的，通常，在洽谈时由客户提供服装的规格尺寸以及款式、颜色、数量的搭配比例。服装的规格尺寸直接影响服装生产用料的成本，进而影响服装的价格。因此，服装企业在磋商价格时要充分考虑这一因素，才能够准确定价。

服装商品品质 (Quality of Garment) 是指服装商品的内在素质（包括物理的、化学的、生物的构造成分和性能等自然属性）和外观形态的综合。表达方法一般有以下几种。

(1) 看货买卖 看货买卖是凭成交服装商品的实际品质进行交易。当买卖双方采用看货成交时，通常由买方或其代理人先在卖方存放货物的场所验看货物，一旦达成交易，卖方就必须按买方验看过的商品交货，不得更换其他货物。

(2) 凭样品买卖

① 凭卖方样品买卖 (Sale by Seller's Sample) 如果样品是由卖方提供、由买方加以确认，作为成交商品的品质标准，称为凭卖方样品买卖。合同中以"质量以卖方样品为准 (Quality as Per Seller's Sample)"表示。

例如，如果要从1000件衬衫中选择样品寄给客户，是否应选最好的？为什么？

采用凭卖方样品买卖时，应注意以下问题：第一，对外提供的样品必须有代表性，既不要偏高，也不要偏低。第二，卖方提供样品时，应留存复样并注意编上号码和注明提供日期，以便日后查找。第三，特殊情况下，可以使用"封样"。即抽出部分样品，在提供样品时，由第三者（如商检局）或买卖双方共同加封，以防交货时复样有变引起争议。

② 凭买方样品买卖 (Sale by Buyer's Sample) 买方为了使其订购的商品符合自身要求，有时自己提供样品交给卖方依样承制，如卖方同意按买方提供的样品成交，称为"凭买方样品买卖"。合同中以"质量以买方样品为准 (Quality as Per Buyer's Sample)"表示。日后，卖方所交的整批货物的品质，必须与买方样品相符。服装贸易中多采用这种表示品质的方法。

例如，在实际业务中，由于面料、设备、技术等条件的限制，卖方不一定能完全满足对方的品质要求，如何避免交货时与买方样品不符招致索赔或退货？

卖方收到买方样品后，往往按照买方来样加工复制一个与之相同或相似的产品，提供给买方确认，如果买方认可，经买方确认的产品，称为"对等样品"（Counter Sample）或"确认样品"（Confirmation Sample）。日后，卖方交货时，只要与该"对等样品"的品质相符，即可认为合格。这种做法，实际上是卖方把交易的性质由"凭买方样品买卖"转变为"凭卖方样品买卖"，有利于卖方日后交货。

服装是一种不容易规格化、标准化的产品，因此，造成服装的品质不容易用语言文字简短而清楚地表达。对于服装产品的质量要求，通常以实物样品来说明。服装的样品可以由客户提供，也可以用服装企业的样品作为标准。一旦样品确定后，双方应进行封存保管，以作为服装产品检查验收的质量标准。因此在磋商时，要明确规定服装的质量"以样品为准"，以便在出现质量问题而产生纠纷时有据可查。如果客户不能提供样品，或服装企业也没有现成符合要求的样品时，应先由服装企业进行样品的试制，交由客户确认，作为质量查收的依据，这就是所谓的确认板（此项内容在样板跟单中有详述）。磋商时在合同中要明确规定"以客户确认样板为准"。

如果客户对服装款式、品质有特殊的要求，可能会因此而导致服装的生产成本大幅度上升时（如大面积的绣花、特殊的装饰物、特殊的拉链和纽扣等），服装企业应及时提出并提醒客户，或者在不影响服装外观风格和品质的情况下，提出修改建议，以达到降低成本的目的。

对于客户提出的规格、品质要求，服装企业要认真仔细地审阅，确定实施的可能性。对于因现有技术条件的限制而无法实现的要求，要及时提出修改建议，以避免产生不必要的损失。

2. 数量

服装订单的数量是由客户提出的、最终成交的数量，会影响服装企业的报价。对于出口的服装产品，还会涉及关税和配额的问题。数量要由数字和计量单位来准确表示。服装产品的计量单位，最常用的有件、套、打（12件）、打套（2套）等。在磋商时要明确规定所使用的计量单位。

服装成交的数量大，固然会使预期的利润增加，但对于服装企业来说，要充分考虑自身资金周转、生产能力、生产效率和交货时间等因素，确定能够承受的程度。切不可以为越多越好，如果不能够正常完成订单，反而会造成违约金额也越大，同时交易的风险性加大。因此，服装企业应量力而行。成交数量的大小，会对生产成本造成一定的影响。服装产品是比较特殊的产品，颜色丰富、款式多，批量小，这会使生产成本有不同程度的上升。特别是当服装款式上有特殊的颜色、饰物、绣花、印花，而且数量较少时，就会造成生产成本上升的幅度较大。由于这些特殊的要求，如绣花、印花需要制板，特殊的纽扣、拉链需要制作模具，其先期的一次性投入较多，订货的数量很少时，分摊的费用会大幅增加。因此，在磋商时要特别进行说明，以使客户明白其中的原因，避免造成误会。如果有必要，可向客户提出修改服装款式或增加成交数量的建议，以降低服装生产的成本。

3. 价格

价格是洽谈磋商过程中最为重要的内容，它直接影响着双方的利益，是双方关注的焦点，而且也是最难以确定的内容。往往双方会在这一问题上陷入僵局，甚至因此而取消交易。因此在洽谈磋商过程中,由于价格问题使双方无法再谈下去时,服装企业和客户都应视具体情况,在保证利益的前提下做出一定的让步,促使协议顺利达成。

通常,服装企业和客户事先都有一个目标价格,而且双方的目标价格都会有一定的差距。相对于服装企业,通常会争取更高的成交价格,以保证自己的收益;相对于客户,通常会尽量压低成交的价格,争取更大的利润。在洽谈过程中,服装企业要充分考虑市场的实际,确定切合实际的目标价格作为成交的底线,目标价格定得太高,容易失去成交的机会;定得太低,经营的效益无法保障。因此,确定的目标价格既要保障企业本身的利润,又要使客户容易接受。

(1) 报价考虑因素　在交易磋商的过程中,价格至少要考虑以下五个因素。

① 直接成本　包括布料、配料、物料、加工费用等。可以根据订单的生产技术资料及有关原材料的市场行情进行估算。

② 间接成本　包括在经营过程中发生的各种折旧、管理人员的工资、福利费用及行政管理费用等。通常根据经验进行估算,如按照直接成本的定额比例进行估算。

③ 交易成本　包括结算费用、运输费用、银行费用等。可以根据合同中规定的交易方式进行计算,如在出口贸易中,以 FOB 价为基础换算 CFR＝FOB＋运费、CIF＝(FOB＋运费)÷[1－保险费率×(1＋投保加成率)]

【例 2-1】　我某进出口公司外销某种商品,对外报价为每箱 450 美元 FOB 大连,后外商要求改报 CIF 汉堡。问我方报价应改为多少?(运费每箱 50 美元,保险费率 0.8%,投保加成率 10%)

解　CIF 价＝(FOB＋运费)/[1－保险费率×(1＋投保加成率)]
　　　　　＝(450＋50)/[1－110%×0.8%]
　　　　　＝504.4(美元)

所以,我方改报价为每箱 504.4 美元 CIF 汉堡。

④ 目标利润　可以根据目标成本利润率进行估算。

⑤ 税金　在商品报价时,通常会考虑税金,成为含税的报价。目前我国采用出口退税的政策鼓励出口,为了提高报价的竞争力,税金的计算可以不考虑出口退税部分的税金。

服装企业在确定价格时,既要仔细了解客户订单的尺寸规格(如尺码大的服装用料多)、颜色配比(如白色面料成本较低,染颜色的面料成本要高)、数量多少(如有特殊要求或成交数量少的产品,成本较高)等因素,又要充分考虑面辅料市场行情的变化和价格的涨跌,以使确定的价格既能基本实现企业的目标利润,又符合市场的行情,具有较强的竞争力。

(2) 调整报价因素　报价确定之后,要对报价的市场竞争力进行分析,如果需要降低报价,可以从以下几个方面考虑。

① 选用成本较低的面料。如面料产地、面料成分的选择都会影响到报价中的直接成本。

② 降低配料成本。

③ 改变款式或尺码表,以节省面料。

④ 选择人工成本较低的生产商。在出口贸易中,要注意客户对产地的限制条件及出口配额的限制。

⑤ 选择关税配额限制少的面料,如麻、棉面料。

⑥ 降低服装商品交易的价值。如给客户充分的品质保证、提供免费运输或其他服务,

满足客户的特殊需要等，相对降低交易成本。相对于国内客户，国外客户的订单报盘要复杂许多，因为除了要考虑以上五个基本因素外，还要考虑汇率、风险等问题，对国际贸易中一些特定的价格术语要准确理解，并在协议（合同）中做出明确规定。

（3）订单报价流程　客户向服装贸易公司询价是国际贸易中通常的做法，为了取得合理的报价，客户通常会向多家服装贸易公司询价。因此，在订单开发工作中，根据客户提出的需要，给出正确、及时、合理的报价是提高接单成功率的关键。

① 分析客户的询价资料。当业务部收到客户的询价资料之后，首先须考虑客户所提供的资料是否足够，一份完整的询价资料通常包括以下内容：

客户的基本情况、产品的种类、市场上的价格卖价等；

面料，包括名称、成分、组织、处理方式等资料；

辅料，种类、规格、处理方式等；

款式或生产图；

尺码表；

洗洗方法与要求；

产地要求。

跟单部接到客户报价资料后，首先审核款式、尺寸、面料、辅料、制作工艺以及洗水等资料，分析客户的资料是否齐全、公司资源是否能满足客户订单需要。一份订单是否可能实现，主要考虑以下几个方面因素：产品类型、交货期、预购数量、目标价格、品质要求、付款方式、特别要求（如指定产地等）、本公司可调用的生产资源、是否有现存的相似订单资料等。

② 向加工厂及供应商询价。供应商询价包括面料询价与辅料询价两个方面。目前大多数服装贸易公司倾向于将面料及辅料的采购工作交给加工厂，但是为了保证达到客户的要求，通常会事先寻找合格的供应商，并获得比较合理的报价水平，以此指导加工厂在采购面料及辅料时的报价。供应商询价不仅仅是获取相关的价格资料，更重要的是可帮助客户开发新的布料及辅料。在完成供应商询价之后，会将有关的价格、样板资料等传给加工厂，供加工厂报价参考。

将客户询价资料补充完整之后，选择加工厂，将相关询价资料传给工厂，要求工厂提供加工报价。向工厂提供的报价资料一般包括以下项目：客户生产工艺制作单、交货期与数量、面料供应商资料、辅料供应商资料、报价方式。为了获得合理的报价，通常需要向几个实力相当的加工厂提供询价资料，以进行加工价格比较，确定合理报价水平。需要说明的是，合理的报价水平不是最低的报价水平，而是能保证订单交易能100%达成，既实现客户订单需要，又能实现生产企业与服装贸易公司合理利润水平的价格。

③ 跟单部自估订单报价。在要求加工厂报价的同时，跟单部必须对该客户的订单进行估价分析，主要内容包括以下几个方面：

面料用量预算；

该工作可由工程人员配合，由工程部人员根据客户提供的生产工艺制作单及尺码表，进行开样、排料，确定面料的用量；

根据面料供应商提供的报价，进行面料价格估计；

根据辅料供应商提供的报价，进行辅料价格估计。根据排料的用布量、面料价格、辅料价格以及以往类似订单的加工价，初步计算每打服装的价格。

④ 与客户进行报价协商。各家工厂报价返回后，必须与自己的估价作比较，衡量并分析各加工厂的报价差距，综合各加工厂的报价，确定一个合理的价格。向客户提供了报价表及制单资料之后，客户将根据这些资料进行讨价还价。制定一张成功的订单，一般需要经过2～4轮的协商。

在国际贸易中还要把计价货币考虑在内，降低进口价格或提高出口价格这是指在出口不能使用"硬币"，进口不能使用"软币"时，可适当提高出口商品价格，把该货币在卖方收汇时可能的下跌幅度考虑进去；进口则可适当压低进口商品价格，把计价货币和支付货币在付汇时可能上升的幅度考虑进去。

各种货币的"软"与"硬"是相对的，而且是有时间性的，为防止汇率变化的风险，特别是考虑到甲币之"软"即乙币之"硬"的转化速度很快，在进出口贸易中，如果要求只以某一种货币计价付款，使交易双方中的一方单独承担汇率风险，一般是难以接受的，因此在不同的合同中适当地使用"软币"和"硬币"相结合的办法，使汇率风险由交易双方合理分担。

4. 运输方式和运输费用

运输的方式有陆运、水运、空运，可根据订货数量及紧急程度来确定运输的方式。一般情况下，较多采用陆运、水运，费用较低，可节省成本。空运的费用较高，除非在特急的情况下，采用空运的方式运输小批量货物，一般情况下尽量少采用。在洽谈磋商时，双方应对运输的方式和相关费用予以明确。

5. 交货期

服装产品属于比较特殊的产品，客户下达订单后，服装企业通常还需要制作样板并经客户确认后，才能进行批量生产，在确定交货期时，要充分预留样板制作、修改和确认的时间。另外，服装企业还要考虑面料、辅料、饰物等的采购问题，以及生产加工能力的安排和质量保证等多方面的因素。对于有特殊款式要求的订单，还需要考虑专门定制的时间。同时，还要充分了解因延迟交货所带来后果的严重程度。如果订货量较大、品种款式较多，可以采用分期、分批交货的方式，以增加交货的灵活性和弹性。

服装企业需综合权衡各方面的因素，提出自己对交货期的意见，供客户参考。要尽量争取多一些的生产加工时间，以确保订单生产的质量，实现如期交货的目的，避免产生不必要的损失。

6. 包装

包装分为运输包装和销售包装。在洽谈磋商时，要针对具体的服装产品，商定包装方式、包装材料、包装规格、包装标志和包装费用等内容。通常情况下，包装费用是计入价格中。

（1）运输包装　常用的服装运输包装是纸箱。纸箱包装又可分为叠装和挂装。叠装易造成服装的褶皱和变形，常用于普通小件的服装产品。挂装可以很好地保持服装的外形和风格，但包装费用较高，占用空间较大，常用于高档服装产品（如西装、套装等）。对于大批量、相对较低档次或者对包装要求不高的服装产品，也常用编织袋打包的形式，使一个包装容器内可装入的服装数量有所增多，方便运输和计数。

对于外贸的服装产品，较经常采用挂装集装箱的运输方式。服装套上塑料袋后，用衣架吊挂在集装箱的横杆上，再用绳索缠紧衣架，以防其滑动（也有采用链条吊挂的方式，将衣架直接挂在集装箱内的链条环内）。这种方式在服装运达目的地后可直接上市销售，不需要再进行整烫处理。

（2）销售包装　大多数服装是终端产品，一般都直接面对消费者，因此销售包装要便于展销、方便携带和易于识别，要强化包装的防皱、防毒、防潮等功能。通常采用透明包装袋或包装盒，以叠装或挂装的形式进行包装，在包装设计中充分融入商业信息、商品标识、功能性说明及使用说明等必不可少的元素。

（3）包装材料　有时客户会提出包装材料上的限制要求，例如环保问题、安全问题、检疫问题、文字说明、警示标志等。对境外客户，为了规避非关税贸易壁垒，要按照少耗材、可回收、再循环的原则，选用无毒害和可分解或能再生利用的材料，力求简单化，避免过度包装。特别要注意安全问题，例如金属针、金属夹和金属带等是不允许使用的。单件服装的包装塑料袋要作打孔处理，以防止儿童套在头部造成窒息的危险。

总之，包装问题也要在磋商时做出明确的约定，既尽量满足客户提出的要求，又可避免因此而引起的纠纷。

7. 验收

磋商时，要对服装产品的验收标准、验收时间、验收人员及验收确认做出明确的规定。在服装生产贸易中，验收是最易产生纠纷的问题，尤其是对产品质量的验收，双方对验收标准的理解产生误差时，往往会产生争议。因此，对验收的标准，应尽量采用与实物对照的办法，对比客户确认的样板的款式、规格、颜色、工艺等质量标准，进行成品查验，既直观简便，又不会产生争议。

8. 结算

结算是洽谈磋商要解决的另一关键问题。服装企业既要充分考虑到客户的信誉、实力、合作关系等多方面的因素，还要综合权衡企业本身的材料采购、资金周转等内部情况，向客户明确要求采用哪种结算方式，以防范经营风险，维持企业正常运作。

国内银行结算方式包括银行汇票、商业汇票、银行本票、支票、汇兑、委托收款、异地托收承付结算方式七种。境外的客户订单结算主要包括信用证结算方式、汇付和托收结算方式、银行保证函、各种结算方式的结合使用等形式。在承接客户订单时，根据实际情况或与客户洽谈来确定结算形式。

二、服装合同的签订

（一）订单合同的签订原则

订立合同是对以往洽谈磋商过程中双方达成的协议、共同接受的交易条件的最终书面确认，是为了达到互惠、双赢的目的。因此，在签订合同时，需要遵循以下基本原则。

1. 平等原则

其基本含义是：合同当事人在订立和履行合同过程中，不论其是组织还是个人，不论其经济实力大小、社会地位高低，各方的法律地位是平等的，不受外来压力的迫使。

2. 自愿原则

即自愿订立合同原则，其含义是：合同当事人从事何种经济交易，是否订立合同，与谁订立合同，都是当事人自己的事。需说明的是，自愿订立合同并不意味着当事人可以自愿、随意地终止合同，自愿订立合同强调单方面的意愿自主，但合同一旦订立，就形成对双方的约束力，终止合同有各种情况，如单方终止合同必须有法定事由，否则视为违约，自愿原则不能滥用。

3. 公平原则

公平主要是指合同当事人对经济活动所带来的预期利益，双方要公平合理，不能存在显失公平的现象，即一方获利超过约定的利益，而使另一方处于不利地位的情形。

4. 诚实信用原则

要求合同主体在订立和履行合同时讲道德，守信用，真实表达自己的意思，按照双方的约定行事，以避免欺诈、诱骗、恶意串通等不法行为的发生。

5. 合法原则和尊重社会公德的原则

主要指合同当事人的主体资格要合法，合同内容要合法，履行合同要合法。

(二) 订单合同的签订形式

合同的形式，就是表示当事人双方意思一致的方式，是合同内容的外部表现，是合同内容的载体。合同的形式是由合同的内容决定的。对于比较复杂的合同，法律一般规定采用书面等形式。而对众多的简单公民间的合同，一般都由当事人协商选择合同的形式。民法通则第56条规定，"民事法律行为可以采用书面形式、口头形式或者其他形式。法律规定用特定形式的，应当依照法律的规定。"这是我国法律对合同形式的一般规定。在服装企业的接单实践中，常见的合同形式主要有以下三种。

1. 书面形式

书面形式是指当事人以文字表达协议内容的合同形式。书面形式一般写成合同书，当事人之间来往的电报、图表、修改合同的文书，也属于合同的书面形式，如方当事人用电报购货，对方复电同意，即可认为双方有书面合同。书面形式将双方的权利、义务记载明确，不易发生争议，即使发生争议也有据可查，容易解决。因而《经济合同法》规定，合同除即时清结的情况外，应当采用书面形式；《涉外经济合同法》和《技术合同法》规定，以书面形式为合同的成立要件。在书面形式作为合同成立要件或生效要件的情况下，只有具备了书面形式，合同才能成立或生效。

2. 公证形式

公证形式是当事人约定，以国家公证机关对合同内容加以审查公证的方式订立合同时所采取的一种合同形式。公证机关公证一般以书面形式为基础，对合同的真实性、合法性进行审查，然后制作公证书，以资证明。经过公证的合同，只要没有相反证明，司法、仲裁机关一般承认其效力。我国法律对公证实行自愿原则，是否公证，由缔约方自己决定。但合同当事人约定公证以后生效的，必须经过公证才能发生法律效力，有些地区以行政命令方式规定一切合同必须经过公证才生效，这是违反法律的，不能以这些行政命令为依据而认定未经公证的合同无效。

3. 签证形式

签证形式是以国家合同管理机关对合同的真实性、合法性进行审查而订立合同的一种形式。签证是国家对合同进行监督管理的行政措施，由各地工商行政管理部门负责，签证也由当事人自愿选择采用。

(三) 订单合同的签订内容

合同的内容，实际上就是合同当事人双方的权利和义务。按照合同法上的自愿原则，合同内容主要应由当事人自行约定。因此，合同内容也就是当事人约定的条款。一份服装贸易合同应包括以下几个部分。

（1）合同首部　包括买卖双方的名称和详细地址，合同序号、缔约日期地点。

（2）合同的主体　合同主体是交易的主要条款，包括以下主要内容：服装商品名称，款式说明，面料及产地，数量、颜色、尺码分配表，价格，付款方式，质量检测标准，运输方式，产地及包装箱的说明，备注及其他说明。

（3）合同尾部　包括对文字的效力规定、合同份数、合同附件及双方的签字。

服装订单合同应具备的细目条款包括以下几项内容。

1. 质量条款（Quality Clause）

服装的质量是指服装的内在质量和外观形态的综合。前者包括商品的物理性能、化学成分等自然属性；后者包括服装的外形、色泽、款式或透明度等。质量条款基本内容是所交易服装的品名、等级、标准、规格、商标或牌号等。

质量机动幅度（Quality Latitude）是指经交易双方商定，允许服装企业交货的质量与合同要求的质量略有不同，只要没有超出机动幅度的范围，客户就无权拒收。

质量公差（Quality Tolerance）是指国际性工商组织所规定的或各国同行业所公认的产品质量的误差。

质量的增减价条款依附于质量条款，是服装企业交付货物的质量与合同中质量条款的要求出现差异时，对货物价格所做相应调整方面的规定。

2. 数量条款（Quantity Clause）

数量条款的基本内容是规定交货的数量和使用的计量单位。服装产品数量的计量单位和计量方法通常使用按个数的计量方法，如件、套、打、双等。根据《中华人民共和国计量法》规定，"国家采用国际单位制。国际单位制计量单位和国家选定的其他计量单位，为国家法定计量单位。"目前，除个别特殊领域外，一般不许再使用非法定计量单位。我国出口商品，除照顾对方国家贸易习惯的约定采用公制、英制或美制计量单位外，应使用我国法定计量单位。为了便于履行合同和避免引起争议，进出口合同中的数量条款应当明确具体，不宜采用"大约"、"近似"、"左右"（About，Circa，Approximate）等带伸缩性的字眼来表示。

溢短装条款（More or Less Clause）是指在合同的数量条款中明确规定交货数量可以增加或减少，但增减的幅度以不超过规定的百分比为限。

3. 包装条款（Packing Clause）

商品包装是商品生产的继续，凡需要包装的商品，只有通过包装，才算完成生产过程，商品才能进入流通领域和消费领域，才能实现商品的使用价值和价值。这是因为，包装是保护商品在流通过程中质量完好和数量完整的重要措施，有些商品甚至根本离不开包装，它与包装成为不可分割的统一体。经过适当包装的商品，不仅便于运输、装卸、搬运、储存、保管、清点、陈列和携带，而且不易丢失或被盗，为各方面提供了便利。

在当前服装市场竞争十分激烈的情况下，许多客户都把改进包装作为加强竞争的重要手段之一。因为良好的包装，不仅可以保护服装，而且还能宣传美化服装产品，吸引顾客，扩大销路，增加售价。

包装条款（Packing Clause）主要包括服装包装的方式、材料、包装费用和运输标志等内容。

4. 价格条款（Price Clause）

价格条款由单价（Unit Price）和总值（Amount）组成。其中单价包括计量单位、单位价格金额、计价货币、价格术语四项内容。例如：每打300元人民币。国际贸易中，最经常使用的两种交货方式的贸易价格术语是FOB和CIF。

5. 支付条款（Terms of Payment）

（1）汇付方式下的支付条款　使用汇付方式时，应在合同中明确规定汇付的时间、具体的汇付方式和汇付的金额等。

（2）托收方式下的支付条款　使用托收方式时，应在买卖合同中明确规定交单条件、方式和买方的付款或承兑责任以及付款期限等。

（3）信用证方式下的支付条款　使用信用证方式时，应在合同申明确受益人、开证行、开证时间、信用证的种类、金额、有效期和到期地点等方面的内容。

6. 违约条款（Breach Clause）

（1）异议与索赔条款　该条款的主要内容为一方违约，对方有权提出索赔，这是索赔的基本前提，此外，还包括索赔依据、索赔期限等。索赔依据主要规定索赔必备的证据及出证机构。若提供的证据不充足、不齐全、不清楚，或出证机构未经对方同意，均可能遭到对方拒赔。

（2）罚金条款　该条款主要规定当一方违约时，应向对方支付一定数额的约定罚金，以弥补对方的损失。罚金就其性质而言就是违约金。

7. 不可抗力条款（Force Majeure Clause）

该条款实际上也是一项免责条款。不可抗力，是指在合同签订后，不是由于当事人的过失或疏忽，而是由于发生了当事人所不能预见的、无法避免和无法预防的意外事故，以致不能履行或不能如期履行合同，遭受意外事故的一方可以免除履行合同的责任或可以延期履行合同，另一方无权要求损害赔偿。构成不可抗力必须具备以下几个条件。

① 是在订立合同以后，合同履行完毕之前发生的，并且是在订立合同时当事人所不能预见的。

② 不是由于任何一方当事人的过失或疏忽行为所造成的，即不是由于当事人的主观原因所造成的。

③ 是双方当事人所不能控制的，即这种事件的发生是不能预见、无法避免、无法预防的。

因此，凡人们能够预见而未预见，经过努力能够预防或控制的，均不属于不可抗力事件。不可抗力条款的内容包括以下方面。

① 不可抗力事故的范围：通常可分为两大类，一类是由于自然力量所引起的，如地震、海啸、台风、暴风雪、火灾、旱灾、水灾等；另一类是由于社会力量所引起的，如战争、罢工、政府禁令等。

② 不可抗力的法律后果，主要表现在以下几个方面：解除合同、免除部分责任、延迟履行合同。

③ 因不可抗力事件而不能履行合同一方当事人应承担的义务，包括及时通知的义务、提供证明的义务。

思维拓展

服装订购合同范本之一

合同编号：_____

定作方（甲方）：_____

承揽方（乙方）：_____

一、委托加工项目

1. 委托加工产品：_____

2. 数量：以甲方下单为准。

3. 单价：_____

4. 交货期限：按乙方接单日起5~7天内交货。具体时间以订单为准。

二、委托加工方式

1. 乙方包工包料。乙方必须依照合同规定选用原材料，乙方应在_____年_____月_____日将原材料样品交由甲方检验，甲方要求乙方使用的原材料为_____。

2. 甲方提供外包装、商标、吊牌、防伪标识。

三、质量要求及技术标准

1. 乙方严格按照甲方提出的质量要求进行加工，于_____年_____月_____日制作出样品，经甲方确认后封样，该样品由甲方保存。

2. 技术标准按照《企业质量问题细则》（见附件）及国家标准（如企业质量细则标准中有低于国家标准或者与国家标准不符的，按国家标准执行）。

四、乙方对质量负责的范围及期限

1. 面料、辅料质量的确认。

2. 颜色、尺码规格的确认。

3. 绣制"炜城"标徽工艺的确认。

4. 缝纫手工艺的确认。

5. 其他质量问题的确认。

6. 乙方负责该批委托加工产品销售期内的质量问题。

7. 乙方在合同期内对质量责任需支付保证金。

8. 甲方允许乙方制作误差率为千分之二。

五、技术资料、图纸提供办法及保密要求

1. 甲方提供服装款式、标志图案等图样的技术资料。

2. 乙方必须对甲方提供的服装款式、图纸等技术资料进行保密，不得向任何人泄漏任何相关资料，也不得在甲方订单之外利用甲方提供的资料自行加工、销售。

3. 未经甲方许可，乙方不得留存服装样品及相关的技术资料。

六、验收标准、方法和期限

甲方以合同约定的交货日期严格按照样品验收（按合同约定之质量标准），并派业务员跟单，其食宿由乙方负责。

七、包装要求及交货地点、运输方式

1. 乙方严格按照甲方的要求进行内、外包装及发运包装。

2. 于甲方指定的地点_____交货。

3. 运输方式为_____；运费由_____负担。

八、交付金额及销售期限

1. 第一次交货根据质量标准，经仓库及跟单员验收确认后，交付总货款的_____％。
2. 在销售期内无其他违反合同条款情形的支付余款的_____％。
3. 销售期限：_____。

九、结算方式

1. 在乙方交货后，由乙方开具增值税专用发票交由甲方。
2. 甲方以银行划转方式与乙方结算。乙方银行账户为：
银行户名：_____
开户银行：_____
银行账号：_____

十、违约责任

1. 乙方必须严格按照双方规定的时间交货，如逾期交货，乙方应向甲方支付价款总值20％的违约金。
2. 乙方隐瞒原材料的缺陷或使用不符合合同规定的原材料而影响产品质量时，甲方有权要求乙方承担重作、减少价款或赔偿损失等违约责任。
3. 乙方若制造假冒产品，给甲方造成损害的，应当承担损害赔偿责任，赔偿金额为人民币_____万元，甲方有权通知相关监督检查部门对其进行处罚。
4. 乙方若违反甲方的保密要求，甲方有权要求乙方返还相关资料，并视实际情况要求乙方承担赔偿责任。
5. 乙方必须严格遵照合同规定的质量要求及技术指标，如果未达到要求而导致退货，乙方向甲方支付退货金额的_____％违约金。
6. 乙方无权销售本合同中涉及的加工产品，如乙方私自销售本合同签订的加工品，甲方有权解除合同，乙方应当按该批产品总金额的_____％支付违约金。
7. 每件产品必须加贴防伪标识，每少贴一件赔偿甲方_____元。
8. 乙方不得以任何方式或途径与甲方客户直接联系，乙方若有此行为，甲方有权终止加工合同，若由此造成甲方损失，甲方有权追究其违约法律责任。

十一、解决合同纠纷的方式

本合同在履行过程中发生争议，由当事人双方协商解决。协商不成，当事人双方同意由甲方所在地人民法院管辖。

十二、其他事项

企业质量问题细则为本合同附件与合同具有同等法律效力。

甲方（盖章）：_____ 乙方（盖章）：_____
授权代表（签字）：_____ 授权代表（签字）：_____
___年___月___日 ___年___月___日
签订地点：_____

服装订购合同范本之二

甲方：_____ 乙方：_____
_____管理有限公司（以下简称甲方）与_____服装服饰有限公司（以下简称乙方）就工服制作业务签订以下合同，共同遵守。

第一条　产品名称、价格、数量。
后附详细报价单。此价格经双方认可，作为本合同的附件。
第二条　交货地点及时间
1. 地点：_____
2. 时间：自本合同签订且乙方收到预付款后_____日内。
第三条　加工形式
1. 乙方根据甲方要求提供服装款式及面料样品，经双方确认后，再进行批量生产。
2. 采取乙方包工包料并提供全部辅料的方式。
3. 货物到达甲方指定地点后，甲乙双方依据订货清单进行清点验收，并办理交接签字手续。
第四条　甲方责任
1. 甲方通过服装款式及面料后，在合同生效及执行过程中不得擅自更改。
2. 甲方定好量体时间，保证人员齐全。
3. 按此合同付款日期，按时付款。
第五条　乙方责任
1. 乙方须保证产品质量，如有制作问题，乙方须负责修改。
2. 按此合同交货日期，按时交货。如未按时交货，甲方将扣除乙方_____的货款作为违约金。
第六条　结算方式
1. 支票结算。此合同签订后_____日内，甲方须预付_____的货款给乙方。
2. 终结付款额，依据实际制衣件数，经双方认可后的款额支付。
3. 甲方收到乙方全部货物并验收合格后，须在_____内付清乙方全部货款。如有延误，每日须加付_____的滞纳金。
第七条　本合同有效期自签订之日起生效，到全部货款结清之日为止。
第八条　此合同经双方签字盖章后生效。如有一方在有效期内欲终止合同，需赔偿对方_____的货款作为违约金。本合同一式两份，双方各执一份。

甲方业务代表：_____　乙方业务代表：_____
甲方盖章：_____　乙方盖章：_____
日期：_____　日期：_____

思考与练习

1. 服装企业订单业务开发的主要内容是什么？
2. 服装企业在订单签订阶段需要磋商的主要内容和步骤。
3. 服装的品质条款是什么？
4. 在签订合同时需要注意哪几个方面的问题？

第三章 服装订单资料管理

 学习目标

通过学习本章,可以让学生了解和掌握服装订单相关资料的整理和保管,在今后的工作中熟悉此项工作。

服装企业为了做好整个生产安排,对整个订单进行合理的规划,形成书面的订单资料,这些资料包括企业与客户签订的订单合同以及客户向服装企业提供的与服装生产相关的文件资料、面辅料小样、生产资料、样板资料以及与生产有关的其他材料等,这些资料是服装企业开展跟单工作的重要依据和参考,这些资料的详细程度和准确性往往直接影响到以后的样板制作和大货生产,影响到跟单工作的成效。作为跟单员,应特别注重跟单资料的收集、汇编和管理工作,并根据订单计划修订和客户的修改要求、批复意见,及时更正跟单资料,及时发放给物料供应、样板制作、生产工厂等相关部门,确保样板制作和大货生产完全按照客户的要求进行。

第一节 订单计划管理

订单管理是客户关系管理的有效延伸,能更好地把个性化、差异化服务有机地融入到客户管理中去,能推动经济效益和客户满意度的提升。订单供货的目的是品牌能让客户自由选择,货源安排做到公开透明,产品能更加适应和满足消费者的需要。其业务流程的变化首先体现在企业客户经理的工作上。客户经理对辖区内客户需求预测和具体订单是否准确,不但关系到工业企业和零售户对公司的满意度,更关系到按客户订单组织货源这项工作能否得以顺利的开展。因此对订单进行正确而有效的计划,是服装企业订单生产管理最基本的日常工作,是订单管理活动的中枢,是企业科学、合理调配生产资源,实现资源利用最大化的重要环节,是提高生产有效性与经济性的根本保证。订单计划在相当程度上决定或影响企业其他职能领域,如市场营销、物料供应、设备维修、人力资源、财务成本部门的计划与活动,对企业的经营质量与发展前景具有十分重要的影响。

一、订单计划管理的工作流程

公司年度或季度订单计划的确定,就是通过跟单员,首先对各个客户订单预订数量的估计,然后形成本公司年度/季度订单数量的计划,并通过生产计划控制部确定实施。下面介绍确定订单计划的详细工作流程。

1. 订单计划的预测

服装企业未来能够全面掌控年度(或季度)订单计划和生产排单的数量是否正确,合理安排企业生产,要安排跟单员在年初或每一季度开始的时候与客户主动联系,对客户近期服装营销的状况有一个准确的了解,同时把握客户下一阶段的经营情况并作出合理的初步预测，获得客户下一步订单的意向和数量。在这个过程中，一些客户无法及时作出订单数量和意向的准确下单，就要有跟单员或者跟单主管根据对市场的把握，以及对客户经营情况的了解，估算出这些客户的订单数量。这样可以有计划的安排生产，使生产企业的生产资料最大化。

2. 订单计划的制定

制定订单计划，就是服装企业为了做好年度（或季度）的生产安排，对年度（或季度）的订单情况作出评估，对订单的数量进行测算预计以后，按照自身企业现有资源和生产能力，估算出整个年度（或季度）订单总量，形成年度（或季度）订单目标。

3. 计划数据的输入

在把客户年度（或季度）的订单意向和数量统计出来后，跟单员就要将相关数据和所掌握的客户资料，通过订单和生产管理系统输入年度（或季度）计划管理系统计划表中（见表3-1），以便做好下一步跟单的计划安排和管理，增强工作的主动性。需要输入的数据和资料包括客户名称、客户所在国家或地区、承诺生产数量、预计交货期、客户联系方式、客户提供的面料种类、计划安排的加工厂等资料。

表 3-1　年度/季度计划管理表

序号	客户	国家/地区	联系方式	生产数量	交货期	面料种类	生产地/生产厂家

4. 计划资料的发放

跟单员完成与订单计划表相关资料的汇总整理工作后，把订单计划表上报主管部门审核批准后，交给生产部经理或合同控制部确认落实，然后负责将订单计划表分发给采购部、生产计划等有关部门，以便各个部门参照做好下一阶段的工作计划与日程安排，例如，营销部制定营销计划，合同控制部制定工艺生产报告，采购部收集供应商信息和开发面料、辅料，生产计划控制部预留生产位。

5. 订单数量的落实

订单计划只是一份初步的计划安排，随时都有可能随着客户、市场和本企业的实际情况而调整变动，只有等客户对订单确认落实以后，真正的订单数量才能够体现出来，这样采购部才可能正式对面料、辅料的订购做好面辅料的跟单工作，生产部才能正式开始织生产排单和实施订单生产等工作。

计划资料发放以后，跟单员要根据计划的安排，定期主动联系客户，跟进客户承诺的订单数量和对本企业的意见，与客户反复磋商订单中的各个细节项目，敦促客户确切落实订单，确保合同顺利签订。

6. 订单数量的修订

服装企业与客户正式签订订单合同后，跟单员需根据合同的约定，对"年度（季度）计划管理系统"中的订单计划等相关资料进行相应的修正，使计划工作与后续工作相一致，避免跟单过程中查找客户资料时发生错误，同时，也防止其他部门负责人在下载客户资料时出现偏差。订单计划管理工作流程如图3-1所示。

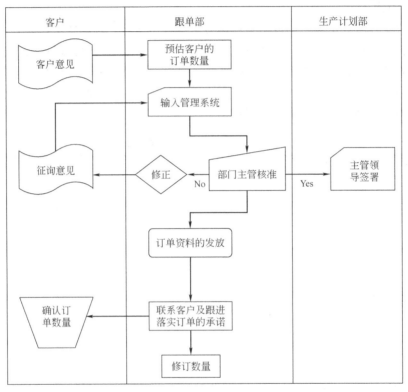

图3-1　订单计划管理工作流程

二、合同资料管理

合同效力，指已经成立的合同在当事人之间产生的法律拘束力，即法律效力。这个"法律效力"不是说合同本身是法律，而是说由于合同当事人的意志符合国家意志和社会利益，国家赋予当事人的意志以拘束力，要求合同当事人严格履行合同，否则即依靠国家强制力，要当事人履行合同并承担违约责任。订单合同资料是订单资料中最有约束力的法律文件，是服装企业开展生产经营的重要依据，关系到企业的订单生产、企业的经济效益和企业的信誉形象。服装跟单员必须高度重视和认真做好订单合同资料的管理，确保订单生产顺利进行，促进企业管理水平和经营效益不断提高。

1. 合同资料的收集与输入

服装企业的合同资料主要包括基本合同和具体合同。基本合同又包括正本、副本、附件，有关签订、履行过程中的报盘、还盘、修订以及其他涉及合同内容的材料。具体合同包括订单内容和订单时间。合同签订完毕后,跟单员要尽快将以上合同资料收集齐全,原件应整理归档,日常工作中使用复印件。合同资料的收集整理完整后,需对每份合同进行编号,并全面、准确地将合同资料输入合同信息管理系统。未建立合同信息管理系统的企业,也需将每份合同编号、存档,以便随时查阅。

2. 合同资料的评审与修订

由于服装订单生产中存在诸如面辅料供应、价格变动、工艺细节变化多等许多不确定因素,因此,服装企业的订单合同与其他类型企业的订单合同不同。服装企业的订单合同大多只对订单交易做大致的约定,一些关于订单生产的细目条款则由双方根据实际的情况,在生产开始前,做进一步的磋商和具体的协定。

合同资料的评审,就是服装企业在订单生产开始前,对订单合同中所有工艺细节操作的可行性、生产难度、生产周期以及根据市场情况的变化,对订单生产、交易成本的合理性等,做进一步的审核,对于企业难以接受的细目条款或疑问应及时与客户协商,以达成一致的协定,减少后续生产问题。

合同资料的评审、修订需在一周内完成,其工作流程和内容如图 3-2 所示。

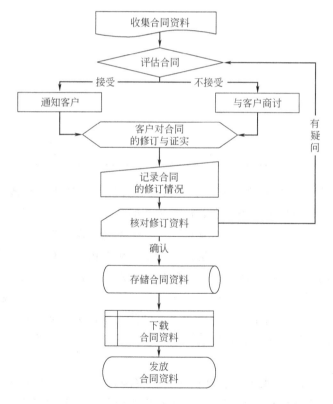

图 3-2 合同资料的评审、修订工作流程

(1) 下载合同资料　跟单员根据合同编号,从合同管理信息系统下载相关资料、订单合同评审表及相关数据,用于合同的评审工作(见表 3-2)。

(2) 评审合同资料　跟单员根据订单合同评审表和相关数据,对合同资料做全面的审核,任何疑问之处,都必须向相关部门咨询,并详细记录评审结果和相关部门的意见。合同资料评审中要特别注意以下五项内容。

表 3-2　合同/订单评审表

部门：　　　　　日期：　　　年　　月　　日

合同/订单名称		合同/订单编号	
客户名称			
产品名称		规格/型号	
交付数量		交付时间/日期	
合同/订单要求			
评审部门	评审意见		评审人员签名/日期
经营科			
技术科			
生产科			
质检科			
供应科			
评审结果： 签名：　　　　日期：			
备注			
核准		审查	制表

① 生产能力负荷与现有资源。衡量工厂的现有资源（包括人力资源、生产硬资源和软资源）是否足够，能否满足客户的需求和订单生产的需要等。人力资源是指满足订单执行过程所涉及的操作工人人数、技术力量、管理水平。生产硬资源包括厂房、设备。生产软资源包括生产企业的生产力水平、质量、交货期、价格、可提供的品种类别以及服务等。

当评估时发现现有加工厂不能满足合同的要求，跟单员需及时向部门主管反映，或与总经理协商，并协调工厂生产部门，尽快促进该工厂的改善，以提高人力及生产资源的素质，确保有足够的资源保障订单的生产。如果改善条件受限制，无法调配更多的资源改善现有的生产力，跟单员需向主管建议，在本服装企业或客户认可的外协单位中，重新选择合适的加工厂。

② 生产工艺资料与技术水平。认真核对客供资料，包括生产工艺方法与规格要求，熨烫包装技术、参考样板和各种详细资料等，防止生产资料有偏差而影响生产。此外，还需按照合同编号编制出核准板编号和生产通知单编号，以便裁剪工票号码的编排，对于追加的订单则用以前的订单编号。

同时，还应参考样板和其他工艺资料，核查车缝、褶皱、钉珠、绣花、洗水、熨烫、包装等生产工艺技术与方法，是否完全符合订单生产的质量要求。如果无法达到预期的质量水平，跟单员要协调生产、设计、技术等部门，寻求改进的措施，确保产品质量达标。

③ 合同订单的数量。根据成衣的颜色和尺码分配（分色分码）的情况，复查合同的成

衣订购数量，以正确计算面辅料和其他物料的采购量。

④ 合同订单的价格。根据原材料供应市场价格和生产成本的变化，复查服装订单的价格。服装订单的价格复查首先由物料供应部门、生产部门、成本会计、运输物流部共同做出预算，形成订单成本预算表（见表3-3），计算出订单生产、交易成本，交财务主管审批。跟单员在复查合同价格时遇到的所有细节资料均应详细列入报价手册中。

表3-3 订单成本预算表　　　　　日期：_____

订单号		客户名称		款号		
客供订单号号		订单数量		后整理方		
签订单日期限		交货期		出口地		
面料名称	价格	数量	供应商	物料	价格	数量
主面料				拉链		
拼接料A				针/线		
拼接料B				商标		
袋布				包装物料		
里料				衬布		
特殊物料				肩垫		
				罗纹/针织		
小计		元		小 计		元
后整理	价　格	数量		其他	金　　额	
绣花				车工		
印花				工厂固定费		
洗水				运输费用		
染色				手续费		
钉珠						
小计		元		小 计		元
损耗	—		样板费		—	
其他			CFM/FOB			
客价			CMTQ			
小计		元	小 计		元	
	币　种		汇　率		日期	
美元	☐					
欧元	☐					
澳元	☐					
加元	☐					
日元	☐					
港元	☐					
总　计						

填表：　　　　　复核：　　　　　审核主管：

价格是合同评审中需要综合考虑的因素，尤其是在竞争较激烈的买方市场条件下，服装企业为了开拓市场或与客户建立或维持长期的合作关系，在价格上往往要做出让步。一般情况下，如果审核后的价格低于合同定价，但不超过 5%，属可接受范围，可维持合同定价；若低于 5% 则属价格偏低，企业的利润会受到较大的影响；超出 8%，则属不可接受的价格。如果评估价格太低或低于本公司的基本线，跟单员须与客户或销售部门重新商议、修订，以获取更合理的价格。

⑤ 交货的期限与地点。根据面辅料和其他物料的供应情况，样板的确认情况，生产能力负荷的调配整合情况或外协加工情况以及综合考虑水、电、气等供应情况，预测生产作业的进度，审查能否按期交货。如果预计生产时间不足完成生产任务，则须与客户协商延长交货期限，或采取分批交货的办法，以维护企业的信誉。评审交货期限的同时，需核对运输、船期、交货地点的安排是否有误，计算运抵交货地点所需的时间，确保准时、准确交货。

(3) 客户修订并确认合同资料　跟单员在评审合同的同时，还应及时跟进客户对合同资料的修订，主动与客户联系，就合同资料中的具体细目条款与客户磋商，特别是需要客户提供更多详细资料、更改工艺细节、提高订单价格、延长交货期限等方面的事项，要耐心、详细向客户解释清楚，争取客户的支持，对合同资料做出相应的修订。

一般需要客户修订并再次确定的合同内容包括：订购的产品数量、发盘价格、船期安排的时间与物流方式、款式修改情况和成衣的发货日期，或合同在执行期间订单被取消等项目。当客户要求修订有关合同时，跟单员要立即咨询加工厂的实际生产状况和相关部门的运作细节。当所有部门反馈回信息后，跟单员再与客户商讨有关合同修订的内容，根据实际状况判断合同修订后加工厂能否接受。

如果客户坚持要求合同修改的内容是成衣加工厂无法接受的条款，跟单员此时需要立即计算出由于合同修改所引起加工厂的损失数额和实际变更情况，并向客户提出更明确的要求，以便进一步协商。当这一要求被客户证实以后，会发一份借贷支票给客户，要求客户追加产品的发盘价格。

客户对合同资料的修订同意后，需由客户给予书面确认，或双方签订备忘录、补充协议。客户主动要求修订合同的内容，也需客户给予书面确认，以作为合同资料修订的依据。

(4) 核对并审定修订内容　客户修订合同资料以后，跟单员应核对合同修订前后的所有资料，遇到表述不清晰或修订前后有矛盾的资料时，应立即咨询客户或相关部门。例如，核对资料时发现修订合同中实际面料用量与已发出的面料订购量不相符时，跟单员应该就此事咨询客户有关合同中发盘价格的修订，如果有必要，还应落实加工厂是否已经发出面料采购清单。

在客户不同意合同资料的修订内容或部分内容的情况下，跟单部主管需向企业决策层报告，并就能否完全按客户要求履行合同，是否取消订单，提出意见，交由企业决策层定夺。

完成合同资料的评审后，跟单员需将评审结果、相关部门的意见以及与客户磋商的结果整理综合，形成订单合同资料修订意见，并在原合同的内容上进行更改修订，然后交给主管审核。为了便于安排生产，一般会要求在大货生产前的一周内，不能再修订合同内的任何资料合同，而无需将合同价格、工艺要求等资料也发给运输物流部门，这些资料对运输物流部没有任何用途。发放合同资料必须执行签收制度，由相关部门主管签收后，方可视为送达。

生产控制部能跟进合同的修订工作。

(5) 合同资料存档　合同资料的原件必须由专人负责分类归档、集中保管，确保合同资料原件齐整、不丢失，使企业在发生经济纠纷的情况下，能拿出有效的法律依据，维护企业的合法权益。

第二节 订单资料跟单

除合同资料外，服装企业的订单生产还需要成衣样板、纸样、款式、尺寸、面料辅料样板、工艺要求等许多资料，这些资料统称为订单资料。订单资料是订单生产的唯一依据，但订单资料的种类繁多、内容纷杂，而只有完整、准确的订单资料，才能确保订单保质按量及时完成。所以跟单员必须将签订订单合同前后接收到的所有订单资料，进行分类整理、重新编制、发放到位和归档管理，为订单生产、交易提供清晰的指引。

一、订单资料的收集与输入

从来源上划分，订单资料有从客户送来的外来资料和从供应、生产等部门送来的内部资料；从作用上划分，订单资料有报价用样板等用于订单确认的资料，有物料、款式等用于订单生产的资料，有船期、货运等用于订单交易的资料。跟单员接到跟单任务后的首要工作，就是敦促客户尽快提供所有订单资料（包括款式资料、面料辅料资料、实物样板、后整理标准等），尽量详细、完整地收集有关订单生产的所有资料，并加以审核、整理。

1. 编制订单编号

跟单部接收到合同以后，应马上编写一个订单编号，以方便订单管理，简化查档工作。一般各个服装企业都有各自的编制方法，例如，Levi's No.2-3-016-MA0319 订单编码中，Levi's 代表订单品牌名或客户英文或拼音简称，No.2 表示面料的种类，3 是指订单中成衣的款式类别，016 代表订单资料的顺序编号，MA0319 则是由客户提供的代码编号。又如，NB-0601-M-T 订单编码中，NB 是客户的英文或拼音简称，06 是客户下订单的编号次数，01 是年度中第一部分或是第一季度的订单，即是季度的简称，M（或 W）是指订单的款式是男装（Man）还是女装（Woman），而 T（或 B）则是表示订单所生产的成衣是上装（Top）还是下装（Bottom）。

2. 完整收集资料

跟单员针对每一份订单在不同的生产阶段，应从不同的部门陆续收集与本订单有关的各种资料，主要包括以下内容。

（1）由客户或开发部提供的资料 如订单合同，款式设计图，尺码规格，工艺方法与生产要求，面辅料报价表，色卡标准，成衣样板，布板，辅料板，客户确认的各种样板与样板批复评语，销售委托书，委托加工厂或供应商信息，信用证，客户联系方式等。

（2）由跟单或营业部生成的文件 报价资料、订单成本预算表、外协加工厂资料，大货生产用面辅料及其他物料颜色、材质、规格、型号等资料，大货生产的工艺方法、款式图样或文字描述等生产资料，后整理（洗水、染色、绣花、印花）工艺要求、安烫、折叠、包装等要求，船期表、出口报关、报验、结算等资料。

（3）由面料部或辅料部转入的资料 小色板、纱样、布板或缸差板、辅料实物卡等，面辅料、物料供应商资料，面料、辅料、物料报价表，面辅料用量明细表。

（4）由加工厂或驻厂 QC 转入的资料 生产周期表，包装清单，报价确认单，质检方法与标准，后整理加工厂信息，洗水、染色、绣花、印花板等前后对比标准样板（包括颜色、规格、手感以及最终效果等样板），检查报告，入库汇总表，出货汇总表等。

（5）由船务部提供的文件　货物运输安排表、多国申报单、商务发票或发货单等。

跟单员在订单资料的管理中，要特别注意处理好由客户提供资料的管理情况，所有关于客户的资料都要注明"客供"字样，并要跟进客户提供所有资料（包括面辅料、物料）的到货时间。如果客户提供的面辅料、物料未能按时运达，应及时与客户联系，明确因原材料供应问题造成的交货期延误，应由客户承担责任。如果客户提供的面辅料、物料的实际数量或品质与客户发来的报表有明显的出入，应马上通知客户，并报告主管。

3. 核查并分类整理订单资料

当客户签订一份订单合同以后，跟单员必须催促客户尽快提供该订单生产所需要的所有具体资料。此时，跟单部接收到的订单和相关的生产资料（包括外来资料和本部门的文件），一般都较为零散、混乱，跟单员必须细心审核各部门所提供的所有资料。

跟单员应将收到的订单资料及时做好登记、核对，同时核实加工厂的生产周期和船期表的资料与客户交货期安排是否吻合，对于有疑问或不清晰的地方，要及时与客户、开发部或工厂等相关部门联系，仔细咨询清楚，确保订单资料准确无误，并要求工厂重新发送船期表。检查无误的船期表则应存档保管。

订单资料审核完毕以后，跟单员还应对各部门转入的文件资料进行分类和归档管理，以便后续生产过程中对订单资料的查阅和管理。订单资料主要可以分为三大类。

① 大货生产用面料、辅料及其他物料资料（如包装材料）等。

② 洗水、染色、绣花、印花等前后对比标准样板（包括颜色、规格、手感以及最终效果等样板）。

③ 款式资料、生产样板以及其他大货生产用资料（包括工艺方法、规格要求、熨烫、折叠、包装、运输等资料）。

4. 将资料输入订单管理系统

所有订单资料经反复核对无误以后，跟单员应按照企业的订单管理系统要求，将所有资料整理归类，及时将资料输入订单信息管理系统（Office Management System）做存档处理。将订单资料输入计算机管理系统，用电子文档的形式进行管理，方便随时查阅、修改或编印资料，减少沟通上的错误，提高工作效率。同时，还可以利用系统的各种功能，按顺序排列所有产品的颜色、各种尺码以及数量，自动生成各种表格，方便快捷，特别是适应出口报关、报验的特殊要求，便于编印产地来源证、包装表格等进出口文件。

跟单员根据客户提供的资料和客户订单编号，及时准确地将所有订单资料输入到计算机跟单管理系统中，并了解外发加工的生产情况、赢利表（客价或厂价）、船期表、面辅料价格表等详细情况。具体需要输入的订单资料管理表见表3-4。

一般在客户批复的面料、辅料等资料已确认无误以后，会由高级跟单员详细查阅已经输入计算机系统的所有订单资料，例如，订单的签订日期、客户的特殊要求、交货期、面辅料价格与加工厂价格等项目均是关键的资料，不容有误。

如果开拓部或客户所提供的资料还不完整，跟单员应该将先收到的资料分批分类并及时输入到相关的文档中，其他缺失的资料需在以后的工作中逐步追齐后，再及时补录入计算机系统中。

二、订单资料的编制与分发

为了确保订单生产顺利进行，各相关部门协调一致，跟单员要根据订单管理信息系统提

表 3-4 订单资料管理表

订单编号		客户名称		客户订单号	
客户款号		成衣种类		订单数量	
签单日期		要求交货期		实际交货期	
款式描述					

尺码分配方案	颜色分配方案

	公司名	单价	总价	付款方式	交货	交货地点	运输方
客户							
外协工厂 A							
外协工厂 B							
面料描述	名称	纤维成分	组织结构	颜色/色号	供应	数量	单价
面料 1							
面料 2							
辅料描述	颜色/色号	规 格	供应商	数 量	单 价		
拉链							
纽扣							
饰带							
松紧带							
衬料							
样品							

订单生产要求：

后整理	后整理方式与效果要求	外协加工厂	加工单价	交货地点	交货期	付款方式
绣花						
印花						
洗水						
染色						

熨烫/折叠/包装要求：

成品质量要求：

跟单员：_____　　审核：_____

供的数据和资料，按照订单生产实际运作程序，重新编制出一系列文件资料，作为订单生产、交易的指令，发放给各相关部门。各相关部门根据这些文件组织订单生产和交易，实现企业生产经营的整体正常运作。

跟单员将资料输入电子系统以后，应从计算机中调出订单通告以及和订单有关的资料，并复印分发给有关部门，以便各部门安排新的生产计划。跟单员应随时跟进订单的所有资料，包括生产制造通知单等是否已经下发到所有相关部门，样板制作和大货生产所需的面辅料是否能及时到位，并随时记录订单的跟进进度。

在分发订单资料过程中，对需要主管审批的订单资料，在资料还未备齐的情况下，最好暂时不呈交审批。一时无法备齐或可能需要修改的资料，为了不耽误工期，可以先行分发已确定和审批的部分，但必须在资料部分待定内容的栏目上标注"待定"字样，并抓紧催促客户补充提供或批核确认，待收到补充或确认资料后，立即整理、审批，及时补发。在跟单过程中，发现分发给各相关部门的订单资料不齐全或不够详尽，或各相关部门要求补充订单资料，应及时跟进补发。

三、订单资料的更改与修订

如果客户在订单生产过程中，对订单资料提出修改，跟单员必须把客户需要更改的细节确认清楚，并要求客户提交书面正式更改通知。收到客户更改通知以后，应视具体的情况而定，可以做出修改的，应尽量满足客户要求；已经无法修改的，应明确通知客户。客户一定要修改的，要准确评估更改后的生产难度，准确计算因修改而造成的损失和产生的费用，并由客户确认损失和费用的承担责任。客户对订单资料的所有修改，都必须利用订单资料更改记录表（格式见表3-5）做好记录，并将客户的传真件、电子邮件、电话记录一起归档。

表3-5 订单资料更改记录

合同编号		客户名称		签单日期	
订单编号		订单数量		交货期	
制单编号		款式描述			
资料名称	收到日期	第1次修改	第2次修改	第3次修改	第4次修改
合同细则					
款式要求					
面料样板					
尺寸表					
生产规格与允差值					
辅料样品					
客批资料	第1次更改	第2次更改	第3次更改	第4次更改	核准日期
初样板					
报价					
合同签订					
面料小颜色样板					
大货面料样板					
辅料卡					
试身/放码样板					
核准样板					

资料跟单员：_____

所有已经确定需要修改的项目或补充资料，跟单员必须及时对原有的资料进行修正，将需要更改的细节项目输入管理系统，并以最快速度向各相关部门发出业务通告（EMO）（见表3-6），通知相关部门做出相应的修改，以便生产能顺利进行。

表 3-6　业务通告

订单编号		客　户	
款号		更改日期	
更改项目与细节要求： 1. 2. 3.			
更改前效果图		更改后效果图	

跟单员：_____

四、订单资料跟单注意事项

1. 及时输入资料

跟单员应养成良好的工作习惯，一旦收到客户提供的资料，无论多少，均应及时输入电子文档系统中，包括客户名称、产品、地址等，输入资料库，以便随时查阅、修改编印资料（生产工艺制作单、进出口文件如产地来源证、包装表格等），方便文档管理、下载分发资料和查档等工作的展开。

2. 有效节省时间

跟单员应及时跟催客户和相关部门交齐所有订单资料，根据客户提供的资料和数据，合理编排订单的各个生产期限，并协助寻找合适的加工厂。此外，跟单员还要按照客户要求跟进生产资料，控制生产进度，包括样板的制作、复板期限、生产情况以及船期运输情况等进度。切勿随意浪费生产时间而导致延后交货。

3. 准确提供各种资料

所有订单内容应清楚及正确无误，跟单员应将所有订单资料和数据，包括尺寸表、品质要求、生产规格、包装分配等尽快提供给加工厂以方便安排生产。此外，还应尽量向厂方详细解释客户的各种需求和工艺标准，为加工厂提供客户的详尽数据。

同时，还应按时向客户提供与生产有关的数据，包括预定的生产期限与生产数量、物料的供应情况与到货期限、需要批复的样板、修改确认资料、交货期与船期安排，生产进度与质量等其他相关的资料。

4. 及时跟进生产资料与进度

跟单员应保持与加工厂的密切联系，了解最新的生产资料与状况，及时跟进生产，包括现存订单的资料和数据是否充足、各种物料是否已备齐并及时到位、新订单的开发情况与资料接收进展如何等，尽可能减少加工厂不必要的遗漏、差错、延误和损失。

5. 准确记录收发资料的日期

为了更好地跟进订单的生产进度和交货期，跟单员无论收到或发放任何订单资料，都应把收到日期以及分发日期详细记录在订单资料跟进表格中，包括客户批复样板期以及订单签订日期。跟单员养成及时输入跟进资料进度和资料接收日期的良好习惯，可及时提醒自己某一订单的跟进进度，同时还能减少许多客户推卸责任的现象。

第三节　服装内销企业的订单资料管理

内销服装产品其实是成衣设计与工艺文本编制相结合的过程中产生的。在内销服装企业当中，新产品的研发是企业的生命线，一般服装内销企业的新产品研发由独立部门完成，因而内销服装企业的订单管理主要工作就是为新产品编制可具体执行的订单工艺文本。

一、内销服装订单工艺文本的编制

服装产品的订单工艺文本是一项最重要、最基本的技术文件，它反映了产品工艺流程的全部技术要求，是指导产品加工的技术法规，是交流和总结生产操作经验的重要手段，是产品质量检验的主要依据。

（一）编制订单工艺文本的依据

1. 设计师提供的新产品及其产前样

从设计师设计出新产品到新产品的投产是一个漫长的过程，其中要经过无数的试样，待设计师满意后还要经过市场的论证，并最终确定产前样，为编制订单工艺文本提供依据。

2. 计划部门指定的产品要求

待设计部门完成新产品设计后，由计划部门最终确定生产的规格、款式、型号及批量等。

3. 产品质量标准

质量是品牌形象的基础，内销企业都有适合本企业的一系列质量标准体系，跟单工艺文本的编制必须遵循本企业的质量标准体系。

4. 面、辅料各项检测报告

新产品的面、辅料都要经过测试，特别是面料的染色牢度、色差等级等都必须达到行业标准。

5. 面、辅料确认样卡

面、辅料确认样卡是指客户认可的供面、辅料染色用的国际标准色卡，也是工艺文本编制的依据之一。

6. 样本试制记录

最终确认投产的产前样是经过设计师无数次的修改逐渐完善获得的，工艺文本的编制应充分体现产前样试制过程的改进意见,防止在大货生产过程中出现类似的弊病。

(二)编制订单工艺文本的具体要求

工艺文本是对服装产品或零部件规定加工步骤和加工方法的指导文件,是组织设备配备、面辅料采购、大货生产等工作的技术依据。工艺文本必须具备完整性、准确性和适应性等操作要求。

1. 订单工艺文本的完整性

订单工艺文本必须是全面涉及整个生产流程。它包括所有与该生产任务有关的各方资料、数据和要求,含有裁剪、缝纫、整烫、包装等工艺的全部规定。

2. 订单工艺文本的准确性

订单工艺文本必须正确无误、内容明了,不可含糊不清。

3. 订单工艺文本的适应性

订单工艺文本必须符合市场经济及生产企业的实际情况。

(三)编制订单工艺文本的主要内容

订单工艺文本必须用书面形式,列明各项工作的具体操作细则、质量要求等。为减少工作的繁复性与方便生产,订单工艺文本应以图表的形式为主,简单明了,既利于填写,又利于配合生产程序的顺利进行。

1. 工艺文本的适用范围

订单工艺文本必须详细说明本工艺文本适用的订单号(合同号)、组别、款式名、款式号、生产数量、交货日期、销售地区及样板编号等。

2. 产品效果图

产品效果图包括产品正面、背面、重点部位的效果图。效果图要求比例准确合理,各部位的标志也要准确无误,款式上的缉线、分割、比例等必须与样衣相符。产品效果图的下面还可附上简短的款式描述,包括产品外形、产品结构、产品特征等。

3. 产品规格指示

规格指示中要标明部位、部位编号、部位测量方法、尺码分配及允许误差等。

4. 面、辅料搭配指示

面、辅料搭配指示应该列明面、辅料的品种、规格、数量、核定用料、颜色搭配、辅料的制作部位以及供应商等,所列面、辅料必须与订单相符,并与样卡一致,确认无误后方可投产使用。

5. 标识、配件的有关规定

所有的标识、配件都应说明其特点及使用方法,并确定装钉位置,必要的可附实物样贴。

6. 裁剪方法的规定

注明合理的排料方法、特殊面料的裁剪处理(如遇面料有色差时要注明避色排料等)以及裁片要求等。

7. 产品的工艺流程和技术要求

为合理地安排流水线和指导工人操作,要详细说明工艺流程及缝纫形式。在工艺技术要求中要说明各类技术指标，如规定机缝及针距密度等。制定具体的要求，必要时需配图示说明。

8. 有关锁钉的规定

在后道加工过程中要说明扣件、手工、专用工具的使用等。

9. 有关整烫的规定

需要熨烫的部位必须写明，并注明熨烫设备以及面料测试报告允许熨烫的最高温度，合成面料不允许熨烫的必须重点说明。

10. 包装要求指示

需要写明产品的包装形式、折叠方法及使用何种胶袋等。

11. 工艺文本的签发

工艺文本编制完毕后，必须填上制单人、复核人、主管、跟单人、制单日期等。

二、内销服装款式号的编制方法

国内服装款式号的编制方法是内销服装跟单必备的服装常识，通常有纯数字编号和数字与字母组合编号两种。

（1）纯数字编号　编号全部由阿拉伯数字组成。

（2）数字与字母组合编号　编号由阿拉伯数字与英文字母组成。下面为某内销企业按照数字与字母编制的服装货号，以供参考。第1、第2位为年份代码，第3位为季节和季节期间代码，第4、第5位为款式类别，第6、第7位为款式色号，第8位为尺码代码。

① 年份代码　常用的年份代码见表3-7。

表3-7　年份代码

年份	2003	2004	2005	2006
年份代码	03	04	05	06

② 季节性代码　见表3-8。

表3-8　季节性代码

季节	冬末春初	春	春末夏初	夏	夏末秋初	秋	秋末冬初	冬
季节性代码	1	2	3	4	5	6	7	8

③ 款式代码　见表3-9。

表3-9　款式代码

款式	长袖衬衫	中袖衬衫	短袖衬衫	背心	长裤	中裤	短裤	长裙
款式代码	01	02	03	04	05	06	07	08
款式	中短裙	针织长裙	针织短裙	有里上衣	两用上衣	无袖背心裙	有袖背心裙	短风衣
款式代码	09	10	11	12	13	14	15	16
款式	中长风衣	长风衣	长袖毛衫	短袖毛衫	无袖毛衫	羽绒服	长袖T恤	短袖T恤
款式代码	17	18	19	20	21	22	23	24
款式	包	帽子	围巾	鞋子	袜子	皮带	长风衣	短大衣
款式代码	25	26	27	28	29	30	31	32

④ 颜色代码　见表3-10。

表 3-10　颜色代码

颜色	黑色	米色	灰色	蓝色	红色	黄色	咖啡色	紫色	橘黄色	白色
颜色代码	01	02	03	04	05	06	07	08	09	10

⑤ 尺寸代码　可用正常的 XS，S、M、L、XL、X 作代码。如服装款号是 0460103-S，则代表是 2004 年秋季 S 码的灰色长袖衬衫。另外，条子面料可以用字母"T"，格子面料可以用字母"K"，黑色条纹用"1T"等规定，不尽详述。

第四节　外销服装跟单管理

外销服装跟单是相对于内销服装跟单而言，它目前大多归属于服装贸易公司的业务范畴。从国情出发，我国贸易公司的主要业务集中在接国外客户的订单在国内服装企业生产这一类型上，大多数的跟单业务为出口服装跟单，这是本节的重点。因此，以惯例的"出口服装"替代"外销服装"的说法。

一、出口服装报价

出口服装报价是服装跟单员做外贸业务工作必须要掌握的内容，是服装跟单员最基本的业务要求之一，即服装跟单员能善用文字或语言与国外客户沟通，准确报出生产企业产品价格，商定交货日期及付款方式等。要掌握出口服装报价必须了解出口服装的作价原则、价格术语、服装面、辅料用料计算方法、面、辅料的价格及加工费用等相关知识。

（一）出口服装作价的原则

① 按国际市场服装价格水平作价，服装的价格以国际服装价格为基础并在国际市场竞争中形成，它是交易双方都能接受的价格，是服装作价的客观依据。

② 结合国别、地区差异作价，为使外贸配合外交，在参照国际市场服装价格水平的同时，也适当考虑国别、地区差异。

③ 结合购销意图，在国际市场价格水平基础上，根据购销意图来确定。

④ 注重国际市场服装价格动态，国际市场受供求影响，使服装价格变动频繁，因此应充分了解国际市场的供求状况，避免盲目性。

（二）价格术语

买卖双方在交易中需要用价格术语来明确费用、责任和风险的划分。国际贸易中常用的是国际商会制定的《国际贸易术语解释通则》中的六种价格术语，它们的名称及特点见表3-11。

由表3-11可见，采用不同的价格术语时，买卖双方涉及的风险、费用等有所不同，这些因素皆须在服装出口报价中加以考虑。不管使用哪一种价格术语，卖方的基本义务都是依据合同规定，按期、按质、按量交付货物，提交合格的单据。卖方还有及时通知买方关于装运或货交承运人情况的义务，这在由买方办理保险时更为重要。买方的基本义务是接受单据，支付货款。

表 3-11　价格术语的比较

国际代码	中文名称	交货/风险划分点	运输办理方（运费）	保险办理方（保险费）	出口手续办理方（税/证）	进口手续办理方（税/证）	运输方法
FCA[②]	交货承运人价	出口国制定交货点——货交承运人	买方	买方[①]	卖方	买方	任何
FOB[②]	装运港船上交货价	出口国指定装运港指定船上——货过船舷	买方	买方[①]	卖方	买方	水运
CFR	成本加运费价	出口国装运港——货过船舷	卖方	买方[①]	卖方	买方	水运
CIF	成本,保险费加运费价	出口国装运港——货过船舷	卖方	卖方	卖方	买方	水运
CPT	运费付至＿＿价	出口国制定交货点——货交承运人	卖方	买方[①]	卖方	买方	任何
CIP	运费,保险费付至＿＿价	出口国制定交货点——货交承运人	卖方	卖方	卖方	买方	任何

① 按通则规定，此时双方都无义务办理保险，但买方或实际进口方应为自身利益投保。
② FCA 或 FOB 术语后应注明交货地或装运港，而其他术语后应注明目的地或目的港。

上述六种价格术语中，货物在出口国装运港越过船舷，或在出口国交货点货交承运人时，卖方即已完成了交货任务，风险已由卖方转移至买方。因此，采用这些价格术语的合同属于"装运合同"，切不可在合同中再规定到货日期，这样将使卖方的风险延伸至目的地（港）。不过，在依 FOB、CFR 及 CIF 作价的交易中，大多数买方往往要求卖方提供"已装船提单"（On board/shipped bill of loading），即表明货物已顺利装运上船的提单，这样的要求一般会被卖方接受，但风险将从"船舷"延伸至"船舱"。

采用 FCA、CPT 或 CIP 术语有利于卖方风险的早日转移，使卖方尽早制单结汇，但是，大多数买方都希望采用 FOB、CFR 或 CIF 术语，以避免承担从生产地至装运港船上这段风险。在集装箱运输的情况下，卖方往往会设法说服买方采用前三种方式。

（三）了解面、辅料最新价格及用料计算方法

跟单员要准确掌握面、辅料的最新价格，要掌握面、辅料的基本知识，如面、辅料的种类名称、性能、用料计算等。当然，要获得面、辅料价格的信息渠道也是多方面，可以联系生产厂商，也可以在网上获得相关信息。

关于面（里）料用料计算有三种方法应用比较普遍。第一种方法为排料计算法，其特点是比较准确，但也比较复杂，较多地用于梭织面料的用料计算；第二种面积计算法和第三种克重计算法比较简单，但准确度不高，一般用于针织面料的用料计算，其中面积计算法也适合于梭织面料的用料计算。

1. 排料计算法

按照排料来计算此款式的实际用料，可分为人工排料和电脑自动排料两种。人工排料是排料员根据经验，利用整套样板进行多个方案的套排，从中选择出最佳排料方案。人工排料的缺点是费工费时，而电脑自动排料系统能使样板排料划样自动化，不仅大大缩短排料时间，而且提高了面料的利用率，但投入成本高，目前国内成衣生产中仍主要使用人工排料的方法。

（1）排料的工艺要求

① 经、纬纱向的垂直性。在排料时，除有特殊工艺要求（如斜裁）外，要确保样板经、纬纱向的垂直，不能为了节约面料而划偏面料纱向。

② 面料纹理方向保持一致。对于顺毛、顺光和有方向性的花纹图案，样板各个裁片应向同一方向排列，以保证成品手感、光泽、花纹方向的一致。

③ 裁片的对称性。在排料时，必须根据实际生产情况决定面料是单一方向还是对合方向排料，如果用单一方向排，样板要用正反面各排一次，以保证裁片的对称性。

④ 面料的留边。排料宽度不能与面料幅度相等，根据布边针孔宽度的不同，面料两侧要各留出1~3cm。

（2）排料的方法

① 均码套排。是指同一尺码的样板进行反复套排。这种排料既便于估算用料，也可避免色差。

② 混码套排。是指同一款式，不同尺码的样板进行混合套排。适用于多规格批量生产。

③ 品种套排。是指在同一幅面料上排列不同款式品种的样板。适用于套装或系列服装的批量生产。

（3）排料的原则

① 先大后小。排料要先排大片的服装主件，尽可能占用布料纬向，然后再用小裁片的零部件把空隙填满。

② 紧密套排。服装的主件和零部件的样板形状各有不同，可充分利用样板的不同角度、弯势进行套排，要弯弧相交，凹凸互套，尽量减少样板之间的空隙。

③ 节省用料巧安排。在排料时，占用面料经向越短越省料，同时，还要考虑将有凹状缺口的板样拼在一起，充分利用两片之间的空隙，填充小部件。

2. 面积计算法

面积计算法在针织面料和梭织面料的用料计算中都适用，它是一种比较简单、快捷的方法，但它的准确性不高，而且必须在有样衣的前提下才能计算，具体步骤如下。

① 把中间码样衣的各个裁片分解成方便计算的简单几何形。

② 分别计算各几何形的面积，再把各个几何形面积相加。

③ 根据公式算出用料，核定用料＝实际用料面积相加÷面料幅宽。

④ 把计算的结果加上5%左右损耗即可。

3. 克重计算法

克重计算法一般用于针织面料的用料计算。它的优点是方便、快捷，缺点是准确性不高，必须有样衣才能计算，具体的步骤方法如下。

① 把样衣直接放入天平称其重量，然后减去辅料的重量即为此款服装所用面料的净重量。

② 在克重机上测此款式所用面料的克重。

③ 净重量除去克重即为此款服装的用料，然后加上5%左右损耗即可（一般针织面料的幅宽可根据实际排料情况自定）。

（四）FOB报价算法

除了材料成本和加工费外，出口服装的报价中还包括应上缴国家的税款、运费、公司经营费用和预期利润等。如果采用的价格术语规定由卖方保险或涉及代理人佣金，则出口服装报价中还应该包括保险费和佣金。出口报价的方法各公司可能都不尽相同，以下这种生产地在装运港所在地的 FOB 报价算法可供初学者参考，当然这只是基本价格，在磋商时还要按公司的营销方针并根据具体情况和谈判策略来酌情考虑。

$$FOB 价 = (M_c + L_c) \times (1+T) \times (1+O_c) \times (1+P)$$

式中，M_c 为材料成本，它包括面料、辅料和包装方面的成本；L_c 为加工费；T 为税率；O_c 为经营费用率；P 为预期利润率。

1. 税款

上缴国家的税款一般依法定税率的多少加在材料费和加工费上，在购入材料或支付加工费时以增值税的形式支出。享受出口退税政策的产品则可以在收汇核销后退税得以补偿。

2. 运费

运费包括国内费用（比如从宁波运到上海的费用）和国际费用（比如再从上海运往国外目的地或港的费用）。因此，平时了解有关运输公司的国内外运输费用，了解船运公司、航空公司的船期、航班及运费费率等是很有必要的。如果产地（或供货地点）在非装运港的城市，采用 FOB、CFR 和 CIF 术语时，国内运费不要忘记计入；如果采用的是 CPT 和 CIP 术语并且在国内非装运港地点货交承运人，则国内运费和国际运费合为一体。

3. 经营费用

经营费用包括外贸公司的日常办公开支、银行利息、员工工资、通信资费、差旅费、仓储费、码头费等，市内运输费一般在公司经营费用中考虑。要精确计算某一笔交易将要支出的具体经营费用是很困难的，一般外贸公司都是取按生产成本取的几个百分点作为通常条件下的额定经营费用。如果交易条件有所改变需要明显增加经营开支时可以考虑适当调整额定经营费用，比如由信用证支付改为托收支付后的托收银行费用；需加保"卖方利益险"时的保险费；由即期信用证支付改为远期信用证支付时的利息损失；涉及配额商品时的有关配额费用等。另外，从经验上讲，如果其中某些额外费用已按每计价单位折算成单位费用值，则直接将它们加入成本要比调整经营费用率方便。

4. 预期利润

根据不同的营销定价策略，报价中可能会包括不同的预期利润。大多数公司采用百分比加成的方法来计算预期利润，不过要注意，预期利润率是在 FOB 或 FCA 价格上加成还是在实际交易价格上加成，各个公司可能有自己的算法，这将导致在相同的利润下实际利润值不一样。服装贸易磋商中，由于衣服的单价相对讲不是很高，双方一般可能用单价数值的增减而不用单价数值百分比的增减来讨价还价。

5. 保险费

保险费是按投保金额和保险费率的乘积计算的，投保金额一般按 CIF（或 CIP）金额的百分比加成来计算。保险费率由保险公司根据险别不同等因素制定，对于外贸公司，平时也应该收集这方面的信息。

6. 佣金

佣金是支付给代理人的报酬。同预期利润一样，佣金依据委托人和代理人之间的代理协议，或按不包括运费和保险费的价格为基础计算，或按实际成交价为基础计算。按成交价计算比较方便，所以采用的比较多。净价、含佣价和佣金率之间有如下关系：

$$含佣价 = 净价 \div (1 - 佣金率)$$

式中,含佣价指包含佣金的价格;净价指不包含佣金的价格;佣金率指佣金占成交价格的百分比。

二、出口服装合同

(一)出口服装合同形式

出口服装合同包括销售合同与销售确认书两种形式。

1. 销售合同

销售合同(Sales Contract)是内容比较详细的合同。合同中规定的权利与义务全面、完整,在发生合同履行争议时,很容易从合同中找到解决争议的方法,但这种合同内容太复杂,条款过多,使用不太方便。销售合同有三个部分:合同的首部、合同的正文部分和合同的结尾部分。

合同的首部包括序言、抬头、编号、签约日期和地点以及当事人的名称、国籍、地址、电话、邮编、电子邮箱等。

合同正文部分规定了当事人之间的权利与义务,包括纺织与服装商品名称、品质与规格条款、包装条款、数量规定、价格条款(付款币种与付款汇率)、支付条款、相关费用(税费、保险、运输费)、货发时间与地点、物权转移、仓储与运输条款、保险条款、进出口文件、开具发票和交货规定、禁止再出口、商品检验与检验权条款、赔偿条款、知识产权条款、担保条款、执行和补救措施、仲裁和诉讼规定、合同修改与取消合同规定、损失赔偿规定、不可抗力等内容。

合同的结尾部分包括合同的生效和转让规定、合同的文字与效力、合同的适用法律、签约授权、独立的法律顾问、合同的份数和当事人签字与日期。

2. 销售确认书

销售确认书(Sales Confirmation)是销售合同的简化形式。一般包括商品名称、商品质量、数量、包装、价格、交货条款、支付方式、运输标志、商品检验等规定,通常还设有索赔、仲裁等条款(见表3-12)。

(二)出口服装合同的履行

(1)准备履行合同是当事人双方共同的责任,"重合同、守信用"是基本原则。我国绝大多数服装出口合同是CIF或CFR合同,一般常采用信用证付款方式。履行服装合同时,须做好备货、催证、审证、改证、租船订舱、检验、报关、投保、装船、制单结汇等各个环节的工作,重点工作是备货、证件、船运、结汇四项。

(2)催证、审证、改证

① 催证:出口合同约定信用证付款,买方应规定按时开立信用证,有时需催促买方开证。

② 审证:信用证应与合同内容一致,由银行及进出口公司共同审验。

③ 改证:审证中如发现问题,应分别同银行、运输、保险、商检等有关部门探讨,区别对待,妥善处理。

(3)租船订舱、装运、报关及投保

① 租船订舱:在CIF及CFR条件下,租船订舱是卖方责任之一。服装要整船装运的就要租船,否则就要订轮班或租订舱位。

表 3-12 销售确认书

宁波××进出口贸易有限公司　　　　　　　　　编号
NINGBO××IPM ＆ EXP CO LTD　　　　　　　　No. _____

　　　　　　　　　　　　　　　　　　　　　　日期
销售确认书　　　　　　　　　　　　　　　　　Date _____
SALES CONFIRMATION
　　　　　　　　　　　　　　　　　　　　　　页号
　　　　　　　　　　　　　　　　　　　　　　Page No. _____

购货人
For account of _____
订单号码
P. O. No _____

兹确认售予你方下列货品，其成交条款如下：
We hereby confirm having sold to you the following goods on terms and conditions as specified below

(1)品名规格 Name of commodity and specification	(2)数量 Quantity	(3)单价 Unit price	(4)金额 Amount

数量和总值允许_____的增减　　　　合计：
With more or less in quantity and amount allowed _____ Total

(5)装运期限
Shipment

(6)装运口岸
Port of loading

(7)目的港
Port of destination

(8)付款方式
Payment

(9)保险
Insuance

(10)仲裁：凡因执行本确认书所发生的或与本确认书有观的一切争议，应有双方通过友好协商解决；如果协商不能解决，应提交中国国际贸易促进委员会，由经济贸易仲裁委员根据该会的仲裁程序暂行规则进行仲裁。仲裁是终局的，对双方都有约束力

(11)买方应与上述规定时间内，开出本批交易的信用证(或通知售方进口许可证号码)，否则，售方有权不经通知取消本确认书，或接受买方对本约未执行的全部或一部分，或对因此遭受的损失提出索赔

(12)凡以CIF条件成交的业务，保额为发票的110%，投保险别以本售货确认书中所列的为限，买方如果要求增加保额或保险范围，应与装船前经售方同意，由此而增加的保险费由买方负责

(13)品质/数量异议：凡属品质异议，买方应与货到目的地口岸之日起3个月内提出；凡属数量异议，买方应与货到目的地口岸之日起15天内提出。对所装货物所提出的任何异议由保险公司、轮船公司、其他有关运输机构或邮递机构负责，售方不负任何责任

(14)本确认书内所述全部或部分商品，如因人力不可抗拒的原因以致不能履约或延迟交货，售方概不负责

(15)买方在开给售方的信用证上请填注本确认书号码

(16)备注
Memo

买方　　　　　　　　　　　　　　卖方
Buyer　　　　　　　　　　　　　　Seller

② 报关：我国规定，凡进出国境的服装，须由设在海关的港口、车站、国际航空站进出，由服装所有人向海关申报，经海关放行后，货物可提取或装船出口。

③ 投保：CIF 价格成交合同，卖方在装船前要去保险公司填单办理投保手续。一般应逐笔投保，并做好有关凭证保留，以备后用。

（4）制单出口服装装运出港之后，卖方按信用证规定，制备各种单证，在有效期内，将全部所需单证交由有关银行议付结汇。

① 支付工具：票据行为从程序上依次为出票、票据背书、向付款人提示、付款人签字、付款人承兑、参加承兑、保证、付款、拒绝承兑和拒付、追索。票据的种类一般有汇票、本票和支票三种。

② 运输单证：运输单证一般有托运单据和货运单据两种。托运单据常见的有外销出仓单或提货单、出口服装明细单、出口服装托运单等。货运单据常见的有海运提单、委托订仓更改单、铁路运单、承运服务收据、航空运单等。

③ 商业发票与包装单：商业发票是买卖双方收发服装、收付货款和记账的凭证，是双方办理报关和缮制其他单据的依据，在即期付款不出具汇票的情况下，卖方即凭发票向买方收款。

④ 海关发票：海关发票是供进口商报送核查服装与估价征税之用，是提供原产地的依据，供进口国海关核查服装在其本国服装市场的价格，以确认是否倾销等。

⑤ 保险单据：一般按 CIC 条款（即中国保险条款，China Insurance Clause）承保，保险金额一般按发票金额加 10%。

⑥ 产地证明：我国有多种不同签发机构签发的产地证，如中国国际外贸促进委员会产地证、普遍优惠制产地证明书、欧洲经济共同体产地证明书、美国出口原产地证明书等。

⑦ 服装检验证明书。

三、出口服装订单工艺文本的编制

出口服装订单工艺文本代表了客户对所需服装产品的除价格和运输外的全部要求，它是服装跟单员核查订单要求、服装跟单员跟踪订单质量的主要依据，是生产企业采购面、辅料、把握服装质量以及客户验货的指导性文件。

（一）出口服装订单工艺文本编制的依据

1. 客户提供的原样、图序及相关文字说明

通常客户在要求制作款式样时会提供原样或图片，在编制出口服装工艺文本时不能背离客户对产品造型风格的要求。

2. 合约订单指定的产品要求

出口服装工艺文本必须严格按照合约指定产品的规格、款式、型号及生产批量等要求。

3. 客户的修改意见

出口服装工艺文本必须遵循客户对款式样或产前样的修改意见。

4. 出口国的服装贸易政策、法规

不同的国家对进口服装都有相应的政策法规，特别是欧美国家对服装的环保性能的要求等。

5. 客户对不同质地面、辅料的常规要求

一般来说，如果是长期合作的客户，双方都会对服装面、辅料的色差等级和色牢度等级等有常规的认定，出口服装工艺文本中只要用固定格式体现即可。

6. 面、辅料的检验报告和理化测试报告

有的客户会要求对所有服装的面、辅料做测试，因而在出口服装工艺文本中就要体现出测试的要求。

7. 客户确认的面、辅料样卡

在大货生产之前，所有面、辅料都要经过客户确认。出口服装工艺文本中的面、辅料样卡应为客户确认后的正确样卡。

（二）出口服装订单工艺文本编制的具体要求

出口服装订单工艺文本必须具备完整准确性、严肃性、适应性以及可操作性。

1. 出口服装订单工艺文本的完整准确性

（1）出口服装订单工艺文本的完整性　出口服装订单工艺文本的内容必须遵循完整原则，它必须全面包括客户所需服装产品的各方面资料、数据和要求，体现出客户对服装面、辅料的详细说明和质量要求以及对服装款式的描述和包装要求等全部规定。

（2）出口服装订单工艺文本的准确性　出口服装订单工艺文本必须准确无误，内容清晰明了，不可模棱两可、含糊不清。具体的要求如下。

① 图文相结合、一目了然。在文字难以表达的部位可配上图解，并标上有关数据。

② 措辞简洁准确，逻辑严谨。紧密围绕客户对服装产品要求撰写。

③ 术语统一、规范。执行服装标准规定的统一术语。出现地方用语应配注解，避免一份工艺文本中对同一内容出现不同的用语称呼，以免产生误解，导致发生质量事故。

2. 出口服装订单工艺文本的严肃性

出口服装订单工艺文本作为合约的附件，是跟单员跟进和客户验货的依据，它具有法规的严肃性。特别是对服装面、辅料的要求和服装款式描述，跟单员的一个小小失误可能导致一项重大的质量事故。

3. 出口服装订单工艺文本的适应性

出口服装订单工艺文本必须符合中国的市场经济和加工企业的实际生产状况。

① 出口服装订单工艺文本要与我国技术政策及国家颁发的出口服装标准的规定要求相符合。

② 出口服装订单工艺文本要与生产企业的实际生产状况相适应。

4. 出口服装订单工艺文本的可操作性

出口服装订单工艺文本所制定的内容必须以客户确认的最后鉴定意见为依据，具有可操作性。未经实验的面、辅料及操作方法均不可轻易列入出口服装订单工艺文本。

（三）出口服装订单工艺文本编制的具体内容

1. 出口服装订单工艺文本的基本项目

出口服装订单工艺文本的基本项目如下。

（1）公司名称（Company Name）　包括公司名称、地址、电话、传真和网址

（E. mail）等。

（2）组别（Group） 有些客户的订单是指一个系列下的一组订单，包含若干个款式，所以有必要划分组别。

（3）订单号（Order No.） 一般与客户所签合同的订单号一致。

（4）生产企业名称（Processing Name） 包括生产企业的地址、电话、传真、联系人等。

（5）款式名（Style Description） 指客户所需服装的中文名称。

（6）款式号（Style No.） 可以公司自编，也可以与客户编号一致。

（7）客户编号（Customer） 为了商业机密和内部管理的需要，公司通常对客户进行编号。

（8）目的地（Port of Destination） 按照合同约定的目的港口填写。

（9）生产数量（Produce Quantity） 指总数量以及客户允许的数量变化幅度。

（10）交货日期（Delivery Date） 在填写交货期时，可以比合同约定的交货日期提早2~3天，以防止在加工过程中出现不可预见的情况时（如验货不合格需要工厂翻仓等）可以不影响合同交货期。

（11）跟单员（Inspector） 主要目的是明确其职责，以确保服装产品质量。

2. 服装面、里料（配布）的要求

（1）面料名称（Shell Fabric） 对于机（梭）织面料名称较为完整的描述应为：原料＋面料名称＋原料成分比例＋纱线细度＋织物密度＋幅宽＋匹长要求＋染整要求＋理化指标＋包装要求。通常是用简单的方法来描述，即用"材料＋名称＋结构"，如全棉府绸（Cotton Poplin）、涤棉府绸（TlC Poplin）。针织物和机（梭）织物的某些表示方法相似，商业上常用说法如"32支棉纱，190/m^2，18针的棉毛布"。

（2）里料（Lining Fabric）、配布（Content）名称 描述方式同面料。

（3）织物的整理要求（Finishing Require） 它是对成品织物品质规格的进一步描述，如拒水整理（W/R Finishing）、柔软整理（Soft Finishing）、预缩整理（Pre-shrinking）、砂洗（Sand-washed）、仿桃皮绒整理（Peach Finishing）等。

（4）理化指标（Physical and Chemical Standad） 它一般也用于对成品织物品质规格的进一步描述，如缩水率（Shrinkage）、色牢率（Clour Fastness）等。这里要注意，首先，出口服装工艺文件中的测试标准以客户所在国的有关标准为准；其次，指标应有机动幅度，如缩水率低于3％（Shrinkage Below3％），光照色牢度至少4级（Clour Fastnes to Light Minimum Grade 4）等。

（5）服装面料测试要求（Fabric Test Requirements） 只需说明是否做面料测试以及测试的一些常规要求即可，如测试面料的数量，做测试的面料不可取头尾布等。

3. 服装辅料的要求

要求说明辅料的品种、规格、单件用量、颜色、供货商（说明是客供或自供即可）、装钉位置等。

（1）洗涤标（Washing Label） 洗涤标分印标和织标两种。印标是来用印刷的方式来体现洗涤的文字标识；织标是用纤维材料采用织造的方式来体现洗涤的文字标识。洗涤标的一般包含三部分内容。

① 面、里料成分（Fabric ＆ Lining Content）。

② 洗涤方法（Washing Method） 服装的洗涤方法依照所用洗涤用具的不同，分手洗和机洗两种。手洗有搓洗、挤压（揉）洗、刷洗等方法；根据洗涤介质不同，洗涤方法又分为湿洗（水洗）和干洗两种。

③ 洗涤标识。

（2）服装吊牌（Hang Tag） 有品牌标识牌和价格吊牌两种。一般在包装的时候价格吊牌置于服装之上，放入胶带袋后能见到价格吊牌。

4. 样本要求（Sample Require）

要求说明样衣的种类、规格、颜色以及寄样时间。

5. 颜色、规格搭配（Colour & Standard collocation）

要求说明一个订单有多少个颜色以及每个规格的数量，重点提示要填写颜色的色号（标准色卡号）。

6. 服装款式图（Sketch）

产品款式图包括产品正面、背面及重点部位的款式图，一般西服还要有衬里的款式图。款式图要求比例准确合理，各部位的标识准确无误，款式上的缝纫形式、款式造型、结构等必须要与样衣相符，复杂的部位或关键工序应附剖析图。

7. 规格指示表（Specification Chart）

规格指示表由部位（Position）、部位测量方法（Measure Method）、部位编号（Position No.）、号型（Measures）、尺寸（Size）、公差范围（Permission Errors）等六部分组成。

（四）出口服装订单工艺文本编制的制表

出口服装订单工艺文本编制的方法和种类很多，其中每一个内容不可遗漏，以简单明了为宗旨，应善于使用图表，既便于填写，又利于服装生产企业各个工序顺利地进行。一般都设计成A4纸的页面。

第五节　跟单资料信息化管理

作为一家服装生产厂家或服装贸易公司，每年都会做很多种款式的服装，这些服装的生产从收到客户的样图，到多次打样，到正式生产的整个过程中，会产生非常多的资料，如图片、原料样品、样衣、快递等。这些资料如果用人工的方式来管理将是一件非常烦琐的事，而且很容易产生差错，将带来巨大的损失，而在将来查找的时候会很麻烦，浪费许多宝贵的时间，甚至有些资料就再也找不到了。服装生产企业和服装贸易公司的服装订单管理系统，能够将客户、款式和样品、快递、订单等资料统一管理。将打样和生产的各种款式的资料如订单描述、规格表、款式表、面料、辅料、标签装订、包装和运输等信息全部管理起来，方便查找和分析，图片可以随意放大缩小，对资料的确认有三级提醒和告警功能，防止遗忘。最终将产生完整、正确和精美的订单并可以以Excel和打印的方式输出。厂家得到这样的订单会非常清晰，不会产生错误。这对服装贸易的公司将是极其重要的！

一、订单管理系统基本功能

订单管理系统应用客户关系管理的原理，实现从订单的采集、汇总，生产计划的滚动编制,物料的精确配置,生产过程的控制与质量控制,成品入库管理,产品流向的全过程、整个系统的一体化管理,提高管理的准确度,节约经营成本,保证交货期,维护企业信誉。

(1) **基础资料维护**　建立客户档案、产品资料等,详细记录产品生产工艺卡、产品尺码表、面料辅料要求、包装要求、工艺要求等信息,减少不必要的重复工作,简化工作,提高效率。

(2) **订单资料维护**　建立订单档案,对订单进行录入、修改、删除、复制等,快速生成各种报表,使计算工作(混色混码计算、面辅料预算、成本报价等)更加准确、更加方便快捷,生产过程中款式变更与工艺修改灵活,信息变更及时、准确到位。

(3) **订单状态管理**　对订单进行审核确认,减少主观判断,消除人为差错;通过表格对生产进度全面了解。根据物料采购清单和生产公式表,准确记录产品的生产物料需求及损耗率,制定生产成本预算报告。

(4) **订单出货管理**　根据生产反馈情况,提供出货管理功能。

(5) **订单结算管理**　根据订单出货记录,提供结算记录管理。

二、订单管理系统模块介绍

跟单管理软件系统有单机版和网络版,网络版可以根据不同岗位设置权限,适应各种工作环境,实现业务人员的移动办公,在任何时间、地点都可以进行订单的查询和处理。一般由订单生成与订单跟踪、制板部门管理、工艺及物料清单、款式成本预算、客户管理与评估、费用收付、跟单员管理、快件处理、公告交流、跟踪表和系统维护等板块组成。

根据服装外贸的特点,订单管理系统具有订单跟踪模块、订单生成模块、跟单员管理模块、客户管理模块、快件处理模块、告警系统、公告交流、跟踪表和系统维护等模块。

1. 订单跟踪模块

订单跟踪模块是整个订单管理的核心,从原始订单进入系统开始,详细记录订单相关的总体描述、款式、编号、尺寸、面料、辅料、标签装订的各种资料、日期以及其变动情况,保证订单的编号与传真、E-mail、电话等原始资料编号保持一致,所有服装生产的要素的改变都将记录在系统中,整个的历史数据均可以系统中随时提供查询,默认看到的是当前最新的资料。同时记载跟单员对订单跟踪的处理过程和结果等状况。

2. 订单生成模块

订单生成模块根据订单跟踪模块最终生成完整、准确、清晰的订单,使订单一目了然,杜绝出错而且美观,提升企业形象,最终生成的订单具有订单描述、规格表、款式及材料表、标签、包装运输、面料卡、辅料卡 7 张表格,有了这 7 张表可以非常清楚地描述服装生产订单的要素。

3. 告警系统

告警系统是为了能够及时提醒跟单员对订单的跟踪,防止出现到期无法交货而造成损失。告警贯穿于整个订单的过程中,对样衣、规格、面料、辅料、颜色搭配和包装运输等要素的确认日期进行告警。告警期限可以在系统中自行设定,分为提示、告警和紧急告警三级,当跟单员认为无需告警时可以手动关闭。

4. 跟单员管理模块

跟单员管理模块主要是规划详细的操作权限,跟单员可以根据做单的需要按小组管理、组成员具有操作本组资料的相应权限,小组之间可以根据需要设置查看的权限,同时跟单员管理模块也记录了跟单员对订单跟踪处理的过程，便于了解每个跟单员跟踪订单的状态，还为每个跟单员设置习惯输入的自定义功能，使得跟单员常用的输入项目可以得到简化。

5. 客户管理模块

客户管理模块也是相当重要的一部分，除了保存客户的基本资料以外，主要是记录客户对订单的质量、时间、价格等方面的要求和喜好，从而可以分析客户的特点，为以后做该客户的订单提供依据。

6. 公告交流

公告交流是为了便于管理和信息交流而设置的，管理人员和跟单员都可以在公告板上发布信息，也可以对别人的信息进行回复，这样许多日常的工作可以在公告板上进行安排，同时可以了解任务完成的情况。

7. 跟踪表

跟踪表可以详细记录每次面辅料和其他订单有关的内容，寄样时间、交工厂时间、客户确认时间及意见等情况，一目了然，并可将最新的跟踪情况打印出来以便保存。

8. 快件处理模块

每次的快件发送都记录在订单系统内，通过订单可以看到该订单的快件发送情况，并可以将快件的情况打印出来装箱，非常方便。

9. 系统维护模块

系统维护模块主要是对数据库的备份、恢复、用户账号以及订单要素等方面的维护，保证数据安全性和使用的灵活性。

三、服装订单管理系统介绍

杭州博胜信息技术有限公司经过长期的研究和开发，设计出一套非常适合服装生产企业和服装贸易公司的服装订单管理系统。

1. 系统环境

操作系统能够运行在 Win98、Win2000、WindowsME 上。为了便于笔记本携带数据，数据库采用 Access2000，Access2000 上可以存储 2G 大小的数据，相当于存储 200 多万条记录，对于订单管理数据库已绰绰有余，如果以后的数据真要超出 2G，可以平滑转移数据到 SQLServer，所有数据均不会丢失。

2. 系统描述

（1）订单跟踪模块　订单跟踪模块包括订单输入、订单更改、订单查询、订单生成和打印等功能。订单基本信息，输入界面包括内容有客户订单号、客户名称、公司订单号、客户款号，这些作为订单的基本信息，不太变动，也可以作修改，但不进入历史信息。

订单的跟踪信息，订单描述、规格表、面料、辅料、包装运输、尺码颜色等信息在订单执行过程中会不断更新，只要根据客户订单号、公司订单号、客户款号找到需要操作的订单，就可以对以上内容进行更新，随时可以查看更新的过程和内容。每一项内容都有更新信息的来源、日期等。

信息输入，为了提高管理效率和使用者的方便，订单的基本信息输入由专人来管理，包括图片的扫描、数码图片的录入等，这些图片放在每个跟单员的专用目录下。跟单员只要对订单的具体内容进行修改并确认，选择正确的图片就可以了，这样将大大减少跟单员工作量，至于订单信息的修改则由跟单员完成，因为每次的修改量都比较小，完全可以承受。

（2）订单生成　在所有订单内容都已经确认的情况下，根据最新的状态自动生成订单，将订单的信息按照标准的格式完整地输出，也可以选择以 Excel 格式输出，便于和厂家或客户进行 Email 交流。

（3）告警提示　每一个订单在输入时，根据系统的标准设置，建立告警设置。在每天打开电脑运行订单管理软件时，在软件的界面上专门有一栏告警指示，提示货期的紧急程度，点击某项提示，可以看到具体的告警内容并进行处理。

（4）查询　查询的口径可以多种多样，在订单相关的界面中都安排查询，查找和当前内容有关的信息，同时设置总的查询界面，可以通过对订单编号、客户订单编号、客户款号、日期、跟单员、订单数额、客户、厂商等项目进行查询统计，并可以进入订单查看具体内容。操作人员按照不同的权限查看相应的内容。

（5）快件管理　通常给客户的物品（包括文件、样衣、面料、辅料等）都是通过快递发送，为了保证客户已经确认收到快件，在这个模块中详细记录发送快件的物品，并在订单管理中显示快件发送及收到确认的情况。

3. 界面设计

为了方便操作，界面设计成比较直观的方式，在主界面中有订单处理、综合查询、客户管理、系统维护、快件管理、告警指示等六项内容，这样看上去就比较简洁，所有的处理都可以从这六个入口进入，同时也可以根据需要转入到其他模块。订单处理界面是软件的核心界面，订单的输入、修改、查询、生成和打印都可以在此界面中完成，为了界面的清晰起见，不同的订单内容通过不同的页面输入，这样无论从外观和逻辑上都很清楚。客户的信息既可以在做订单的时候输入或修改，也可以在系统维护中进行增加、修改、查找、删除等操作。

4. 系统维护

系统维护主要是维护数据库的完整性和安全性，并设置一些公用的信息。本系统专门设计了自动备份系统，可以根据用户自己定义的备份间隔时间将数据备份到指定的两个目录中，并且是十个数据库文件滚动备份，保证在出现故障后损失最小。数据备份和恢复，也可以对数据库进行手工的每天或每周的备份，在电脑出现故障的情况下，恢复最新的数据，将损失减小到最低。

告警期设置，对样衣、规格表、面料、辅料、尺码颜色、包装运输和快件等确认设置紧急告警、告警和提示三种期限，跟单员可以选择所需要的告警。

面料、辅料、规格、包装运输等参数的设置，可以增加、减少各种项目来适应企业的情况，这样在订单的输入、修改时只要选择就可以而不必每次都输入文字。

跟单员权限设置，在系统中，定义工作组，在同一组中的跟单员可以看到本组的所有订单，也可以设置成跟单员只能看到自己的订单，经理则可以分配所有权限，查看任何订单。

图片目录维护，在系统中为每个跟单员建立图片目录，便于跟单员在自己的目录中选择适当的图片放入到订单中，同时在系统目录中保存。

第六节　订单资料跟单案例

【案例 1】

某款牛仔裤订单的客户要求追加订单生产，成衣款式没有修改，仅要求将裤外缝所用的金色铜扣改为银色装饰扣，扣子的规格与款式均不改变。但本订单的生产跟单员粗心大意，仍沿用原订单的方式跟进生产，既未询问客户追加订单后的更改细节，也没有详细查看追加订单生产通知的要求。

结果：致使大货仍按原款式生产而使用了金色铜扣配件，导致整批货物直接经济损失达30万元。

点评：跟单员切勿粗心大意，或凭着模糊印象决定细节，自以为是。而应细致谨慎地原复查阅、核实生产资料。牢记，张张订单是新单，件件事情从头跟。

【案例2】

某客户要求更改订单资料。由于该单货期长，跟单员收到资料后记录跟单内容和进度，然后将传真资料搁在办公桌并继续忙碌紧急跟单工作。

结果：三日后复查跟单记录，猛然想起丢失的传真资料。而跟单员的办公桌上堆满了密密麻麻的文件夹、资料袋以及面辅料色卡。为了寻找这份传真，把整个办公桌弄得翻天覆地，急得满头大汗。

点评：跟单员一般都同时跟进几份订单，而且所跟订单的生产进度各不相同，工作任务重，头绪多，所以做好文件管理工作，可以事半功倍。

每次收到文件和传真时，马上用一小纸片注明收到日期，然后贴到文件的表面，再设一个专门收集传真和文件的文件夹，按时间顺序夹起来，并把所有文件都分门别类地进行归类整理，既方便文件整理，又可以随时提醒自己哪些是急需解决而还没有完成的事情。

每天下班前，花十分钟时间整理桌面，清理杂物，文件及时归位，同时总结一天的工作，找出比较紧迫的文件与传真放于桌案，以便第二天上班能马上解决。如此做事严谨又利落，可使繁杂的工作变得有条不紊，轻松而高效。

【案例3】

客户要做测试样板时，跟单部只有杏色和卡其色的面料，杏色料有可匹配的拉链，而卡其色面料找不到合适的拉链，且由于杏色面料的颜色太浅，并不适合做测试样板。请问如何才能使客户选用或接受"卡其色面料配用其他相似拉链制作样板"的最佳方案？

分析：如果跟单员向客户询问，卡其色面料的测试样板能否选代用拉链制作？客户往往会回复"那就选杏色面料做吧"。此时，跟单员再解释"能否不选用杏色面料制作样板"，杏色做测试样板不理想，因为浅色做"干湿磨"测试（测试色牢度）没有效果。此时客户一定会回复"不行。"

如果跟单员用另一种方式询问：我们只有卡其色和杏色两种面料，如果选杏色面料做测试样板，干湿磨测试会没有效果，但如果选卡其色面料，则没有合适的拉链，请问选哪种颜色的面料做测试样板？此时客户就会选卡其色面料制作样板，同时，客户还会介于样板周期紧迫的原因而选用相同型号、颜色相近的拉链做测试样板。

点评：做跟单也要学会与人沟通。如果跟单员叙述不清楚，客户无法完全了解情况就下决定，或者由于沟通不当而导致客户误解，都会把事情办砸，甚至还会由于一点小事而争吵。人与人沟通非常重要，沟通得当，可以起到事半功倍的效果。

思维拓展

服装案例（分享他人的经验）

"学习障碍"这一说法我是第一次听说，以前也没有意识到原来人真的容易产生学习障

碍。但是这一次我得到了教训,而且还是很深刻的教训。

年初的时候,美国客人下了大宗的订单给我们。在大家的努力下,货物终于顺利出运,没有产生任何空运,这是值得高兴的事情。但事情往往不会就这么结束了,货物到达客人的仓库后;客人开箱进行了检品,并且拿出几件给模特试身,发现 GME46163 款夹克衫由于门巾扣位不对位,出现了左右大身有长短的现象。客人及时写了邮件跟我们反映了这些问题,我们也马上让工厂去查核了 100 件,工厂给出的答复是没有问题。于是我就回信给客人说没有这些问题。这时候客人着急了,因为他们给我们的是数千万美金货值的产品,任何一个错误可能都会导致大额的索赔,但我们简简单单的就推卸说没有任何问题,让他们感觉我们对产品和质量问题是不够严肃的。作为客人他们是不能原谅我们的这种做法的,要求我们在美国全数检品,彻查大货。这时候我们真的慌了,因为大家心里都很明白 20 万件全数检品意味着什么。

在我们都不知道该怎么进行下去的时候,康总给出了指示,在美国由我们自己找人全数查,并向客人承诺,一定交给他们品质最好的货,费用我们承担。查出来的结果是有 16% 的大货确实有此类问题。康总告诉我,作为一个好的业务员要勇于面对错误,不能凭主观判断去处理问题。对于客人的任问投诉我们应该是先诚恳的接受下来,然后才去分析犯错误的原因,不要别人一说我们有问题,马上就去否决别人,这是学习的障碍。我们保护的仅仅是小范围的利益,但却丢掉了公司的诚信,所以往往带来更不利的结果。

通过这次事件,客人感到我们是有诚信的公司,而我也明白了要建立别人对你的信任是很不容易的,不要轻易再破坏它。要勇于面对错误,学会坦诚。一定提防"学习障碍",因为它就悄悄地躲在你身边。

思考与练习

1. 服装订单跟单的基本流程是什么?
2. 如何编制年度(季度)订单计划表?
3. 服装订单管理系统的特点?
4. 内销服装依据生产工艺文件的具体内容自编一份生产工艺文件。
5. 依据出口服装工艺文件编制的内容自编一份工艺文件。

第四章 服装样板跟单

学习目标

通过学习本章，可以让学生了解掌握服装样板跟单的内涵、样板的制作与管理、服装样板跟单流程、样板跟单的注意事项和一些典型的案例，便于在今后的工作中熟悉此项工作。

第一节 服装样板简介

服装样板跟单是服装企业赢得客户订单的工具。服装样板的制作是为了给客户提供一个检验本企业生产能力的平台，以达到客户所需要的服装设计效果或服装加工质量，从而获得客户订单。对于服装企业来说，服装样板的制作是确保生产顺利进行和质量控制不可缺少的标准模板。服装企业通过试制新产品，可以将生产要素按一定的条件组合并投入生产，确认其生产结果做出相应的判断，如是否能接洽本订单、客户要求能否顺利达成、生产成本是否太高、工人的技术水平是否需要重新培训等，如应该如何改良繁复的工艺生产而不会改变原有的生产外观效果、怎样的生产方法更快捷、如何能减低工价并降低生产成本、如何减少次品的数量、如何避免或减少生产问题等。

一、服装样板的含义

服装样板是服装企业用于反映服装设计效果或服装加工质量的实物样本，是服装生产部门重要的工艺技术文件。大多服装企业都设有专门的样板制作部门称为板房。板房主要是根据客户、设计部门或营业部门提供的设计资料和要求，并根据服装样板、面料色板、辅料板及板单资料等进行服装实物样板的制作。通常由跟单部开出制板通知单，委托样板生产部门或生产企业起样；样板制作部会按照客户的不同要求和以往曾经下过订单的惯例来制作样板；跟板人员则跟进样板的制作进度和质量，并负责处理客户对样板的回复意见和样板的返工修改跟踪。

二、服装样板的作用

服装企业生产中的样板，以结构图为基础制作出来，是服装设计效果的直观反映，又是排料裁剪、缝制工艺的直接生产依据和检验生产规格质量的直接衡量标准，它具有以下四方面的作用。

（一）检验设计效果的可行性

任何设计作品都要通过实物样本的检验。对于闭门造车所完成的设计作品，更是弊病多。如，服装的开口位置和开口的长度是否恰当，辅料的搭配是否协调、切割线是否合理、生产工艺是否简捷，包括每个工序的生产时间和工价的合理性等，只有实物才能回答以上的问题。

一件成功的设计作品，必须通过技术、经济和资源三大指标的评价。其中技术指标包括面料和辅料的可成形性、可生产操作性、品质指标和等级、精确度和容差值、成品后整理的效果等。经济指标包括加工时间、成本、生产效率等。资源指标包括物料的需求种类和数量、辅助工具、工人技术水平、管理水平和质量控制水平等。许多设计人员无法想象或因疏忽还没有想到的地方，通过实物样板的试制和反复修改，都能达到最合理的效果。

（二）缩短开拓期，减少开发费用

如果企业的设计作品无法达到客户满意的效果而反复修改，则生产时间会被一再推迟，导致开发费用的急剧上升，所以设计早期通过样板的成功试制，可以减少设计产品的修改，以缩短产品的开拓期和产品开发的费用。当然，这就要求样板生产部门在每次样板的制作过程中，都应该认真按照客户的要求进行生产，以便加快订单合同的签订时间，尽快获得客户订单。

（三）设置最佳的生产组合要素

在大订单批量生产之前，通常都要经过多次的样板试制和修改复核工作。在多次样板的试制过程中，会使用与批量生产相同的条件制造样板，找出生产过程中的所有问题，进行设计上的修整或生产工艺上的改良，包括设备和辅助工具的类型和数量的确认、设备的摆放、车位的分工、生产线的编排等生产要素的合理运用，设法找到生产要素的最佳组合方案，并使之处于受控制的状态。

生产要素的稳定性并非一成不变，为了使生产能更加顺利的展开，每隔一段时间，就要对生产要素进行新的组合，试制样板即款式组合的试验和确认。

对于即将投入生产和使用的所有生产要素，还应在正式批量生产前再次试制样板，做最后一次的生产要素组合确认，检查生产过程的问题和产品的质量，以便及时寻找对策，减少正式投产后发生问题，确保生产顺利完成。

（四）服装批量生产地重要依据和质量标准

客户的要求最终是通过服装实物样板和服装样板制作工艺单来体现的，所以服装实物样板是服装批量生产的重要依据之一。只有前一次实物样板的问题已经彻底查清并完全修改后，才能进入下一阶段的样板生产或大批量生产，故前一阶段的样板既是后一阶段样板的生产依据，又是后一阶段样板质量检验的审核标准。

三、服装样板的分类

服装企业在整个生产运作过程中所涉及的样板主要有两大类，一类是报价用的报价板，一般会在指定的工厂制作，由开发部直接跟进。还有一类是生产用的生产板，一般在签订单后和批量生产前，由承担批量生产的工厂制作，跟单部跟进生产样板。根据样板不同的作用及其不同阶段制作的样板类别，可划分为以下几种类型。

1. 开拓板

在没有明确的客户之前，由服装企业的设计部按照市场流行趋势及针对各个客户的区域性习俗和爱好设计系列季节性服装款式，并制作成品样板，主要是用于吸引客户或服装买手，开拓业务，提高接单能力。

2. 客供板

由客户直接提供的服装样板，能够反映本次订单要求，包括产品的款式、设计效果、各部位的尺寸参数以及工艺的制作方法和质量要求等。

3. 初板/头板

初板即仿制板，由制板部根据设计部或客户提供的图样、客供板、客供资料和制板工艺要求等制作而成，并能反映客户要求的款式或设计效果的样板。它将影响客户是否接受订单，是与客户第一次沟通的款式确认用板。多数客户只是提供设计图样或个别部位上的参考模型，要求服装企业做进一步完善，以使客户的初步构思得以体现，并让客户满意。

4. 修改板

一板是指初板第二次、第三次，或更多次的制作。客户审核完初板后，一般都会要求针对款式、选料、附件搭配和工艺制作做出相关的调整和修改，服装企业此时应根据客户的最新要求和修改意见进行多次审核、再修改和返工，直至样板款式能够达到客户的要求。制作修改板的主要目的是为了了解订单的款式和制作工艺，故可以用替代的面辅料，但要注意选用拼接面料和辅料时与主面料的配色效果是否合适。

5. 尺码板

尺码板是按照设计部或客户所提供的尺寸明细表及要求制作的样板。一般按照客户提供尺码表中每个码制作1～2件样板，以供模特试身用，其又称为放码板，通过试穿样板来确定每个尺码的成品合体度，明确服装各个部位需要修改的工艺参数，所以制作尺码板时，对各个纸样结构的尺寸要求都很严格。样板的规格和工艺要完全按照客户的要求制作。

6. 广告板

广告板是订单确定后，在大货生产前，客户用于宣传产品、增加销售量的服装样板，如用于摄影以便制作宣传画报、邮购刊物或宣传产品的专刊。通常广告板都必须提前制作完成，不能临近推销期才备样。用于广告摄影的样板，在面辅料的颜色选用和搭配、面料质地的确定以及款式细节的运用等外观效果方面都应特别注意，要完全按照客户的要求进行样板制作。

7. 推广板

推广板供客户推销用。前面所述的初板和尺寸板通过反复修改，经款式确认和试穿后，得到客户的满意，就可以将客户确定下来的每个款式都制作成多件实物样本，供客户进行时装发布或展销会推销用，方便客户依据发布会或展销会的反应确定各个款式的具体订单数量，从而尽快与服装企业落实订单。大多数客户会要求在工艺单下达以后安排做推销板，要求齐色、齐码制作推销板。制作推销板时，不容易寻找的辅料一般允许用类似或接近的物料代替。推销板寄给客户批复以后，就可以安排核价、报价，并等待客户的信息反馈和最后的确认意见。

8. 核准板

许多厂家都将核准板俗称大板或合格板，是服装企业开裁大货以前，请客户批核后生产的一件服装样板，是款式以及合体度的最终确认板。一般会作为服装质量验收的标准及下达生产通知的质量标准。核准板只有经客户批核并完全认可后，才能作为开列生产制造单的依据，并将有关资料交给生产部。

核准板按照不同的功能又可细分如下情况。

（1）复板　供客户复核资料、款式、尺寸或合体度，用于批核大货投产情况的样板。

（2）存板　提交给客户代理商或贸易总公司办事处存放的样板。

（3）技术板　提交给客户专门确认生产技术和工艺制作方法的样板。

（4）色板　供客户确认所有颜色最终效果的样板，又称齐色板。同时，经客户确认后的色板通常还用于服装生产和后整理以后校对大货颜色，以防阴阳色差。

由于大货批量生产时，完全以客户所批复的核准板效果作为生产标准，所以制作核准板时的款式和制作要求都非常严格，所有物料、尺寸合体度、工艺制作方法、洗水、包装等，都必须完全依照客户最后确认的要求和更改指示。否则客户有权利拒收大货，严重者还会提出赔偿。核准板跟进得当，可以使后续的批量生产更加顺利，同时减少生产问题。

核准板一经客户批示可以进行批量生产以后，一般情况下不允许客户再做修改。若确实要再做修改，并且改动不大，可以由生产车间按照客户修改意见，在指定的时间内生产出一件货前板交给客户审核。注意，此时只有受到客户的最后评语和修改意见后才能开裁大货，以减少生产企业与客户间的认知偏差。

9. 测试板

抽取批量生产用的面料和辅料制作样板用于测试，或在大货生产过程中抽取成品进行测试的样板即为测试板。测试的项目主要是依据客户要求和产品的款式复杂性而定，常见的测试板有缝道拉伸断裂测试试板、缝道纱线滑移测试板、洗水测试板、染色测试板、合身测试板、缩水测试板、色牢度测试板、面辅料纤维成分测试板等。

其中，洗水测试板的目的之一是为了测试服装洗水后的尺寸变化，以保证成品洗水后的尺寸效果能达到客户的要求，所以必须在批量生产前做好前期的面料缩水率测试和样衣洗水测试。

10. 产前板

产前板是在批量生产所用的面辅料到位后，按照订单上的资料以模拟大货生产的形式在生产线上进行制作的样板。产前板是代表批量生产水平最新、最准确的生产样板，可确保批量生产的正确性。所以要求产前板必须符合客户的所有要求，并与计划批量生产的生产制单资料完全相符，以免批量生产时出现误差。通常情况下，如果核准板能顺利通过客户的审核，则产前板无须给客户批复。

11. 生产板

生产板是在批量生产中抽取的样板，它是用于确认批量生产的样板，可确认款式、工艺制作以及所有码数的尺寸等是否符合要求，以确保批量生产的准确性。

12. 船头板

船头板又称装船板。一般在大货生产中抽取数件产品，或等待这批订单的货品加工完成后，从装运之前的货品中抽取若干件成品，量度并记录各部位尺寸后，挂上记录吊牌并分别交给客户、服装贸易公司及工厂品检部存档备用，作为厂方出货和客方收货的标准样板。验货板是在批量生产中制作，供客方跟单人员查验产品的标准样板。

以上所提及的所有样板中,需要反复修改、批复的样板包括开拓板、初板、测试板、尺码板、核准板、存板、技术板、色板等。

第二节 服装样板的制作与管理

服装样板的制作简称打样或备样。通常,服装企业与客户之间在报盘、还盘完成后,若客户认为价格可以接受,则要求服装企业制作样板。对于新客户,制作样板需要收取样板制作费。服装样板在制作过程中,关键在于交板期及质量的保证。因此,跟单员必须保证所有关于订单的资料准确无误,并与客户的要求相一致,才能保证样板得到确认,减少重复修改工作。

一、服装样板的制作流程

服装样板的制作应根据不同的接单过程和生产阶段来确定样板的制作要求和类型。在接单和生产的每一个阶段,都需要通过制作各种不同的样板与客户进行沟通,同时,还要根据客户的不同需求和流行趋势,对样板进行多次修改,直至客户满意为止。需要制作样板的各个生产阶段详见图4-1。

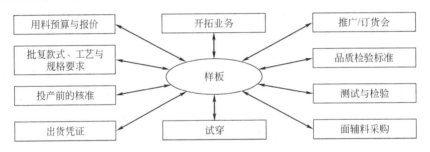

图4-1 各个生产阶段需要制作样板的情况

服装样板在服装接单和生产过程中有十多款类型,但并非每一份订单都需要制作全部样板,一般是根据客户的不同需求和生产进度,对样板有所选择地制作,如追加数量的订单生产,由于是直接进入生产前期的准备阶段,只需制作核准板给客户确认后即可进入批量生产。各种类型的样板在实际接单和生产运作中的制作顺序见图4-2。

二、样板制作工艺单的编写

服装样板制作的依据是服装样板制作工艺单(简称板单)内的所有资料,也即板单既是同意服装企业样板生产部门进行服装样板加工的指令,也是样板生产的标准和依据,它涵盖了服装样板加工过程中所需要的基本生产技术资料和制作要求,包括样板的用料、饰物、比例、技巧、各个部位的尺寸要求、接缝处的缝份大小、贴边的宽度、钉纽扣的位置、商标的安装位置和方法等方面的技术要求。

板单包括的主要内容有:填单日期、样板类别、款式说明、交板期、面料规格及颜色、辅料规格及颜色、尺寸表、款式图样、物料说明(包括缝线、拉链、纽扣、商标等的规格、品种、颜色、数量、位置等)、制造规格与要求(包括碎料、物料、部件的加工方法及成品的处理方法)等。板单的格式和包含的内容参见表4-1。

第四章　服装样板跟单

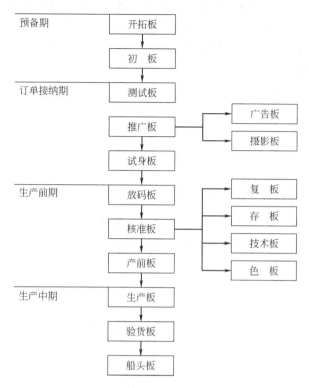

图 4-2　各种类型样板的制作顺序

表 4-1　板单

制单编号		客户		款号		填单日期	
样板类别		款式说明		产量		交板期	
面料	组织成分	规格/幅宽	用量/打	颜色	供应商	实物样卡	
辅料	类别	衬料	缝纫线	纽扣	拉链	饰带	松紧带	商标
	规格							
	颜色							
	用量							
	供应商							
	实物样卡							
尺寸表		款式图样				后整理	
量度方法与允差值							
制造规格与要求							
注意事项							

制表人：_____　　跟单主管：_____　　承造部门：_____

许多加工厂又把板单分为面单和底单。其中，面单主要是注明样板的种类、尺寸表、物料的规格和颜色、数量以及生产注意事项等。底单则主要是客户提供的资料。每个客户所提供的资料形式都会有所不同，没有固定的标准。

面单包括以下内容：
① 样板的种类、颜色等；
② 款式图；
③ 服装尺寸；
④ 制作件数；
⑤ 面料资料，包括面料的种类、成分、颜色等；
⑥ 辅料要求，包括种类、规格等；
⑦ 制造规格与要求，如单明线、双明线等工艺要求等；
⑧ 后处理方法与要求，如洗水、印花、绣花等；
⑨ 注意事项。

底单包括的内容如下：
① 客户尺码与数据；
② 客供资料与数据翻译后的中文版、图表、制造方法等详细资料；
③ 客供样板；
④ 样板更改记录。

填写面单时，要求款式工艺图清晰直观，以便绘制纸样与工艺制作。服装尺寸原则上先用 M 码尺寸制作初板（客户另外要求除外）。制作件数：初板一般为 1 件，推销板则依据客户的要求，一般根据款式颜色、尺码的数量来确定。交板期：加急规定 2~3 天内寄出，初板期限为 4~5 天，推销板为 2~3 周。注意事项主要针对容易出现的错误与更正要求等。

底单格式没有严格规定，要求样板跟单员将客户的资料（包括图表、制造方法等）收集齐全后，进行翻译、归类、整理，作为板单的组件，提供给板部。整理底单资料时要求叙述清晰、简明、直观，常常用工艺生产图样、实物复印件来表示生产规格和细部的要求。客户提供实物样板，应与板单一起交给制板部。另外，底单还需要记录客户每次更改样板的意见和要求，以便跟进样板。

三、服装样板用料供应管理

样板用料是制作服装样板时所使用的物料。通过制作服装样板，在客户批核服装的同时，也评核确认了物料的款式、规格、颜色、质量等，为开展物料采购工作做好准备。

1. 样板用料获取途径

在制作服装样板时，一般都是按客户的要求使用物料，这些物料的来源有以下几个途径。

（1）提取仓存物料　订单早期的样板如初板，可按客户要求先到仓库或生产车间找些剩余面料来代替，但所选的面料必须与订单要求相接近。通常跟单员会先检查库存，确认仓库里有符合要求的物料后，由跟单员根据服装样板制作的要求，填写样板用料申领表（表 4-2），经跟单部主管审批后物料部申请领用。物料部按要求复查仓存物料，物料部主管审批后，填写物料出库单，交由跟单员到仓库所需面料。

表 4-2　样板用料申领表

日期：_____

客户名称		样板类型	
样板款式描述		样板生产数量	
面料组织成分			
面料颜色/色号			
需要数量			
其他物料种类			
其他物料用量			
需料日期			
申请人		跟单部主管审签	
物料部查仓情况		物料部主管审签	

（2）客供物料　直接由客户提供，或由客户代购物料，是制作初板较常见的一种供应途径。虽然客供物料免去了采购上的许多工作，但跟单员要特别关注客供物料的到货日期，收到客户提供的面料后，需认真做好验货（数量、规格和质量）和交接手续，检查是否与客户发货单以及订单资料相符合，以免样板制作不符合客户要求。此外，还要在面料订购栏注明面料的来源是由客户提供。

（3）向供应商订购　跟单员根据客户的要求，详细填写样板用料订购申请表（表 4-3），并附上物料实物样板和颜色编号，经部门主管审批签字后，交物料部向供应商订购物料。若样板用料的量太少，也可由跟单员直接向供应商订购。无论由哪方购料，跟单员都应密切跟踪面料的交货进度和运送工作，确保物料适时、适地送达样板厂。

表 4-3　样板用料订购申请表

初板：□试身板：□销售板：□核准板：□　客户：_____　日期：_____　款式编号：

物料种类	型号	尺寸规格	颜色	数量	供应商	需料日期	复核日期	送交部门	附板	备注

申购人：_____　物料部：_____　样板生产部：_____

（4）收取大货生产用料　在大货生产用料已经运送抵达的情况下，常抽取大货生产用料制作核准板、测试板、产前板等。首先由跟单员填写抽取大货生产用料申请表（表 4-4），经主管审核后转交物料部主管审批，再填写物料出库单，交由跟单员到仓库抽取大货生产面料，用于样板制作。

2. 样板用料采购跟单

（1）索取面料样板　无论选用哪一种面料供应程序（客供料除外），跟单员应了解合同上的所有内容和后续资料的增补修改情况，最好能向客户索取正确的面料样板和相关的文字描述。

（2）计算用量　计算样板用料必须以开扬排料的预算作为参考。对于超出用料预算的，必须列明原因和实际用料数量，并需部门经理核实后，作为特殊案例处置。

表 4-4 抽取大货生产用料申请表

日期：_____

客户名称			
样板编号		样板类型	
样板款式描述		样板生产数量	
面料种类与名称			
面料组织成分			
面料颜色/色号			
面料供应商			
需要数量			
其他物料种类			
其他物料用量			
需料日期			
申请人		跟单部审核主管	
样板部审核意见		样板不审核主管	
用料部审核意见		用料部审核主管	

开发样板的面料预算一般由企业自己负责。其他类型的样板预算在订单还没有签订之前一般由客户提前交制板费，或在以后的大货订单中补足费用。

（3）清查仓料　服装贸易公司跟单员按客户的制板要求（或设计部的要求）开出板单，传送给加工厂跟单员。跟单员列出样板制作所需的物料，交给物料协调员检查仓存物料的情况。

如果仓库有可用的物料，则将板单和查库存的结果交给板部，并要求物料部留下已选用的物料等待领料生产。如果仓库没有适合的物料，生产部跟单员应通知物料部准备采购工作。

（4）制作样板用料卡　样板用料卡是通过表格的形式详细列出需要订购的面料规格和要求，同时，附上面料的实物样板，以供订购者了解情况，防止出现订购错误或偏差现象。

并不是所有样板用料的订购都需要制作面料卡，一般根据所需样板用料数量的多少来确定，通常齐色、齐码的推销板或核准板用料，都需要制作一式二份的面料实物卡给样板厂（见表 4-5）。

表 4-5 样板用料卡

日期：_____

板单编号	M-B-725	合同编号	SC-21589-01
面料名称	磨毛斜纹料	客户	JEPY（女装）
面料编号	D02017/18	组织成分	100%棉
颜色	卡其色、蓝色、黑色	组织结构	108×56/16×12
色号	61″、16″、19″	洗水方式	酵素石洗

布板：

客户接受/复核日期：_____　　制卡人：_____　　复核签名：_____

(5) 样板面料的订购与检查　跟单员确认客供面料样板的颜色和质地与合同内容没有偏差后,将面料样板与板单一起交给物料部订购样板面料或抽取大货面料。此时,跟单员还应跟进购料进度,以免生产期太长而影响样板的交付期限。

物料部将采购回来的物料交给生产部跟单员复查物料数量及质量情况,查核无误后,在物料上注明板单编号。跟单员收集齐所有样板用的资料,包括面料、辅料、客供洗水或染色标准以及板单,一并交给板部清点签收并进行好样板的制作。同时跟单员要密切跟进样板制作进度和质量等情况。

样板用料采购跟单流程见图 4-3。

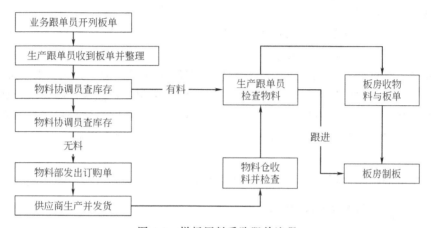

图 4-3　样板用料采购跟单流程

四、服装样板的归类管理

为方便对各种样板的查询与管理,首先将样板进行分类,再存储于板部,以便日后按需复查或重新调用。如开拓板、生产板等均会在不同的阶段反复使用,其中开发部设计新颖的开拓板是客户了解服装企业、挑选样板和下订单的资料来源库。所有存放于板部的样板,要求分类清晰,编号简明,资料齐全。此外,样板保管部应建立样板的收发、借用、报废等管理制度和相应的登记表格,完善样板的管理手续,以便复查或追踪每一款样板。

1. 样板的收集与分类

一份订单完成批量生产后,必须将所有样板(包括初板、试身板、产前板等)收集起来,并按订单、客户、款式等进行分类,建册登记后再妥善地储存在板部。

2. 样板的封箱保存

挂板存储一定时间后,为节省空间,应定期整理样板。一般会留下一件船头板,其余样板均按照客户、款式及出货期的先后顺序进行封箱存储。封箱储存样板时,应在箱外贴上样板储存登记表,注明详细的资料与相关数据,如样板件数、服装款式类型、客户、订单编号、订单日期与封箱日期等,以方便日后查找。同时注意做好防火、防潮、防盗等工作,保证样板完好无损。

3. 样板的检查与处置

对于存储时间较长或已过期的样板,应当由专人负责定期开箱检查,并报经相关部门主管同意后,进行适当处置。如可用于外售、赠送、赈灾等,使板部腾出更多的空间存放收集的样板。

第三节　服装样板跟单流程

由于许多服装企业的接洽贸易过程与生产过程是分开的，为了控制服装生产的质量和掌握生产进度，贸易机构和生产部门都必须派专人对服装贸易中需要的服装样板进行跟踪反馈，全面掌握订单加工的质量和进度。专门负责跟进服装样板制作的跟单人员称为样板跟单员（简称跟板员）。制作服装样板的任务下达给板部后，跟板员要对服装样板所需要的面辅料、加工质量、生产进度等进行密切的跟踪和管理，保证服装样板能按质按期完成，以期尽快获得订单的落实，同时确保批量生产如期进行。

服装样板的跟踪流程是：当客户提出要制作样板时，跟板员将客户资料进行汇总、翻译、整理后，填写服装样板制作工艺单，连同样板资料、实物样品等一起下达给板部；板部在制作样板时，跟板员要协调、组织样板制作所需的面辅料供应，并跟进样板制作的全过程，一方面了解样板制作的工艺流程，另一方面确保样板制作按照客户的要求，如期完成制作任务；样板制作完成后，跟板员对样板进行全面核查，获取客户的批板意见；根据客户的批板意见，汇同板部一起对样板做出相应的修改，直至客户完全满意，并对样板进行最终确认。

在服装样板的跟单流程中，各项工作内容中主要有以下细则。

一、明确客户的制板要求

服装企业接到客户提出的制板要求时，首先要分辨客户要求制作样板的类型，并分析、整理、翻译客户提供的所有资料。为提高样板制作的准确性，跟板员应要求客户提供尽量详细的资料，最好有实物样品，以免制作的样板与客户的要求有偏差。如客户只提出设想，要求服装企业先行设计，在制样板时则跟板员要会同设计人员一起，与客户充分沟通，详尽了解客户的想法，由设计人员根据客户的设想，先设计出效果图，交客户初审同意后，再进入制板流程。

二、选择合适的样板加工厂

跟板员必须整理好所有制板的资料，交给板部。如订单需要外协生产，则需根据生产服装的品种和款式要求，先在本企业或客户认可的外协单位中寻找，选择合适的样板加工厂。如在本企业或客户认可的外协单位中没有合适的加工厂，再扩大筛选范围，经本企业或客户验厂评审合格后，可作为外协加工厂。目前，多数客户特别是欧美客户，对外协加工厂要求较高，只有通过欧洲 BSCI（企业社会行为规范）或美国的 WRAP（环球服装生产社会责任组织）、SA8000（社会道德责任标准）、C-TPAT（海关-商业反恐联盟）等社会责任国际认证体系的生产企业才能获签外协订单。

三、准备并跟进样板用料

制作样板所需要的物料多数情况下由客户指定种类，包括面料的纤维成分、颜色、克重、光泽、手感等都要按客户的要求。获得样板用料的途径通常有几种形式：由客户提供物料或客户代为订购，由面辅料部提供仓存面辅料，由面辅料或跟板员直接向供应商购买，从大货生产中抽取物料。

样板用料跟单注意事项。

① 无论是哪种获取途径，跟板员都应仔细跟进物料的整个流通过程和细节要求，包括订购的价格、运输方式、到货日期、各种物料的颜色及数量等。同时，跟板员还应留意每种样板物料的起订量和损耗量，随时更正并准确计算物料的用量。

② 如遇到物料的到货期延误或数量、颜色有误时，应及时查找问题的原因并及时解决。遇到可疑或不清楚之处，必须及时与客户沟通商讨，无法立刻解决的，也应及时与客户协商，尽快达成共识。

③ 同一季度内需要制作的服装样板中，尽量将物料类型相近的服装样板集中安排制作，以便订购物料。初板的板期一般都比较短，跟板员可以按照客户的要求尽量在库存物料中寻找一些相近的代替。如果是老客户，其常用的物料如商标、拉链等一般都有仓库物料，跟板员应及时查询仓存情况，切勿盲目发出订购清单。

④ 为防止由于物料供应问题而影响板期，跟板员应详细了解客户的需求和物料市场的供应情况，并尽快预定所需物料。如供应商所编排的物料生产期太长，甚至可能会导致样板延期交货时，跟板员必须马上与客户商讨解决办法，如询问客户是否能更改其他替代物料或者延迟交板期限。

⑤ 收到物料后，跟板员应仔细复查物料的数量和质量，核对是否符合客户或订单的要求。检查完成后，再与样板生产通知单一起交给样板加工厂，以便及时制作样板。如果是核准板/大板用的物料，跟板员必须制作好物料实物卡，交给样板生产部门领取物料或开裁对料使用，实物卡上应注明本次样板所对应的板单编号。另外，有指定洗水或染色方法的产品必须一起将洗水及染色实物标准交给样板生产部门。

四、收集和整理有关样板资料

样板制作前，跟板员应清楚了解客户所有的细节要求，包括款式、尺寸规格、制作工艺、物料种类与颜色、搭配细节、后整理的方法与最终效果等。同时，跟板员还应从各个相关的部门（如资料部、工程部等）或加工厂（制衣厂、洗水厂、绣花厂、印染厂等）中收集与样板制作有关的所有资料，包括面料缩水洗染后整理效果等，加以整理，了解与样衣生产有关的信息并做好周全的准备工作，例如，准确计算物料的损耗量和实际用量，为编写板单做准备。跟板员还应调查样板的制造方法能否配合加工厂的生产，如有疑虑，应立即征询上级主管部门和有关生产部门的意见。

五、编发样板制作工艺单

1. 编写样板制作工艺单（简称板单）

服装板单是制作服装实物样板的工艺技术依据，是服装企业的重要技术资料，跟板员应根据客户要求、样板资料进行细致的分析、整理和翻译，并优化款式图。确定面料、辅料已到达样板生产部门后，根据工厂的实际情况开列板单。编写要求直观明了、工艺方法能适合制作部门的生产方式。在编写过程中，如有疑问或不明之处，应及时与客户联系，咨询清楚。如客户提供实物样品，则应在工艺单上注明"有付板"。

2. 发放板单

板单开列好以后，核对所有样板生产的资料和相关数据无误并经过主观审批后，复印一式三份，连同样板用的面料、辅料一起交给样板生产部进行周期安排，此外，跟单部和客户各执一份，方便各方在跟进和检验样衣时有统一的标准。客供板应该与板单一起交给样板生产部门，样板制作完成后再退回跟板员。

相关样板资料与物料进入板部后，跟板员还需及时跟进样板制作的质量与周期，及时解决板部的问题，协助板部的主管顺利生产样板并按时交货。

六、跟进样板的制作过程

板部根据工艺单的要求，做好样板制作的周期安排。领取样板制作所需的各种物料后，进入样板制作阶段。跟板员在这一阶段的跟单工作主要如下。

① 定期将每个月估计要生产的样板总数量提供给板部，以便板部提前做生产计划和生产车位编排。

② 跟踪样板生产所需的资料、面料、辅料是否已按时交到板部。

③ 提供物料实物样卡、洗水或染色后的标准样给板部，以便板部核对领料和开裁生产。

④ 协助板部解决制作过程中的疑难问题，督促制作的进度，确保样板制作按时完成。

跟板员除了在现场跟进样板制作外，还可以通过电话、传真、电子邮件、QQ 等，每天定时查询样板的生产进度和生产过程中遇到的突发事件，并及时跟进解决。如遇到制作工艺不能达到客户的要求时，应将生产部所提供的具体工艺做法或尺寸修改意见汇总后，及时与客户联系，商讨修订的意见，征得客户的同意后，按照客户新的要求做出相应的修改。同时，做好记录和存档工作，以便客户评审样板有据可查。

样板制作的时间，从开裁之日起计算交板期，跟板员应注意跟进各种样板不同的生产进度。

初板（MA 码 1 件）：4～5 天。

尺码板：一周内。

特急板：2～3 天内（但需由部门经理确认签字方可作为特殊加急样板处理）。

复板或广告板：5 天内。

推销板：2～3 周。

核准板或产前板：25 天内。

生产板、船头板：在批量生产开始后从大货中抽取，无须另外制作。

七、全面核查评审样板

样板制作完成后，由板部的质量管理人员详细检查，确认合格后，再将样板送到跟单部交跟板员进行评审，也可安排跟板员到板部现场评审。样板的核查评审工作就是对样板进行全面检查，包括整体质量检查、量度尺寸、核对款式细节等，并对样板的质量做客观的评价。通过核查评审不同款式的各种样板（试身板、产前板、船头板等）的尺寸、工艺与质量等，以确保服装样板符合客户的要求，取得客户对样板和批量生产的确认。

样板核查评审的流程主要有以下几个步骤。

1. 收集评审样板资料

跟单员在评审样板之前，需先收集与评审相关的资料，这些资料包括订单合同，客供设计草图，开发部提供的审板资料和核查评语，客户对样板制作的修改意见，客户提供的质量要求与生产标准，样板实物卡，面辅料的相关资料，样板生产工艺单，尺码表，板部质量管理人员的质检报告等。

2. 全面评审样板

全面核查、评审样板的主要工作细则。

(1) 核对制板资料　跟板员收到板部发出的样板后，首先要核对所收到的样板是否正确，检查板单的副本和随单的样板是否相符，然后准备好正本板单、客供设计草图、开发部评语等有关评审样板的资料，以便展开样板评审工作。

(2) 量度尺寸　按客供信息资料和本企业生产所用的板单等资料上的尺码表及量度方法，量度服装样板的每个细部尺寸，记录所测量数据，并与制作工艺单和尺码表对比，计算误差值。尺寸误差在允许的范围内（允差值），可视为合格样板。超出允差值规定范围，则视为不合格样板。不同的客户对尺寸的误差有不同的要求，如果客户没有这方面的特殊要求，可参见表 4-6～表 4-9。

表 4-6　机织上装衣物常见尺寸的允差值

样板类别 上装	初板/广告板/摄影板	尺码板/核准板/产前板
胸宽	±1.5cm	±1cm
肩宽	±1cm	±0.5cm
后中衣长	±1cm	±0.5cm
袖窿深	±0.6cm	±0.3cm
衣摆宽	±1.5cm	±1cm
袖长(长袖)	±1.5cm	±1cm
袖长(短袖)	±1cm	±0.5cm
领围	±0.5cm	±0.5cm

表 4-7　机织下装衣物常见尺寸的允差值

样板类别 下装	初板/广告板/摄影板	尺码板/核准板/产前板
腰围	±1cm	±0.5cm
臀围	±1.5cm	±1cm
前档长	±0.6cm	±0.3cm
后档长	±1cm	±0.6cm
裤腿/膝/筒围度	±0.5cm	±0.5cm
内衣/下档长	±1cm	±0.5cm

表 4-8　针织衣物常见尺寸的允差值

下装类	所有样板	上装类	所有样板
橡皮筋腰围(放松量度)	±3.5cm	胸围	±2.5cm
臀围	±3cm	衣摆围	±2.5cm
前档长	±1cm	肩宽	±2cm
后档长	±1cm	后中衣长	±2cm
裤腿/膝/筒围度	±1cm	袖长	±2cm
内衣/下档长	±1.5cm	袖级深	±1cm
		袖窿深	±2.5cm

表 4-9 针织毛衣常见尺寸的允差值

量度单位	3针、5针、7针、9针	量度部位	12针
胸围	±3.5cm	胸围	±2.5cm
衣摆围	±3.5cm	衣摆围	±2.5cm
后中衣长	±2.5cm	后中衣长	±1.5cm
肩宽	±1.5cm	肩宽	±1.5cm
袖长	±1.5cm	袖长	±1.5cm
袖口宽	±1.0cm	袖口宽	±1.0cm
袖窿宽	±2.5cm	袖窿深	±2.5cm
衫脚高/罗纹脚高	±0.5cm	领围	±0.5cm

如果尺寸变化比较大，远远超出尺寸的允差值，则应考虑是否纸样有问题，并检查其他放码后的纸样尺寸是否有误。

(3) 样板质量检查与评语　样板质量检查通常以客户的质量要求作为检验标准，以提供的样板或客户前期已确认的样板为依据对样板进行全面、仔细的检查。对于客户没有提供的一些细节，可以由加工厂订立检验标准。加工厂定的标准一般会比客户的标准稍微低一点，但是新开的加工厂则应把质量标准尽量提高一些，以便尽快提高本厂的综合实力。

样板的检查内容包括款式和缝制工艺是否符合工艺单要求；面辅料及饰物使用是否正确；熨烫效果、折叠和包装方式、洗水或染色湖的颜色和手感是否正确等，以及面辅料是否有断纱、抽纱、少经少纬、结节、色差等现象，生产工艺上是否有跳线、短线、起皱、破洞、漏针线等问题，样板洗水后是否洗水痕、白斑、色差等问题，染色是否有色点、色花等染色不均的现象等。与客户提供的实物样品要认真核对，检查样板是否按照设计人员的意见或客户意见（特别是一些个性化的特殊要求）进行修改。对发现的问题要做出客观的评价，如问题较多或较严重，必须交回板部修改或重新制作。对于典型的生产问题，则需要与有关技术部门商讨解决，检查中发现是手工、面辅料或洗水等方面的问题，则必须认真检查所有样板是否有同样问题。

审板时要注意各个客户的不同要求，有针对性地进行评审。同时需考虑以下各点。
① 考虑这种款式的样板在大量生产时可能发生的每一个细微的生产问题。
② 检查样板所用的面料、辅料以及款式是否均能相匹配，是否按照客户的要求制作。
③ 考虑样板是否适合该工厂生产。

样板检查的数量视样板制作量而定，一般样板制作量为1～15件，则每种颜色抽查2件。样板制作量超过15件，则每种颜色抽查3件。如果问题出现在尺寸上，只需再从样板中按照每种颜色多抽查2～3件，以确定尺寸上是否有同样的问题，若问题仍存在，则必须仔细检查所有样板的尺寸是否合格。如果抽查的样板由于手工、面辅料或洗水等质量方面出现问题，则必须认真检查其他所有样板是否有同样问题。

(4) 填写样板质检评语表　样板质量是否合格，主要是以客户的质量要求作为检验标准。客户没有提供细节检验标准，则由跟单部自行订立检验标准。样板检查完毕后，由评板人填写质检评语表，记录评审样板的相关资料，依据客户的质量要求或自行订立的检验标准，对样板是否合格做定论，并提出修改意见。样板评核表见表4-10。

表 4-10　样板评核表

客　　户		款式编号	
生产季度		面料	
样板类型		洗水方式	
样板尺码		试衣模特	
样板生产部		交板期限	
评板负责人			

评语:1. 来板拉链请改用尼龙细牙拉链。
2. 来板后裤裆过紧,请适量放松。
3. 来板腰围偏大 2cm,请改善。
4. 来板裤脚缉线不平顺,请注意。
5. 来板左右裤长尺寸偏差了 0.5cm。
6. ……

图　示

注:样板附后
核板人:_____　评核日期:_____

样板评核表经评板人、跟板员签名确认,经跟单主管审批后,分别送交跟单部和板部,作为对评定样板是否合格和修改样板的依据。

(5) **样板修改与重做**　对于不符合要求的样板,要退回给板部返工。要求板部对照质检评语表的评语和结论进行核查,按照样板修改意见,进行修改或重新制作。需要重新制作的样板,通常会经部门经理签署做特急样板处理,以期尽快交给客户复核。

对于问题较突出的或较难解决的样板,跟板员需与板部共同研究解决。如果是由于板部的工作疏忽而导致样板重做,则重新订购的面辅料费用一律由板部承担。

(6) **记录评核内容**　跟板员应将样板检查的内容,包括各个部位相差的尺寸及出现的问题详细填写到"查板报告"中,并由查板员及制板部负责人双方签字确认。如果需要重查或重做,应把复查的结果写在同一个报告中,以便日后核对。同时将各项检查结果记录在吊牌上,并将吊牌悬挂于样板上,以便客户审核批示。

跟板员还要将每次样板重做的原因和项目记录在案,汇编成"问题样板总分析"表,为今后的样板制作提供借鉴,并定期召开跟单会议和样板生产会议,总结经验,防止同类问题的发生。

八、寄送样板给客户批复

样板经过跟板员和跟单主管核查评审通过后,需及时寄送给客户批复。具体工作主要有备齐资料和寄送样板。

1. 备齐资料

样板核查无误后,点清每个款式、每种颜色的样板数量,在样板上挂上吊牌,吊牌内列明客户名称、板单编号、款式编号、样板类别、样板尺寸、面料颜色与质地、交板日期、款式描述、备注栏(注明样板的特殊细节以及需注意的事项)等资料,将量度的实际尺寸和客户提供的量度尺寸明细表记录在吊牌背面，同时附上跟单员对样板评审结果的评语，由跟板员在吊牌上签字确认。

2. 寄送样板

寄送样板是跟板员负责将有关样板寄送到相应客户手中的过程。常见送板方式有直接运送和速递投寄等。将样板送给客户时，所附带的样板"出厂纸"一般会注明是需要向客户收取现金，还是只需给客户盖印签收后交会计部处理。投寄给境外客户的样板需要准备进出口文件，包括发票及所需的有关证件，如出口证、入口证、转口证、客户邮箱地址、QQ号等。样板寄出后，应将样板寄出的时间、投寄单编号、样板款式代号、数量等资料通知客户，以便客户查收。

九、分析处理客户审批样板意见

客户收到样板经过仔细评核后，通常会将需要修改或变更的细节一一列出并回复跟板员。这不仅是对样板制作时出现的差错改正，也是客方设计人员根据市场行情变动而做的相应修改和调整，有时也可能是根据服装企业提出的工艺更改要求而做的变动。

跟板员收到客户批复的样板和修改意见后，要做好分析和处理工作。

1. 批复样板存档

跟板员应将客户批复的意见以及寄回来的批复样板进行整理并存案备用。同时将每次样板更改内容和更改日期用简单的语言描述，记录在样板修改意见表中，与客户的批复意见一起归类存档，便于日后查核。此外，还应保存与客户面辅料供应商、服装加工商互通样板往来的各种邮寄凭证，以便随时复查和验证整个跟板过程。

2. 分析客户批复报告

跟板员要仔细整理客户批复、修改意见，详细填写样板修改记录表（表4-11），然后与板部一起分析客户修改意见的合理性、成本变动情况和生产的可操作性。对难以达到的修改要求或由于修改而导致成本增加等情况，应向客户充分解释，并与客户协商新的可行性修改方案。

表4-11 样板修改记录表

生产季度		客户		款式编号	
板单号		板样类型		交货期	
样板厂		面料			
更改日期	更改资料				负责人
……	……				
2009-4-3	更改前袋袋口的工艺处理方法				×××
2009-3-31	更改衬料颜色,编号为:5211#				×××
2009-3-28	更改款式,详见款式图				×××
2009-3-21	更改……				

3. 处理客户批复意见

跟板员应及时向主管递交客户样板修改意见表，经主管审批后，连同客户批复和其他资料一起分送相关部门的工作人员，如面辅料采购员、纸样师傅、板部主管、生产主管、质检员等。收到批复意见的工作人员要根据客户样板修改意见，对样板逐项进行核对和修改，以免下一阶段样板制作和大货生产时发生同样的错误。

对于需要重新制作的样板，跟板员收到可行性的客户复板和客户修改意见后，应立即将资料一起交给样板生产部门，重新安排样板的生产工作。此时，跟板员需重新跟进样板的操作流程，有时甚至要通过数次修改，直至客户最终确认样板为止。

十、做好跟板记录

跟板员要做好跟板工作记录，将每个季度或每半年所完成的样板按照客户名称、制板部门、样板交货期、尺寸核实情况以及质量达标率和复核修改样板的次数等资料输入计算，汇编成样板跟单综合评核总表，作为评核板部工作的依据，为日后重新选定样板加工厂提供参考，并定期召开有关部门会议，进行样板评核分析。

十一、结算制板费用

样板制作完成后，应及时向客户发出样板制作费用结算单，详细列明样板制作的各项费用。特别是样板制作数量较多时，跟板员要敦促客户及时结算清款。当然，对于信誉良好的老客户可以考虑在大货生产完成后一起结算。

此外，还应注意按时与样板加工厂或生产部门进行结算，及时付清样板加工费用。目前，许多服装企业的做法是专门给样板加工厂一定数量的资金定额作为样板制作费用，这主要是视企业的实际情况而定。

第四节　样板跟单注意事项

服装样板跟单工作是争取客户订单的重要前提和基础条件，样板跟单工作做得好，可以大幅度提高订单的成功率，再麻烦的客户也会变得容易应付。同时，成功下单后的样板是大货生产的依据和标准，做好样板跟单工作，能减少大货生产时的许多问题，生产流水线也会变得顺畅。因此，为了实现成功接单和大货生产达到质量、成本、交货期三方面的要求，减少各种事情的发生，在服装样板跟单的过程中要注意以下几个方面。

一、熟练掌握外语和专业知识

服装跟板员要对面料的基本特性有所了解，对服装生产的备料开裁、缝制工艺、后整理、检查、包装等整个生产过程的运作情况和每个程序潜在的问题及其可能影响的因素都要掌握，以便正确回答客户的咨询，帮助生产部解决生产问题，使样板能尽快获得客户的确认。

由于跟板员经常需要直接与海外客户打交道，所以，除了要掌握全面的服装生产专业知识外，还应具有较好的外语会话和书写能力，以便在海外客户联系沟通中，直接与客户对话，回答客户的咨询，准确表达服装专业方面的术语，正确领会客户的设想和要求，减少中间翻译的误差。

二、认真核算成本和准确报价

跟板员在客户批复确认初板后，要开始准备好订单批量生产的报价资料的收集。报盘直接关系到订单生产的利润，要特别谨慎认真。如果成本或是报价出错，会对整个款式的大货生产带来很大的损失。所以跟单员应要求纸样师傅在制作纸样图稿的同时准确排算出所有面辅料的准确用量及其损耗量，收集物料部采购面辅料的价格，并获取工程部或生产部门测定各个工序的生产工时，以便作为成本核算的基本资料。

一般报盘、还盘等工作会由经理主要负责，跟板员向客户报价须经主管审批，并由主管直接负责后续的还盘、定价工作。给客户报盘时，要把主要生产成本向客户列明，使客户对订单的生产成本和报价的准确性更为信服。所有成本核算和报价资料完成报盘后都要进行归档管理。

三、分析客户的个性需求

通常企业在制作初板时，客户只是提供设计图稿或某些关键部位的参考模型，客户的初步构思则需要跟板员做进一步了解，因每个客户都有一定的习惯和喜好，所以跟板员在与客户磋商过程中，应详尽了解客户设想构思及对生产工艺、款式细节的要求，如固定的裤筒外形、商标固定的方法和位置等，许多客户都有自己的风格，除非客户提供专门的文字说明或修改提示。同时，还应耐心倾听客户的意见，细心分析客户所在地的民俗习惯和地域特色、客户对服装的个性化喜好等，要学会总结不同客户的特点和喜好，才能作到更好地迎合客户的要求，提高客户满意度。

四、积极准备制板用资料

样板制作前，跟板员首先应明确试制样板的种类、目的、方法、数量、交板期、交板地点以及客户的特殊要求。同时要认真填写板单，并交由部门主管确认签字以后，方能生效分发。如果随单附有实物样本和后整理样本等，必须连同服装样板制作工艺单一起送交样板跟单部门或人员。开样前，还应召开生产说明会议，对承担试制的生产部门解释清楚客户的要求、款式细节和注意事项。样板试制所涉及的所有生产方式和工艺规格、使用的设备均要得到样板生产部门的认同，以防制作出错。同时，做好详细记录，保证样板的质量。

制作订单前期，样板可以选用与客供样板相似的面辅料。选择代用料时，应尽量选用组织成分、质感、重量、悬垂性、色泽等与客供样板用料一致的面辅料，以防服装最终效果发生变化。如，同样的牛仔面料，选用不同重量的面料会使整件服装在后整理以后的效果发生变化。跟板员应熟识物料的各种性能、使用限制、生产困难度及其最新进价等信息，以便恰当选用原材料，在能尽快满足客户要求的基础上又能利于公司报价和生产。主辅料的颜色应与款式图、纸样或参考实样相一致。选用物料时还应考虑日后批量生产时采购的方便程度、交货时间以及成本等因素。

五、控制样板数量，简化生产

跟单员应尽量控制试制的样板数量，以免试制效果不理想而需要太长的返工时间，控制样板的生产数量还可以减低生产成本。待到样板试制成功后，再按照各个不同的尺码和颜色加大制作的数量。对于一些款式简单或已经生产多次的样板，可以本着高效的原则灵活处理，简化生产程序。

制作样板时要考虑制作工艺与客供原样的一致性，还应考虑样板的生产工艺能否适用于本工厂的批量流水生产，同时要尽量改良工艺，在不影响服装外观的前提下，将做工复杂的工艺尽量简化，提高生产效率，降低成本。

六、仔细查验和评审服装样板

样板制作出来后，跟板员首先要仔细检查所有样板的物料、合体度、工艺制法、洗水、包装、质量水平等。对于样板中某些部位运用较难的工艺制作方法，初入门的跟板员可以请设计师或资深的生产师傅一起检查样板是否已达到客户要求的标准。

每次跟踪样板时，跟板员均应首先亲自检查一次样板，然后，再陪同客方质量管理员一起检查样板。同时，在整个跟板过程中碰到的每一个细微问题、注意事项和查板时出现的所有问题均应详细记录下来，及时与跟单部主管和样板生产部门主管共同商讨，确定合理的改进方案，再将改进措施记录在板单上，避免日后制作大货时发生同样的问题。

七、充分考虑大货生产的难度

样板是否适合批量生产，是企业在制作样板时特别需要注意的一个问题，有些样板虽然板部能按客户的要求制作出来，但如果制作工艺难度太大或品质要求过高，投入批量生产会大幅提高生产成本，大货的品质水平也会比样板低，从而导致生产的难度也加大。因此，跟板员在核查样板时，要特别注意样板制作工艺的每个细节，考量各个部位制作工艺的繁简程度，对照生产部门的技术水平和生产能力，预测生产总可能会出现的问题，尤其是对样板中某些制作难度较大、工艺较为复杂部位的制作方法，要向板部了解清楚，详细做好记录，并向生产部门主管咨询能否适合批量生产，预测产品投入大量生产后的效果能否达到客户要求，各个部位制作工艺的繁简程度以及是否能尽量减低工价等。这些问题都会影响到日后大货投产时企业是否盈亏，所以，跟板员应准确预测订单生产的每个细节可能出现的问题，评估企业的生产技术水平和生产能力，即时解决问题。

如果由于企业的批量生产现状受限制，无法达到客户的工艺要求或质量要求，必须明确通知客户，与客户商讨既能保持样板质量又适合批量生产的工艺改进方法，以确保大货顺利生产。同时注意以后接洽客户订单时，能及时发现一些生产上可能出现的问题，引导客户制订既具有独特风格又适合企业批量生产的服装产品。

八、耐心跟进客户的修改意见

每一款样板都需要客户的反复批核确认。客户会根据样板的实际情况给出评语要求，以便工厂下一次制作样板时及时改善，因此，对每一种样板的修改可能会出现客户提出修改意见时，既要注意听取客户的要求，细致跟进每一次样板的制作过程与修改细节，及时更正工艺要求，减少样板修改次数，又要积极提出专业性的建议，给客户提供有价值的参考，争取客户的认同。对客户的每一次批复修改，都要及时清晰地向板部和其他相关部门传达，务必使各个相关部门和工作人员了解清楚。

九、严格控制样板用料与交货期

样板制作时，一定要本着"节约成本，降低消耗"的原则，提高物料的使用率，为客户提供质优价廉的样板。制作初板时，如时限较短，物料采购一时跟不上，可以与客户协商，用一些相近的物料暂时替代。样板中常用的商标、带条、拉链等辅料，尽量用仓存物料。同时为了方便订料，通常会将类型相近的样板安排在同一季节生产，以便将所用的物料集中订购。

准时交货是衡量一个企业是否守信的重要标准。跟板员要根据样板的交货期，即时催促板部尽快完成制作。由于样板技术部需要制作大量的样板，如果跟板员不及时跟进所需要的样板，就会被其他订单的样板插队，尤其是特急样板，交货期限一般都比较短，跟板员应及时与技术部或板部联系，提前排期，尽快把客户资料交给技术部或板部进行开裁制作，以免延误交板日期，影响企业的信誉。但催样板时要注意讲究技巧，此时与相关部门和人员的沟通就显得格外重要。

经检查不合格的样板要安排重新制作，跟板员要直接与板部或技术部沟通，避免不必要的延误和错漏。有缺陷的样板如果交到客户的手里，不仅给客户留下不负责任的印象，样板也会被要求重新返工，如此来回递送所浪费的时间只有从工厂后续的生产时间中挤压，客户并不会延后交货期。所以，这就要求跟板员懂得如何节省时间、提高效率，以期能尽快获得客户的确认。

样板寄送客户后，跟板员要作好寄送时间登记，一定时间以后还要及时催促客户回复确认结果和批复评语，以便再安排下一次样板制作。特别是产前板，要明确通知和提醒客户批复的时限，以保证大货生产有足够的时间。

总之，跟板员要严格控制样板的生产过程和审批进度，以免延误交板日期，造成不必要的损失。尽可能不浪费时间，因为这一阶段完全是跟板员可以控制的。

第五节　服装样板跟单案例

【案例1】　西裤样板的检查方法与要求

以下是某工厂关于男装西裤样板的检查方法与要求。

① 前插袋要求左右对称，袋口圆顺，线迹平直美观，无跳线、打结等现象。

② 后袋袋形要左右对称，袋形中正不倾斜，袋角无高低不平、起皱、爆裂等现象。

③ 前裤裆平顺无褶皱，前门襟要求平伏不反光，线迹圆顺，线距宽度均匀。

④ 固定于裤腰上的主商标位置要求中正不倾斜，裤襻长度要求一致，左右对称。

⑤ 西裤左右侧缝长度要求一致，不能出现左右裤脚长短不齐的现象。

⑥ 裤脚围卷折的缝份要均匀，左右对称，不能出现走空针（俗称落坑）线迹或缝边爆裂的现象。

⑦ 所有露在正面的线迹均要求美观平直，无搭接现象，工艺方法要完全按照客户和制单的要求。

为避免大货生产出现问题，加工厂在大货生产之前一定要将产前板交给贸易公司批核后，才能正式开裁投产。

【案例2】　×××公司要求试制的常用样板名称

不同的公司有不同的样板称谓、定义和制作步骤要求，因此，很难用一个名称来概括所有公司的样板，下面以几家公司常用的样板名称为例，说明各个公司对样板的不同要求和常见的样板生产流程。

（1）×××客户要求试制样板的种类和制板过程

①初板（含多次修改的复板）；②尺码板；③头缸洗水板（含测试板）；④核准板（含技术板、色板、修改复样板等）；⑤产前板；⑥大货洗水板；⑦船头板。

（2）×××客户要求制板的种类和制板过程

①初板（含多次修改的复板）；②款式终审板和国际服装测试板；③尺码板（含多次的修改复样板）；④核准技术板；⑤存板；⑥产前板；⑦测试板；⑧船头板。

（3）×××公司的试制样板的种类与预售过程

①初板（含多次修改的复板）；②款式终审板和国际服装测试板；③核准板（含多次修改的复板）和试身板；④全体市场会议或区域市场会议或董事市场会议；⑤国际预售或美国预售；⑥销售板1、销售板2、销售板3；⑦尺码板；⑧洗水测试板；⑨产前板。

（4）×××公司要求制板的种类和制板过程

①初板（含多次修改的复板）；②预售板；③媒体发展板；④试身板；⑤估价板（QRS）；⑥洗水测试板。

【案例3】 制作服装样板时必须考虑到大货生产的情况

有一间加工厂的仓库积压了许多产品，而且需要返工的服装堆满了整个产生现场，于是，全厂动员加班加点，工人怨声四起。经了解，发现是由于客方QC人员检验产品时，由于样板与大货产品质量相差甚远，导致几批订单无法正常出货。而实际上产品的质量并没有太大问题，按理应该能顺利出货。

原来是跟单员早期提交给客户的核准板、产前板、船头板的质量水平过高，导致大货生产的水平也必须跟着提高。造成成品与客户要求相差很大。

点评：大货生产毕竟与样板生产有所差别，跟板员应全面了解客户的质量要求和加工厂的实际生产状况、质量管理水平等，再根据实际情况控制样板的质量标准，只需满足客户目前的要求即可，切勿一味追求高标准，忽视了客户的要求，造成最后交易失败。

【案例4】 提交样板时应注意的问题

一批牛仔裤生产已进入包装阶段，此时客户要求寄船头板，跟单员便从大货中挑出一条牛仔裤，顺手对折后就将裤子装入塑料袋寄往客户所在地。

第二天，客户发来的传真指出裤子的折法有错误，要求特派他们QC人员过来拆箱复查，并重寄船头板，否则不能交货。而实际上，服装企业已经完全按照客户的要求包装好所有的大货服装，但由于所寄样板随意折叠，此时客户根本听不进任何解释。跟单员只好陪同客户的QC人员折包检验，再重新一一包装。

点评：跟单员的一时疏忽，会导致企业不必要的资源浪费和经济损失。所以即使是样板跟单，跟单员也要认真对待每一个细节，尤其是后续的样板制作，应尽量按照订单内容和大货要求来提交样板，包括折叠、包装方式。要克服"无所谓、没关系、差不多"的态度。

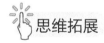
思维拓展

服装样板制作

1. 款式样

公司接到订单以后，提供图纸样或者参考实样，供工厂制作样办-款式样，以便供客人的设计师观察款式效果。这时应注意的几个问题。

① 打款式样的时候，面料用相似的面料，但必须有相似的布性能，例如摇煤粒绒衣须用克重基本上一样的摇粒绒布却不可以用没有摇粒或者说用其他种类的布，这就使整个服装的性能发生变化。

② 要考虑到做工上的一致性，整个服装看起来与原样相似，做这件款式样时还应考虑

做工上的改进，衣服的做工要能适用大批流水作业。一些做工复杂的地方应把它改掉，但做工上的更改不可以影响服装的外观。

③ 辅料上的使用应考虑将来的采购以及成衣的成本。

④ 主、辅料颜色要与图纸样或者参考实样相似。

2. 批办样

款式样完成以后送到客人手里经常性地进行更改，这种更改不仅仅是差错更改，而是客人的设计师要根据市场行情发生变动。同时根据工厂的做式提出相应的变动。根据客人的更改，原则上，用正式主辅料制作样衣-批办样，根据提供的款式样和样品规格表中具体要求逐项进行操作。

3. 大货产前样（封样）

完成了上几个步骤以后。主、辅料生产厂方可进行原辅材料的大批生产。成衣生产厂待所有的主辅料生产出来以后，用正确的主辅料，所有的主辅料都必须用以后生产中要用的料再次进行打样。这个样品必须是百分之百的正确材料，正常情况下是不允许再用代用品，对于大货产前样必须非常的慎重，一旦大货产前样（封样）被客户批准合格后，方可大批开裁，大货的生产就按此样衣。

4. 推销样（船样）

大货生产完成以后。

思考与练习

1. 简述服装样板在整个订单贸易与生产过程中的作用。
2. 简述服装样板的种类以及各种样板在整个生产过程中的制作顺序。
3. 简述样板用料的供应途径与采购流程。
4. 详述服装样板跟单的工作流程。
5. 请设计一份跟进各种样板进度的表格，并举例说明怎样才能有效跟进样板的生产进度。
6. 作为一名样板跟单组的主管，该怎样培训新到任的跟板员，才能减少后续生产问题的产生？

第五章 面辅料跟单

学习目标

通过学习本章，可以了解掌握在面辅料跟单过程中的一些必备的知识，熟知面辅料的种类、特性、识别方法和技巧，为服装企业面辅料的进一步开发与研究、拓展营销市场及管理夯实基础。

面辅料跟单是服装跟单的重要组成部分，面辅料跟单的主要任务是跟踪、协调、组织管理订单生产所需要的面辅料的采购和供应，以确保订单生产所需物料按要求（颜色、规格、数量、质量）准时供应到生产部门。

第一节 面辅料采购跟单概述

一、面辅料采购跟单总流程

面辅料跟单是确保大货生产顺利进行的重要前提。面辅料跟单关系到客户、面料部门、供应商等多个部门，需要各部门通力合作、紧密配合。跟单部作为其中的统筹部门，对整个订购过程起到全面的跟进和监督管理作用，因此，跟单员要加强与各相关部门的沟通、协调，确保完成面辅料采购测试任务，为大货生产创造条件。

面辅料的采购跟单流程图分别见图 5-1、图 5-2。

二、面辅料跟单工作职责

面辅料的种类繁多，跟单任务繁杂，跟单员必须明确责任，认真做好面辅料跟单的各项日常管理工作，才能保证面辅料采购跟单任务的顺利进行，保证订单生产顺利完成，避免因面辅料的问题影响到订单生产，同时，这也是争取更多客户订单至关重要的前提条件。

面辅料跟单工作职责包括：

① 面辅料开发与供应商信息建立与评估；
② 发出生产计划给面辅料部；
③ 整理所需订购的物料品种并分类记录；
④ 为客户或生产部提供物料报价服务；
⑤ 联系面辅料制造厂家，跟时面辅料样板的制作进度；
⑥ 核查面辅料样板，并跟踪客户对面辅料样板批核与修改意见；
⑦ 反馈客户批核意见给物料部或供应商，并及时跟进面辅料翻修的效果；
⑧ 制作面辅料标准卡并发放给相关部门；
⑨ 预算、核对面辅料用量，并协助清查仓库的存货情况；
⑩ 填写并向物料部发出"物料订购清单"，同时协助物料部门订购物料；

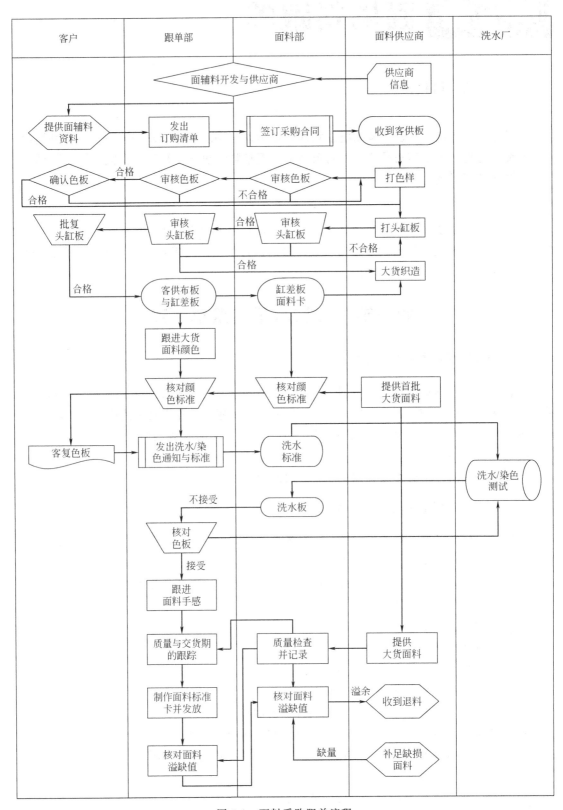

图 5-1 面料采购跟单流程

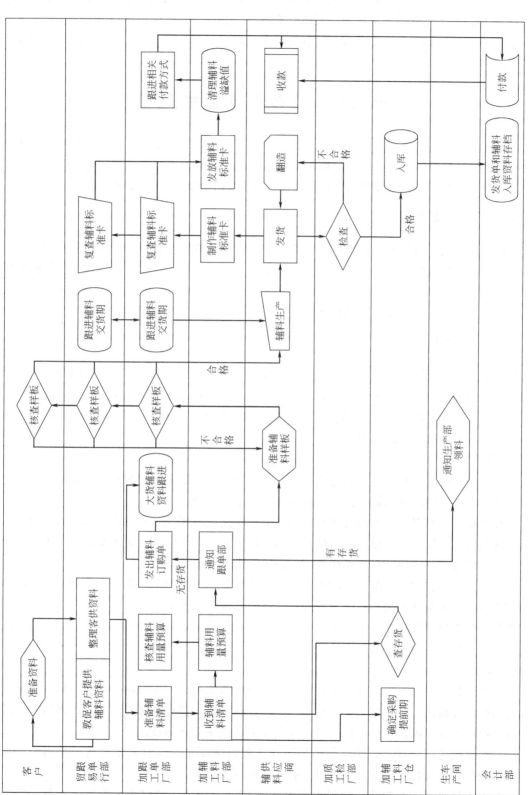

图 5-2 辅料采购跟单流程图

⑪ 发出面辅料订购清单，督促面辅料生产进度，定期检查质量，督促按时交货；

⑫ 协调、组织大货面辅料运输、查验、点收等工作；

⑬ 核查面辅料到厂后合格品数量的溢缺情况，做好订单生产完成后剩余面辅料的返还、转运工作。

第二节　面辅料基础知识

面辅料是服装在制作过程中所要用到所有材料，它对服装的款式、造型、工艺质量和价格水平产生直接影响。跟单员要做好面辅料跟单，就必须要了解和掌握面辅料的种类特点等知识，以便在跟单的过程中能避免或解决生产中所遇到的问题，保证服装的品质。

一、面料种类及特点

面料是服装制作所用的主体材料，它的结构、性能及整理性能直接影响到服装的品质。

服装面料根据组织结构可分为机织物、针织物、非织造物和其他面料。其中机织面料是各种服饰的常用面料，针织面料因其性能柔软舒适且具有良好的弹性、延伸性而成为运动服、休闲服、内衣、婴幼儿服装的首选面料。

（一）机织面料

机织面料是由相互垂直排列的经、纬两个系统的纱线，在织机上按照一定的规律上浮和下沉来形成的织物。根据其组织结构的复杂程度可分为基础组织、变化组织、复杂组织等。而基础组织又称为三原组织，包括平纹、斜纹和缎纹组织。按照纤维原料的成分可以分为棉、麻、毛、丝、化学纤维等织物。

1. 平纹组织

平纹组织是所有面料组织中最为简单而使用最多的一种组织。与相同规格的其他组织的面料相比，平纹组织的面料最轻薄。其表面平坦，正反面外观相同。

平纹组织是由两根经纱和两根纬纱一上一下相间交织而成的。是所有织物组织中交织次数最多的组织，纱线弯曲次数最多，使得织物结构紧密、质地坚牢、耐磨而挺括，手感较硬挺，表面光泽较差，弹性较小，织物的正反面特征无明显差异。

平纹组织在织造时如果配以不同的原料、纱线密度、经纬密度、捻度和捻向、经纬色纱或采用不同的上机条件可织出各种不同外观风格和物理性能的织物。

平纹组织在夏季服装面料最为多见，常见的平纹织物有府绸、雪纺（图5-3）、乔其纱、凡立丁、电力纺等。

2. 斜纹组织

斜纹组织最少要有三根经纱才能构成一个完整的组织循环，在织物表面呈现出清晰的经纱或纬纱的斜形纹路，并贯穿于整幅布中。通常经纱形成的斜纹叫做经面斜纹，而纬纱形成的斜纹叫纬面斜纹；根据其外观效果可以分为单面斜纹和双面斜纹。

与平纹组织的面料相比，斜纹组织的面料比较致密厚实，面料光泽提高，手感较为松软，弹性较好，抗皱性能提高，使面料具有良好的耐用性能。

斜纹组织的服装面料较多，常见的斜纹面料有：牛仔布、斜纹布、哔叽、卡其、美丽绸、斜纹绸、羽纱等。

图 5-3 雪纺面料

3. 缎纹组织

缎纹组织又称色丁面料，是三原组织中最复杂的一种结构，其经纬纱交错次数最少。缎纹组织通常采用无捻或弱捻纱线织成，使织物呈现多彩绚丽的提花，织物正反面有明显的差别。正面平整、光滑，富有光泽，容易反射光线。

缎纹组织分为经面缎纹和纬面缎纹，面料正面呈现经浮长居多的，称为经面缎纹；面料正面呈现纬浮长居多的，称纬面缎纹。缎纹组织面料比平纹、斜纹组织面料厚实，质地柔软，富有光泽，悬垂性好，但是耐用性能低，容易勾丝、磨毛、磨损。

缎纹组织有在丝织物中应用最多，常见的品种有横贡缎、直贡呢、软绉缎、桑波缎等。

（二）针织面料

针织面料是利用织机把一个系统的纱线弯曲并相互串套形成织物，根据其喂入纱线的方向，可以分为经编面料和纬编面料两大类。针织面料具有良好的弹性、延伸性、手感柔软、保暖性好、吸湿性强。但是容易脱散、卷曲，易起毛、起球和勾丝。

针织物一般用来制作内衣、紧身衣和运动衣、休闲服，近年来，针织面料也被广泛用于婴幼儿服装、老人残疾人服装和各种家纺用品、汽车用纺织品、医用纺织品领域，用途非常广泛。

（三）非织造布

非织造布又称无纺布，或者不织布。它是一种利用高聚物切片、短纤维或长丝通过各种纤网成形方法和固结技术形成的具有柔软、透气和平面结构的新型纤维制品。非织造布突破了传统的纺织原理，并具有工艺流程短、生产速度快，产量高、成本低、用途广、原料来源多等特点。

1. 无纺布的用途

无纺布的主要用途大致可分为以下几类。

(1) 医疗、卫生用无纺布　手术衣、防护服、消毒包布、口罩、尿片、民用抹布、擦拭布、湿面巾、魔术毛巾、柔巾卷、美容用品、卫生巾、卫生护垫及一次性卫生用布等。

(2) 家庭装饰用无纺布　贴墙布、台布、床单、床罩等。

(3) 服装用无纺布　衬里、黏合衬、絮片、定型棉、各种合成革底布等。

(4) 工业用无纺布　过滤材料、绝缘材料、水泥包装袋、土工布、包覆布等。

(5) 农业用无纺布　作物保护布、育秧布、灌溉布、保温幕帘等。

(6) 其他无纺布　太空棉、保温隔音材料、吸油毡、烟过滤嘴、袋包茶袋等。

2. 无纺布的种类

无纺布根据生产工艺的不同可以分为以下几类。

(1) 水刺无纺布　是将高压微细水流喷射到一层或多层纤维网上，使纤维相互缠结在一起，从而使纤网得以加固而具备一定强力。

(2) 热合无纺布　是指在纤网中加入纤维状或粉状热熔黏合加固材料，纤网再经过加热熔融冷却加固成布。

(3) 浆粕气流成网无纺布　又可称作无尘纸、干法造纸无纺布。它是采用气流成网技术将木浆纤维板开松成单纤维状态，然后用气流方法使纤维凝集在成网帘上，纤网再加固成布。

(4) 湿法无纺布　是将置于水介质中的纤维原料开松成单纤维，同时使不同纤维原料混合，制成纤维悬浮浆，悬浮浆输送到成网机构，纤维在湿态下成网再加固成布。

(5) 纺粘无纺布　是在聚合物已被挤出、拉伸而形成连续长丝后，长丝铺设成网，纤网再经过自身黏合、热黏合、化学黏合或机械加固方法，使纤网变成无纺布。

(6) 熔喷无纺布　其工艺过程：聚合物喂入→熔融挤出→纤维形成→纤维冷却→成网→加固成布。

(7) 针刺无纺布　是干法无纺布的一种，针刺无纺布是利用刺针的穿刺作用，将蓬松的纤网加固成布。

(8) 缝编无纺布　是干法无纺布的一种，缝编法是利用经编线圈结构对纤网、纱线层、非纺织材料（例如塑料薄片、塑料薄金属箔等）或它们的组合体进行加固，以制成无纺布。

(四) 其他面料

除了以上面料外，裘皮、皮革和人造革、合成革等仿皮面料也用于制作服装。此外，目前市场上流行的面料还有消光面料、绒面料、弹力面料等。

1. 裘皮和皮革

从动物身上剥取的带毛的皮称为生皮，生皮经过鞣制加工后的带毛的皮称为裘皮；生皮经过鞣制加工后的光面或绒面的皮板称为皮革。

裘皮和皮革都有天然的，人造的和合成的。天然的裘皮和皮革是用动物皮制成；人造的是在棉、麻、化纤等纤维织物上涂上一层化工材料制成；合成皮又称为仿毛或仿皮材料，是在一层非织造底布上，用树脂涂饰面成。仿毛皮是近年来兴起的一种新型面料，品种多样，色彩丰富，牢度好、易打理、光泽佳，并且价格低廉，使用范围广。目前常见的有PU人造革、仿羊皮、仿鹿皮、压花仿豹皮等。

2. 消光面料

消光面料是采用消光丝生产的织物面料，布面光泽柔和、手感柔软、新颖时尚。品种有消光尼丝纺、消光塔丝隆、消光锦棉绸、消光春亚纺、消光涤塔夫等。

3. 绒面料

绒面料是表面有绒毛的面料。其表面绒毛丰盈、手感糯柔、舒适保暖、用途广泛，品种有鹿皮绒、桃皮绒、钻石绒、雕印植绒、麻灰绒、天鹅绒、弹力绒、圈圈绒、摇粒绒等，可以用来制作休闲夹克、风衣、大衣、童装及玩具饰物。

4. 弹力面料

弹力面料具有较大的弹性，比如弹力牛仔就是用弹性包芯纱做纬纱进行纺织而成，穿着舒适、伸展自如、不易变形，适合不同体型的人穿着。常见的弹力面料有弹力府绸、弹力贡缎、弹力罗缎、弹力卡丹绒、弹力雪纺、弹力锦棉绸、弹力鹿皮绒等。

二、辅料种类与特点

服装辅料是指除面料以外所有用于服装上的材料，它是服装不可或缺的部分。根据服装辅料的作用可分为里料、衬垫料、填料等。生产用辅料还包括包装材料，比如大头针、夹子、领口胶托、领撑胶条、衣架、纸板、防潮纸、防皱胶条、胶袋、纸箱等。

（一）里料

里料是指服装最里层的材料，是用来部分或全部覆盖服装面料或衬料的材料，也可称为里子或夹里。里料具有使服装挺括美观，提高服装保暖性，增强服装立体感，使服装穿脱方便，保护面料等功能。

常见的里料有以下几类。

（1）棉布类　粗布、条格布、绒布等。

（2）丝绸类　塔夫绸、花软缎、电力纺等。

（3）化纤类　美丽绸、涤纶塔夫绸、锦纶绸、彩旗纺、高密春亚纺、锦纶丝交织提花类里料、喷水色丁缎等。

（4）混纺交织类　羽纱、棉涤混纺里布等。

（5）毛皮及毛织品类　各种毛皮及毛织物等。

（6）针织类　经编网眼面料、经编绒等。

选用里料时要注意纤维成分、缩水率、色牢度、厚度、颜色等性能与面料性能保持一致。此外，还要根据不同的季节和款式选择合适的里料，如夏装要选择触感凉爽轻薄的里料，冬装要选择厚实保暖的里料，运动装要选择有弹性的网状针织里料。

（二）衬料

衬料是指用于服装面料与里料之间，附着或黏合在衣料上的材料，它具有硬、挺、弹性好的特点。衬料通常用于服装的衣领、前襟、袖口、袋口、腰头、衣摆边缘、前胸等部位，起到增强服装的牢度和抗皱能力，使服装平整美观、挺括饱满，以及保型和支撑的作用。另外，加有衬布的衣片，在缝制时可以更加方便。

衬料的主要品种有以下几类。

（1）棉布衬　常用的有粗布衬、细布衬。

（2）麻衬　麻布衬、平布上胶衬。

（3）动物毛衬　马尾衬、黑炭衬。

（4）化学衬　黏合衬、树脂衬、薄膜衬等。

(5) 纸衬。

(6) 垫料。

服装的垫料是为了使服装穿着合体、挺拔、美观而衬垫于服装服装局部的材料。其作用是在服装的特定部位起支撑和铺垫的作用，使该部位能够加高、加厚、平整或起隔离、加固或修饰的作用，达到满意的造型效果。常用于服装的胸部、肩部、袖山及臀部。

（三）填料

服装填料是指服装面料与里料之间起填充作用的材料。用于服装的填料的主要作用是增强服装的保暖性，也有的是作为服装的衬里以提高服装的保型性或增加绣花或绢花的立体感。随着新材料的不断涌现，还有利用特殊功能的填料以达到降温、保健、防热辐射等功能。

填料根据其形态可分为絮类填料和材类填料。

(1) 絮类填料　是指未经过纺织的纤维或羽绒等絮状的材料。它没有固定的形状，使用时要有夹里。主要品种有棉絮（棉花）、丝绵（蚕丝）、羽绒（鸭绒或鹅绒），以及骆驼绒、羊绒、和化学纤维絮棉等。

(2) 材类填料　是指由纤维纺织成的絮片状材料。它有固定的外形，可根据需要裁剪，使用时可不用夹里。它主要包括绒衬、驼绒、长毛绒、毛皮、泡沫塑料和化学纤维絮片（涤纶棉、腈纶棉、太空棉、中空棉）等。

一些特制服装需要采用具有特殊功能的填料，如劳保服装采用有热防护作用的填料；宇航服装采用具有散热、防辐射功能的填料。另外，在选用面料、里料时，需要有一定的防穿透性能，如选用组织细密或经过涂层的羽绒布，以防脱绒。

（四）线类材料

线类材料是指连接服装衣片以及用于装饰、编结和特殊用途的材料，它是服装加工中不可缺少的辅料。主要包括缝纫线、工艺装饰线和特种线。

(1) 缝纫线　指用于连接衣片等的线，其原料有天然纤维、化学纤维和合成纤维三种，在服装生产中应用极为广泛。

(2) 工艺装饰线　指用于突显工艺装饰效果的线，主要包括绣花线、编结线和镶嵌线三类，根据不同的特点应用于各种服饰用品中。

(3) 特种线　指根据特殊需要而设计制成的线，例如，缝制具有阻燃功能服装的阻燃线，缝制具有防水功能服装的防针脚漏水的缝线等，它们用途专一，成本较高，适用范围小。

（五）商标

服装商标是专用于服装的特定标识，其特有的艺术装饰性能够点缀服装的整体形象，是消费者认识商品的重要媒介，同时也可以树立品牌形象，增强企业在市场中的竞争力。对于服装消费者而言，服装商标是指导购买服装的系列指引，消费者从商标中能获知商品的成分、尺码、质量、规格、产地、厂家、价格、洗涤和保养方法等信息。

常见的服装商标有成分商标、水洗商标、尺码商标、注册商标、产地商标、价格商标、条码商标等，也有一些特殊的大型图案商标。

(1) 注册商标　又称主商标，是服装企业专用的产品标识，用于区别其他制造商或服装的文字、符号、图案等，能吸引人的视觉，并产生强烈的感染力，以提高服装对顾客的吸引力。主商标的特点要求明快简洁、醒目、有特色。

（2）成分商标　是标注产品所用原料组成成分的商标。成分商标一般与水洗商标合在一起。消费者可以根据成分商标上的标示选购服装和对服装进行正确保养。对不同的用料，应将各种用料分开标注。为方便消费者阅读，外贸出口服装一般都采用进口地的文字语言表达。

（3）水洗商标　标明服装洗涤方式以及需要注意的保养指示，可以指导消费者采用正确的洗涤、护理方法，提高服装使用年限。不同的国家采用不同的洗涤商标标识，常用的水洗商标主要包括水洗、干洗、晾晒、漂白、熨烫五种基本标识，衍生出的几十种标识代表不同的护理方式（如 30℃水洗，不可氯漂）。所有水洗商标及标识里的信息必须牢固、清晰地固定在服装上。

（4）尺码商标　是用于表示产品规格的标识。同一尺码在不同国家和地区有不同表示方法。服装规格必须与尺码商标上的标识相符，引导消费者正确选购。服装企业通常会先根据不同体型设定一套成衣尺码代号，如 S 码、XL 码或 9 码、11 码、13 码等。商标并且各地制造商还会根据企业产品和消费群的特点采用适合的尺码标识，如衬衣根据领围或胸围标示尺码代号，童装根据儿童年龄或身高编制尺码标识（童装 5 号表示适合 5 岁儿童穿着，童装 115 表示适合身高 115cm 的儿童穿着）。

（5）其他商标　服装商标还有产地、价格、条形码、主题图案、环保等商标。产地商标是产品生产地的标志，例如"Made in China"。图案商标通常出现在童装、T 恤、运动服上的一些装饰性图案或花纹中，或者是专门为某一活动而设计的主题图案商标。环保商标是标明纺织品是否含有甲醛、杀虫剂、P.C.P 重金属、芳香胺禁用染料等对人体有害物质。出口纺织品必须有环保商标才能顺利出关。条码商标是零售业商场管理商品的一项技术。它能使售货程序更准确、快速，提高零售动作效率。

（六）扣紧材料

扣紧材料是服装中具有封闭扣紧功能的材料，又称系结物，是将衣物敞开的开口部位紧密连接起来，使衣服更加舒适合体和方便穿脱。同时，扣紧材料可以保护肌体，起到卫生保健的作用。扣紧材料还兼具装饰性能，用以突出衣服的外形，使衣服更加美观。此外，昂贵或特制的扣紧材料还是地位和身份的象征。它主要包括纽扣、钩、环、带条和拉链等。

（1）纽扣　一种球状或片状的颗粒物体，用于服装开口部位的连接和装饰，方便穿脱衣物。系结用的功能性纽扣必须有纽门或线圈相配用，以便纽扣穿过并系牢在另一边的衣片上，装饰用纽扣则不一定需要纽门，多用于纯色衣料上作为点缀之用，如女装假纽、西服袖口纽等。

纽扣花色品种繁多，按形状分有圆形、方形、菱形、椭圆形、叶形等；按花色分有凸花、凹花、镶嵌、包边等；按孔眼分有暗眼扣和明眼扣；按原料分有塑料、胶木、金属、玻璃、皮革、贝壳、珠光、木头等；还可用本色衣料编结成各种盘花纽，如蝴蝶纽、金鱼纽、菊花纽、鸡心纽等。

（2）拉链　拉链是可以相互啮合的两条单侧牙链，通过拉头可以重复开合的连接物。拉链主要由底带牙齿及拉头组成。拉链按材质分为金属拉链、塑料拉链和尼龙拉链；按拉链牙构造分为锁链状拉链和锁圈状拉链；按拉链结构可分为单封尾拉链、双封尾拉链和开尾拉链；按工艺外观可分为露牙拉链、半隐形拉链和隐形拉链。

(3) 其他扣紧材料　橡皮筋带、魔术贴、风纪扣、皮带扣、裙扣、按扣、绳索等系结用扣紧材料，在童装、户外服装、休闲运动服等运用较为广泛。

(七) 其他辅料

(1) 定型物　定型物主要用于服装中需要加强支撑力的部位，例如肩部、前襟等。常见定型物有衣骨、定位带、定型贴等，主要起到加固、定型、保型等作用。

① 衣骨：俗称鱼骨，起到增加强度、硬挺度的一种服装支撑物。领条是其中一种专门用于男装衬衫领尖部位的弹性胶条，可使领尖坚挺笔直，防止弯曲变形。此外，还有一些用于胸衣、腰封、帽缘、裙撑等部位的特殊支撑物，起到保持外形的作用。

② 定位带：一种结构坚实的窄带条，具有加强硬挺度、固定尺寸、防止变形的功能。通常有非黏合型和黏合型两种，如用于口袋防止变形，用于西服反襟线使折边清晰，用于缝边指示车缝折边，防止拉伸或起皱等。

(2) 袋布　袋布是用于制作衣袋的里层材料，常见的材料有全棉袋布、CVC袋布、T/R袋布、T/C袋布等。

(3) 饰带　装饰织带、装饰用空心绳、实心绳、文胸带、挂球、流苏、花边等，通常用于女装、童装和家纺装饰用品。

三、面料鉴别常用方法

面料的鉴别是根据不同原料的形态特征和内在性质，应用物理和化学方法来予以区分鉴定的。常用的鉴别方法有很多，主要的有感官鉴别法、燃烧鉴别法、显微镜鉴别法、化学溶解鉴别法、试剂着色法、红外吸收光谱法、双折射及X射线衍射法等。

(一) 感官鉴别法

感官鉴别法是通过人的感觉器官包括眼、耳、手、鼻，根据不同面料表现出来的外观效果和手感来进行判断。感官鉴别法是最简单易行和最常使用的方法，但需要鉴别者具有相应的知识和经验，熟练掌握各类纤维及其织物的感官特征，在不断的运用中积累经验，提高准确率。

感官鉴别是依据各种纺织纤维的外观形态、光泽、长短、粗细、曲直、软硬、弹性及强力等特征来进行的。在具体的鉴别过程中，各种纺织纤维的感官特征可参见表5-1。

(二) 燃烧鉴别法

燃烧鉴别法是依据各种纺织纤维燃烧现象及其特性的不同而进行的，根据各种纤维靠近火焰、接触火焰、离开火焰时所产生的各种不同现象以及燃烧气味、灰烬特征等来分辨纤维类别。对于感官鉴别难以判断或某一点把握不准的纤维，可通过燃烧法进行鉴别，这种方法简便易行，准确率也较高。

燃烧鉴别法比较适合纯纺织物和纯纺纱的交织物，它们的燃烧现象十分明显，表现出"单一"原料的特征，根据燃烧现象和特征可以立即判断出原料的组成。对于混纺织物和混纺纱的交织物，燃烧时具有"混合"的现象，特征不明显，特别是多种纤维混纺时，很难准确判断其中的各种原料。这时可根据"混合"的燃烧现象，初步推测其中的主要混纺原料，而后再与感官法相结合，做进一步的判断。此外，某些通过特殊整理的织物，如防火、抗菌、阻燃等织物，燃烧现象会有较大出入，不宜采用这种方法。机织物的经纬向应分别燃烧,这也是判断交织物的方法。因此为准确起见,燃烧鉴别法可在感官鉴别的基础上进行,对于已确定的纯纺、混纺和交织物可采取不同的处理方法。纺织纤维的燃烧特征见表 5-2。

表 5-1 纺织纤维的感官特征

纤维种类		感官特征
天然纤维	棉花	纤维短而细,有天然扭曲,光泽自然,有棉结杂质。手感柔软,弹性较差。湿水后强度大于干燥时,伸长度较小
	麻	纤维较粗硬,常因存在胶质而呈小束状(非单纤维状)。纤维比棉花长,但比羊毛短,长度差异大于棉花的长度差异。略有天然丝状光泽,纤维较平直,弹性较差,湿水后强度增大,伸长度较小
	羊毛	纤维长度较棉麻长,有明显的天然卷曲,光泽柔和,手感柔软、温暖、蓬松、极富弹性。强度较小,伸长度大
	羊绒	纤维极细软,长度较羊毛短。纤维轻柔、温暖、弹性、伸长度优于羊毛,光泽柔和
	兔毛	纤维长、轻、软、净、蓬松温暖,表面光滑,卷曲少,强度较小
	马海毛	纤维长而硬,光泽明亮,表面光滑,卷曲不明显,强度高
	蚕丝	天然纤维中惟一的长丝,光泽明亮。纤维纤细、光滑、平直。手感柔软,富有弹性,有凉爽感。强度较好,伸长度适中
化学纤维	黏胶	纤维柔软但缺乏弹性,质地较重。长度有长丝和短纤维两类。短纤维长度整齐,光泽明亮,稍有刺目感,消光后较柔软。纤维外观有平直光滑的,也有卷曲蓬松的。强度较低,特别是湿水后,强力下降较多,伸长度适中
	合成纤维	纤维的长度、细度、光泽及曲直等可人为设定。合成纤维一般强度大,弹性较好,但不够柔软。伸长度适中,弹力丝伸长度较大。短纤维整齐度好,纤维端切取平齐。锦纶强度最大;涤纶弹性最好;腈纶蓬松、温暖,好似羊毛;维纶外观近似棉花,但不如棉花柔软;丙纶强力较好,手感生硬;氨纶弹性和伸长度最大

表 5-2 纺织纤维的燃烧特征

纤维名称	靠近火焰	接触火焰	离开火焰	燃烧气味	灰烬特征
棉、麻	即燃,不熔不缩	快速燃烧	继续快速燃烧	烧纸气味	灰色或黑色,量少而细软,手触成粉末状
羊毛	收缩不熔,继而燃烧	燃烧缓慢并冒烟	自行熄灭	烧毛发气味	不规则黑色块状,质脆,易碎,压碎后颗粒较小
蚕丝	收缩不熔,继而燃烧	燃烧缓慢	自行熄灭	烧毛发气味没羊毛重	黑褐色圆珠状,质脆,易压碎成粉状
黏胶	立即燃烧	燃烧速度快	续燃极快	烧纸气味	灰烬很少,呈灰白色,质细
醋酯纤维	熔融	熔融燃烧	边熔边燃	醋味	黑色有光泽硬块,极易压碎成灰末
涤纶	蜷缩,立即熔融	熔融燃烧	较难续燃,会自熄	有特殊的芳香气味	黑褐色硬质圆珠或不定型块状物,可压碎
锦纶	迅速蜷缩熔融	熔融燃烧,熔成透明胶状物并可拉成细丝	较难续燃,会自熄	有氨基味	褐色硬珠,坚硬,不易压碎
腈纶	先收缩,熔融,继而燃烧	缓慢燃烧,火焰呈白色,有闪光	继续燃烧,冒黑烟	煤焦油似的辛酸味或鱼腥味	黑色不定形块状物,质硬而脆
维纶	收缩软化而燃烧	徐徐燃烧,冒浓黑烟	缓慢停燃	有特殊甜味和刺激味	棕褐色不定形块状物,质硬而脆
丙纶	蜷缩熔融	熔化而缓慢燃烧	继续缓慢燃烧	石蜡气味	褐色透明硬块,可压碎
氯纶	收缩软化,难燃	熔融缓慢燃烧	自行熄灭	有刺鼻的氯气味	不规则黑色硬块
氨纶	不收缩,不熔化	熔融而燃烧	熔融燃烧	刺激味	黑色,质软而松散

(三)显微镜观察法

显微镜观察法是依据各种纤维的纵向和横截面形成特征来识别纤维的种类的一种方法。在感官鉴别和燃烧鉴别后,还无法鉴别纤维,可以进一步用显微镜来观察纤维的形态特征来进行鉴别。各种纤维的纵横截面形态特征见表5-3。

表5-3 纤维纵横截面形态特征

纤维种类	纵向形态特征	横截面形态特征
棉	扁平带状,有天然扭曲	腰圆形,中间有空腔
苎麻	长带状,无扭曲,有横节,纵向有竖纹	腰圆形或椭圆形,有中腔和裂纹
亚麻	长带状,无扭曲,有横节,竖纹	不规则多边形,中腔较小
黄麻	长带状,无扭曲,有横节,竖纹	不规则多边形,中腔较大
羊毛	细长柱状,有自然卷曲,表现有鳞片	圆形或近似圆形,有些有毛髓
兔毛	表面有鳞片,鳞片边缘缺刻明显,卷曲少	哑铃形,有毛髓
马海毛	表面鳞片平阔紧贴毛干,重叠程度很不一,卷曲少	多为圆形,圆整度高
山羊绒	鳞片边缘光滑,呈环状覆盖,间距较大	圆形或近似圆形
桑蚕丝	平直光滑	不规则三角形
柞蚕丝	平直光滑	不规则三角形,比桑蚕丝扁平,有大小不等的毛细孔
黏胶纤维	平直有沟槽	锯齿形,皮芯结构
富强纤维	平直光滑	圆形或较少齿形,几乎全芯层
醋酯纤维	有1~2根沟槽	不规则带形或腰子形
涤纶	平直光滑	圆形
锦纶	平直光滑	圆形
丙纶	平直光滑	圆形
腈纶	平滑或有1~2根沟槽	圆形或哑铃形
维纶	有1~2根沟槽	扁腰圆形,有皮芯层
氯纶	平滑或有1~2根沟槽	近似圆形

(四)化学溶解法

化学溶解法是根据各种纺织纤维的化学组成不同,在各种化学溶剂中的溶解性能各异而进行鉴别的一种方法,它适合于各种纯纺织物和混纺织物,具有可靠、准确、简单的优点。

纤维的溶解性不仅与溶剂的种类有关,也与溶剂的浓度、温度及作用时间、条件等因素有关。所以,在鉴别时,必须严格控制实验条件,按规定操作,才能等到正确的结果。常见纺织纤维的化学溶解性能见表5-4。

表5-4 常见纺织纤维的化学溶解性能

化学溶剂 纤维种类	盐酸 (37%,24℃)	硫酸 (75%,24℃)	氢氧化钠 (5%,煮沸)	甲酸 (85%,24℃)	冰醋酸 (24℃)	间甲酚 (24℃)	二甲基甲酰胺 (24℃)	二甲苯 (24℃)
棉	不溶	溶解	不溶	不溶	不溶	不溶	不溶	不溶
麻	不溶	溶解	不溶	不溶	不溶	不溶	不溶	不溶
羊毛	不溶	不溶	溶解	不溶	不溶	不溶	不溶	不溶
蚕丝	溶解	溶解	溶解	不溶	不溶	不溶	不溶	不溶

续表

化学溶剂 纤维种类	盐酸 (37%,24℃)	硫酸 (75%,24℃)	氢氧化钠 (5%,煮沸)	甲酸 (85%,24℃)	冰醋酸 (24℃)	间甲酚 (24℃)	二甲基甲酰胺 (24℃)	二甲苯 (24℃)
黏胶	溶解	溶解	不溶	不溶	不溶	不溶	不溶	不溶
醋酯	溶解	溶解	部分溶解	溶解	溶解	溶解	溶解	不溶
涤纶	不溶	不溶	微溶	不溶	不溶	溶(93℃)	不溶	不溶
锦纶	溶解	溶解	不溶	溶解	溶解	溶解	不溶	不溶
腈纶	不溶	微溶	不溶	不溶	不溶	不溶	溶(93℃)	不溶
维纶	溶解	溶解	不溶	溶解	溶解	溶解	溶解	不溶
丙纶	不溶	不溶	不溶	不溶	不溶	不溶	不溶	溶解
氯纶	不溶	不溶	不溶	不溶	不溶	不溶	溶(93℃)	不溶

(五) 试剂着色法

试剂着色法是根据各种纤维的化学组成不同，对某种化学试剂有不同的着色性能而进行迅速鉴别的一种方法。此法只适用于未经染色或未经特殊整理的单一成分的纤维、纱线和织物。常用的着色剂有碘-碘化钾溶液和锡莱着色剂 A。

着色方法是将纤维、纱线或织物浸入上述着色剂中 30~60s，然后取出用清水冲洗干净，挤干水分，对照表 5-5，根据着色剂不同，可鉴别出纤维的品种。

表 5-5 常见纺织纤维的着色反应

纤维	锡莱着剂 A 着色反应	碘-碘化钾 液着色反应	纤维	锡莱着剂 A 着色反应	碘-碘化钾 液着色反应
棉	蓝	不染色	涤纶	微红	不染色
亚麻	紫蓝	不染色	锦纶	淡黄	黑褐
羊毛	鲜黄	淡黄	腈纶	微红	褐
蚕丝	褐	淡黄	维纶	褐	淡蓝
黏胶纤维	紫红	黑蓝青	丙纶	不染色	不染色
醋酯纤维	绿黄	黄褐	氨纶	不染色	不染色
铜氨纤维	阴紫蓝	黑蓝青			

(六) 熔点差异法

熔点差异法用于鉴别合成纤维。利用各种合成纤维的熔融特性测定其熔点，从而鉴别纤维的品种，这是鉴别合成纤维的方法之一。这种方法是在初步鉴别之后作为证实的辅助办法，只适用于未经抗熔处理的纯纺合成纤维。常见合成纤维的熔点见表 5-6。

表 5-6 常见合成纤维的熔点

纤维	熔点/℃	纤维	熔点/℃
锦纶 66	250~260	氯纶	200~210
涤纶	255~260	丙纶	165~173
锦纶 6	215~220	腈纶	不明显
氨纶	200~230	维纶	不明显

第三节　面辅料开发与供应商管理

服装贸易公司如果能够为客户提供良好的现辅料开发服务，可以使产品组合中含有更多公司资源，为获取客户的订单奠定基础。新型面辅料的设计通常是在供应商开发的基础上所作的研发工作，因此越来越多的有实力的大型服装贸易公司把产品与供应商的开发能力作为其核心竞争力加以培养。

一、面辅料开发

大型品牌服装企业通常会成立一个面料开发部门，站在服装领域制高点，负责面辅料信息收集、整理和新型面辅料的研发工作，从而吸引高档客户的订单，这些企业均有较强的竞争力和发展空间。也有一些已经有初步的研发能力和固定客源的服装企业，借助客户提供的样板和对面辅料提出的要求，结合本公司现有的开发能力和特长，与客户共同开发合适的面辅料。无论哪种方式，面辅料开发的操作流程主要包含以下几个环节。

（一）获取信息

当前，我国面辅料市场稳步发展，种类繁多，新产品不断涌现，但也存在良莠不齐的现象。因此，面辅料跟单员不仅要具备较好的面辅料知识，还要收集大量有用的相关信息，才能辅助设计部开发出客户满意、市场前景良好的新型材料。

收集面辅料信息的途径既可以是网络、报刊、杂志、广告或媒体，又可以通过参加各种面辅料展览会，收集面辅料市场的各种信息，了解服装生产上新材料、新技术的应用，掌握最新面辅料的流行趋势。常用途径有以下几种。

（1）了解市场行情与客户需求　营销部成功获取订单的关键是所提供的面辅料能否满足客户的需求，所以每个计划接单季节均应详细了解该阶段市场流行趋势和经济变动情况，以及客户对订单产品的需求，以便在面料开发和收集样板时能有所取向，并针对选板客户的品牌特点和审美喜好作相应调整，确保面料开发的低成本和高成功率。

（2）参加布展　企业定期派专人到国内外参加各种大型面辅料展示会，掌握与本公司近期需要开发或要寻求供应的面辅料情况。这种方法获取的往往是当时当地最新的面辅料信息，对公司后续开发工作具有很好的参考价值和引导作用。

（3）获取客供板　客供板是指客户提供的实物样板，能真实反映客户最新需求。通常企业会按照客户最新修改意见在客供板基础上重新开发面辅料，这是服装贸易中最常见的产品开发方式。实际上，贸易行负责的并不是真正意义上的开发工作，只是寻求合适的供应商制作样板供客户审批。由于贸易行能掌握到的面辅料供应商信息有限，所以有时候要寻找到合适的供应商或是可替代客供板的面辅料并不是非常容易的工作，最后往往需要买卖双方都作出让步才能达成协议。

（4）其他途径　在高科技日益发展的今天，面辅料信息的获取已经不仅仅局限于传统渠道，还可通过各种新闻媒介广泛收集市场信息，包括国际时尚节目、最新服饰杂志、报刊、广告、互联网等，这为面辅料的成功开发提供了广阔的信息渠道。通过互联网查询信息快捷方便，但要留意网上登记的公司声誉和可靠性。此外，还可通过加工厂已建档在案的供应商群、同行间的供应链与信息交流平台、客户推荐等途径进行供应商资料和面辅料信息的收集。

对通过各种途径获取的信息，跟单员要妥善加以整理，建立适合自己的供应商群和档案系统。平时应多收集各种面辅料实物样板，根据客户订单的需要，随时为客户提供有价值的参考。

（二）确定开发方向

在进行正式面辅料开发前，应召集所有面料开发人员一起开会。会议首先汇报上一年度/季度所用面辅料的市场反应情况、客户反馈意见及同行公司近期开发意向等，然后依据前期收集到的资料和客户意向确定下一年度/季度的面辅料开发方向。

（三）筛选开发资料

面辅料开发部成员得到公司最新开发意向后，就将前期收集到的资料筛选出与开发方向相符的资料。如果出现资料不足的情况，还需要重新回到市场中，有针对性地再次收集资料，包括新型布种、流行颜色、新的开发商等。另外，可以向有长期合作关系的供应商传达开发意向，寻求他们的协助，并要求供应商提供合适的面料样板作开发参考资料。

（四）面辅料开发设计

面辅料设计部按照公司最新开发意向，结合市场行情和最新流行趋势、客户订单和款式要求，以及客户所在区域的消费习俗等，参照客户对面辅料颜色、图案、品质、手感等特性要求，提出新型面料的开发构想。

以接单为主的企业每年都会接触各种各样的客户，而客户与客户之间委托生产的成衣款式又有很大差异，要为这些客户提供新开发新产品的难度非常大，独立研发成本也比较高，所以为了使新开发的面辅料更符合客户的要求，有些服装企业直接参与到大客户的产品设计中，有些企业把财力人力更多地放在寻求订单和合适的加工厂上，新型面辅料来源主要是按照客供样板寻找供应商订购面料，或者直接由客户提供面料。

（五）审核开发作品

设计初稿完成以后，召开市场、设计、营业、生产等部门研讨会，与服装设计师、营销部跟单员、生产部技术员等共同研讨并确定面辅料设计方案。会议内容主要是先由面辅料设计师汇报设计构思和设计依据，包括主题思想、表面肌理、特性、颜色与手感等。然后根据往年客户下单实际情况和本公司准备开发的主要品种，与市场、设计、生产等部门共同研讨方案的可行性，并对各个细节提出详细的整改意见，再由设计师按照各方建议重新修改设计方案。

（六）试制样板并改良方案

最终的设计方案经生产部经理确认没有缝制难度后，再把设计方案和制造要求送交面辅料供应商，根据产品特点和要求试制样品，并指派跟单员跟进面辅料样板的客户批复和报价事宜。

新开发的面辅料通常都要进行各项专业测试检验，以确定其物理化学性能和使用过程的质量水平，例如拉链测试中的负荷拉次测试、拉合轻滑度测试、金属牙洗水锈蚀、拉齿横向强力测试等，根据测定结果可以对设计方案进行修正改良。经多次修改后确定试制成功的面辅料样板应及时定上编号，然后按照研发技术含量和面辅料种类进行分类存档和管理。

二、供应商开发

使用一种新型物料，必须有合格的供应商。新供应商的开发工作可以增加企业的选择面。开发与选择供应商的一个基本条件是：适时、适质、适量、适价、适地，这也是采购面辅料需遵循的五个原则。掌握供应商开发与管理技巧，可以提升企业供应商管理水平，降低采购成本和风险，促进企业可持续发展。供应商开发流程见图5-4。

供应商开发的主要工作内容有以下几点。

1. 市场分析

跟单部应建立初步的供应商数据库并做出相应的产品分类。通常需采购的物料分为面料、辅料、包装物料三大类。在供应商开发过程中，首先要确定需采购物料的技术标准，一般由本企业技术部门提供样板和参数。然后对特定的分类市场进行竞争分析，了解市场发展趋势、主要供应商及竞争对手特点、目前各物料供应能力是供过于求还是供不应求、市场主导者是谁、各大供应商在市场中的定位如何等，只有这样才能对潜在的供应商有初步了解。

2. 寻找与筛选供应商

仔细分析市场后，通过各种信息和渠道获取供应商相关资料，包括信誉度、社会评价、联系方式等，建立潜在供应商调查表。获取供应商信息的渠道与面辅料信息获取的途径基本相似，可以与收集面辅料信息同时进行。在电脑广泛使用的今天，许多供应商都建立了网页，跟单员也可以寻找网上供销信息，与相关供应商取得联系。

对收集到的供应商资料要进行比较，做出初步筛选，剔除不适合的供应商，得出一系列供应商考察名录，并使用统一标准的供应商情况登记表来分析管理供应商。分析主要内容包括：供应商注册地、注册资金、主要股东结构、生产场地、设备、人员、主要产品、主要客户、生产能力等。通过分析这些信息，可以评估其工艺能力、供应稳定性、资源可靠性及其综合竞争能力情况。

3. 初步评审供应商

运用统一的评审标准，对适合进一步合作的供应商安排实地考察，着重审核其管理体系，包括组织架构、生产日报、作业指导书、质量记录、船务排期等文件是否完善。为使审核客观公正，可以邀请质量部门和技术工程师一起参与审核，同时也有助于公司内部的沟通和协调。

4. 询价报价

审核完成后要对合格供应商进行物料询价和报价。首先向供应商发出询价文件，包括样品名称、物料图样、规格、数量、大致采购周期、交付日期等，并建议供应商在指定日期内完成报价。收到供应商报价后，跟单员要仔细分析所有条款，澄清所有疑问，并做好书面记录。

5. 比价议价

在价格谈判前一定要有充分准备，坚持货比三家的原则，设定最低的目标价格。小批量

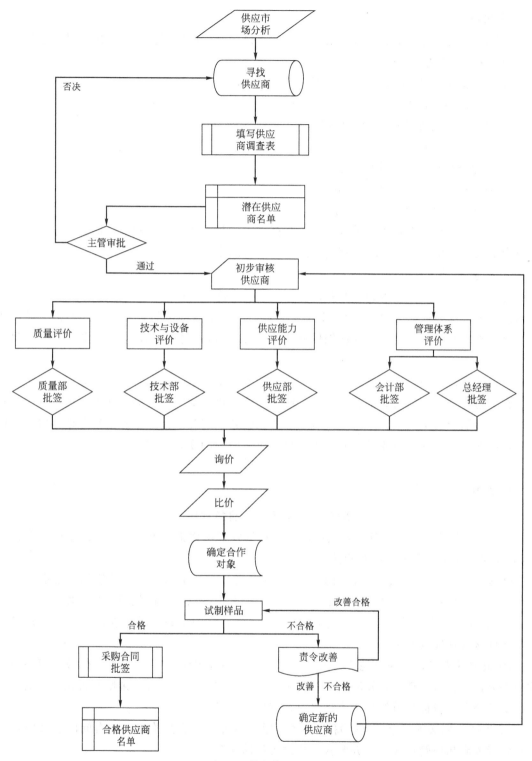

图 5-4 供应商开发流程

产品谈判的核心是交货期,一般要求供应商具备快速反应能力;大批量流水线生产的产品谈判核心是价格。价格谈判是一个持续的过程,每个供应商都有其对应的价格曲线,供货一段时间后其成本会相应下降。跟单员在议价时一定要确保供应商有最低的利润空间。

6. 确定供应商

比较不同供应商的报价和谈判结果后，才能作出合理性选择。一般是同一品种选择两个供应商作为采购对象。

选择合适的供应商，必须符合以下一系列的评价方法。

① 供应商生产能力的评价。
② 供应商品质保证体系的现场评价。
③ 产品样品的评价。
④ 对比类似产品的历史情况。
⑤ 对比类似产品的检验与试验结果。
⑥ 对比其他使用者的使用经验。

选择供应商时，不要考虑采购周期、库存、运输等隐性成本，例如，把能够适时送货的供应商纳入管理系统，可以减少存货，降低公司总成本。

7. 选定供应品种

确定采购对象以后，采购部开具试样通知，技术部负责跟进试样结果。试用合格后，由技术部发出"准入通知"，最终确定供应商名录，以便采购部进行正式采购。如果样品试用不合格，则由技术部出具报告并通知供应商改进，或另外寻找候选供应商，并修订合格供应商名录。

有长期合作面辅料供应商的企业，通常会按照订单要求直接向合作伙伴订购。尽量在生产所在地附近选择合适的面辅料供应商，或将生产安排在优秀供应商所在地，可以减少材料运送成本和缩短交货期限。如果客户有指定的面辅料供应商或指定原材料来源地，签订合同时要注明面料来源和供应要求，并要求客户提供供应商的联系方式。

思维拓展

跟单员在生产中的验货程序

① 面/辅料到厂后，督促工厂最短时间内根据发货单详细盘点，并由工厂签收。若出现短码/少现象要亲自参与清点并确认。

② 如工厂前期未打过样品，须安排其速打出投产前样确认，并将检验结果书面通知工厂负责人和工厂技术科。特殊情况下须交至公司或客户确认，整改无误后方可投产。

③ 校对工厂裁剪样板后方可对其进行板长确认，详细记录后的单耗确认书由工厂负责人签名确认并通知其开裁。

④ 根据双方确认后的单耗要与工厂共同核对面/辅料的溢缺值，并将具体数据以书面形式通知公司。如有欠料，须及时落实补料事宜并告知加工厂。如有溢余则要告知工厂大货结束后退还公司并督促其节约使用，杜绝浪费现象。

⑤ 投产初期必须每个车间、每道工序高标准地进行半成品检验，如有问题要及时反映工厂负责人和相应管理人员，并监督、协助工厂落实整改。

⑥ 每个车间下机首件成品后，要对其尺寸、做工、款式、工艺进行全面细致地检验。出具检验报告书（大货生产初期/中期/末期）及整改意见，经加工厂负责人签字确认后留工厂一份，自留一份并传真公司。

⑦ 每天要记录、总结工作，制定明日工作方案。根据大货交期事先列出生产计划表，

每日详实记录工厂裁剪进度、投产进度、产成品情况、投产机台数量,并按生产计划表落实进度并督促工厂。生产进度要随时汇报公司。

⑧ 针对客户跟单员或公司巡检到工厂所提出的制作、质量要求,要监督、协助加工厂落实到位,并及时汇报公司落实情况。

⑨ 成品进入后整理车间,需随时检查实际操作工人的整烫、包装等质量,并不定期抽验包装好的成品,要做到有问题早发现、早处理。尽最大努力保证大货质量和交期。

⑩ 大货包装完毕后,要将裁剪明细与装箱单进行核对,检查每色、每号是否相符。如有问题必须查明原因并及时相应解决。

⑪ 加工结束后,详细清理并收回所有剩余面料、辅料。

⑫ 对生产过程中各环节(包括本公司相应部门和各业务单位)的协同配合力度、出现的问题、对问题的反应处理能力以及整个定单操作情况进行总结,以书面形式报告公司主管领导。

⑬ 在检查过程中一定要公平、真实。不能收到厂家的一点点好处,而忘了自己的职责。

思考与练习

1. 试述面辅料获供的途径和分类依据。
2. 怎样用燃烧法鉴别合成纤维和天然纤维纺织品?
3. 怎样通过手感法鉴别真丝和人造丝?怎样鉴别棉与化纤混纺品?怎样鉴别纯毛料与仿毛制品?
4. 请阐述面辅料采购总流程和跟单员工作职责。
5. 设计一款女装罩衫,并以该款成衣为对象,制作一份完整的面辅料标准样卡,要求资料齐全,并附上实物样板。
6. 请以一款T恤衫为例,绘制一份板单。要求内容全面,简明扼要。

第六章 服装成衣生产跟单

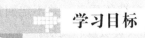
学习目标

通过学习了解服装成衣生产跟单流程，并掌握在跟单过程中的一些技巧以及资料积累的方法。

第一节 服装成衣生产跟单流程

跟单工作是服装生产企业中极其重要的工作，是实现企业效益的重要过程。把跟单工作做好，是每一位跟单员的工作目标。图6-1详细地表示出了服装跟单的整个过程。通过流程图，可以清晰地分析出成衣跟单的任务、过程、方法。

由图6-1可以看出，服装跟单主要有两种形式。一种形式是样衣成品跟单，另一种形式是大产品跟单形式。下面分别对跟单的流程逐一进行分析。

第二节 成衣订单评审

在对客户所下达的订单进入实质性执行、实施和生产之前，需要对订单进行综合评审工作，即所谓的审单。订单通常是在企业经营部门与客户进行沟通和营销工作之后，与客户达成的产品交易协议。审单的目的则是进一步确认客户订单的要求，使其更具有可操作性，从而保证订单任务顺利实施。

一、订单评审的目的和意义

订单的评审，就是对双方共同正式鉴定的合同进行充分地商讨，通过评审使订单内容更具可操作性，使跟单员通过与客户沟通充分理解订单的要求，便于执行。通常要达到以下目的：
① 订单可否实施，执行过程中是否有困难；
② 根据订单量的大小，确认服装生产企业本身是否有能力完成订单任务；
③ 分析对公司企业是否有效益，包括短期效益和长远效益，经济效益和社会效益；
④ 分析确认是否需要协助单位共同完成订单任务；
⑤ 可否在合同期内交货，完成订单；
⑥ 是否需要与客户沟通，有无订单在实施过程中无法克服的困难，订单若有需要变动之处，需要与客户商议并达成共识，得到确认；
⑦ 制定出订单的实施方案，交生产制造部门投产。

二、订单评审的内容

1. 评审内容

主要确认订单要求的服装的款式造型特征，面、辅料以及工艺要求等。需注意以下两方

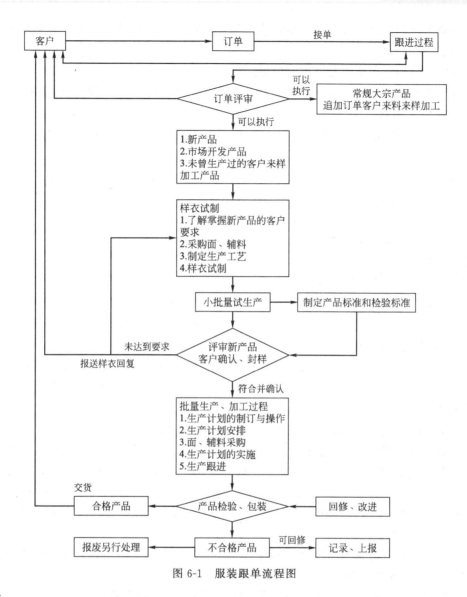

图 6-1 服装跟单流程图

面内容。

① 审核生产加工资料是否完整,包括款式、面、辅料小样和完整的工艺单。如果某些环节,如面、辅料样尚未确认,则需与客户沟通确认。

② 审核面、辅料是否容易购买,特殊品种的材料是否需要专门订制。订制的货期是否能够满足生产要求。如印花面料,或者是绣花服装,必须提供印花和绣花样稿。如无样稿,需与客户沟通确认,并要保证工期按时完成。

2. 附件评审

服装产品的订单内容,很多是在附件中反映出来的,内容丰富。主要包括:样板、面、辅料小样的样板、加工工艺要求、质量检验标准、服装成品规格及包装装箱要求等。对附件的审定,要与订单的要求相结合,确认与订单合同内容一致无误,资料全面完整。若有疑问要及时与客户沟通落实。

3. 价格审核

审核订单要求的交货价是否合理。对价格的审核需注意以下问题。

① 价格包括的内容是否全面，如运输、包装、保险等费用是否涵盖。订单中是否对其他费用作出了明确规定。

② 价格的合理性，是否符合市场动态。

③ 价格核算是否准确无误，不同品种的不同价格相互之间有无混淆，总金额是否正确。

4. 产品质量要求审核

对订单要求的产品质量进行评价，是否有不合理或无法达到的要求。需注意以下两个方面。

① 有无出现生产中无法达到的要求，特别是有些客户对服装专业技术缺乏了解时，容易产生误解，提出超出常规的质量要求。在这种情况下，应及时与客户进行沟通并耐心细致地做出解释，使客户接受并更正不合理的要求。

② 特殊的质量要求是否提供明确的参照标准和样品。

5. 交货期的审核

审核交货期是否在合理的时间范围内。

① 对老客户常规的产品，应该检查是否有存货，若有库存，可实现尽快交货。

② 对于大宗订单应采用分批交货的方式，在规定期限内完成。如果在交货期内无法完成订单，应及时与客户沟通，进行延期。

③ 对于未曾接手过的有特殊要求的产品，应将交货期适当延长，为样衣试制留出足够的时间。对于需要进行特制外加工的工艺，要考虑加工时间，留出充分的时间进行生产。

6. 订单的其他条款评审

主要包括交货地点、结算方式、违约责任、运输、包装方式等。

① 交货地点要明确，客户需提供交货地点、联系人、联系方式等有关资料。通常客户将此类资料附在附件中。对于服装生产，一般交货地点是客户指定的仓库、商场和专卖店。

② 结算方式应在订单中明确规定。通常内销单是以人民币结算。外销单要特别注意，通常以外币进行结算，要明确外币结算的汇率，或在确定价格时互相达成协议，以免由于汇率的变动产生了纠纷。

③ 违约责任是双方未能正常完成履行订单条款时所应担负的责任。在订单中应明确规定，因违约而应承担的责任。

④ 运输包装方式应在订单中明确规定。应注意避免在运输过程中造成损失。

三、订单的文本形式

订单通常是企业经营部门与客户进行必要的沟通和营销工作之后，与客户达成的产品交易协议。通常有正式文本合同和非正式订单两种形式。

1. 正式文本合同

对于新开发的客户或者产品数量较大的交易，需拟定正式文本合同。在某些非正式的产品交易情况下，也需使用正式文本合同。

正式文本合同，非常严谨地规定交易双方所应承担的义务。内容主要包括：品名、单位、规格、数量、单价、总金额、用途、交货期、运输方式、收货单位、结算方式、包装要求、保险、违约责任以及交易双方代表的签字确认等。

合同文本的格式多种多样。可以采用国家统一规定的通用合同文本格式，也可以根据实际情况自行制定文本格式。合同的具体内容和格式见表6-1。

表 6-1　服装企业订货文本合同格式

订购合同（订货单）

甲方：（供方）＿＿＿＿＿＿＿　　　　合同（订单）编号：＿＿＿＿＿

乙方：（需方）＿＿＿＿＿＿＿　　　　签订时间：＿＿＿＿＿＿＿＿＿

品名	规格	数量（箱）	单位（元）	单价（元/件）	总值（元）	折合外汇	
签约对方			合约号订货日期		备注		
买主国别或地区				保险级别			
供货单位			要货单位				
付款方式			成交条件及地点		装货期限		
货号		色号	品名	规格	数量（箱）	单价（元/件）	总金额（元）	交货期

外包装：1. 木箱 2. 纸板箱 3. 纸箱　　　　　备注：
内包装：透明薄膜袋
商标：　　　　　　提供商标：
交货地点：　　　　交货期：　　　年　　月　　日

1. 交货时间：请将上列货品于＿＿＿年＿＿月＿＿日之前交付。
2. 交货地点：请将货品将于＿＿＿＿＿＿＿＿＿＿＿＿＿＿。
3. 运输方式：货品运输采用＿＿＿＿＿＿方式，运输费用由＿＿＿＿＿＿担负。
4. 产品质量要求：按＿＿＿＿＿＿＿＿＿＿＿进行验收。
5. 服装包装方式：＿＿＿＿＿＿＿＿＿＿＿＿＿＿。
6. 服装运输过程中需进行＿＿＿＿＿＿保险，保险费用由＿＿＿＿＿＿担负。
7. 结算方式：对于此单订购，甲方预付＿＿＿％订金，待交货完毕后＿＿＿＿＿＿付予乙方。预付订金额：＿＿＿＿＿＿＿＿。
8. 违约责任：＿＿＿＿＿＿＿＿。
9. 仲裁：双方产生贸易纠纷时，依《合同法》进行裁决。
10. 未尽事宜，双方另行解决。
11. 备注：本合同一式两份，甲、乙双方各执一份。

甲方：　　　制衣公司　　　　　　　　乙方：　　　　公司
地址：　　　　　　　　　　　　　　　地址：
联系方式：电话：　　　　　　　　　　联系方式：电话：
　　　　　传真：　　　　　　　　　　　　　　　传真：
　　　　　E-mail：　　　　　　　　　　　　　　E-mail：
联系人：　　　　　　　　　　　　　　联系人：
甲方代表：（签字、盖章）　　　　　　乙方代表：（签字、盖章）

正式文本合同通常是一式两份，甲乙双方分别保管，做为订单执行依据。正式文本合同必须是合同原件。但有时在对客户进行充分沟通和了解以后，对于比较紧急的订单，也可通过传真方式将合同文本传给对方，传真件也可做确认交易的凭证和依据。

2. 非正式合同订单

通常对于一些老客户，或者是客户对已执行的订单进行数量追加、常规产品或曾经生产过的产品、来料来样加工等，客户会采用通过传真、电子邮件、手写便笺、电话口头表达等方式传送订单信息。非正式合同只是指订单的格式和保留形式不是使用正式文本订单的形式。采用此类订单，通常是长期合作、信誉良好，并且双方合作顺利，关系融洽的客户。此类订单内容简明扼要，通常包括：品种、规格、数量、交货期等。对在订单中示列出的费用、金额、质量标准等，通常是指按照以往的单价和质量要求执行。这就要求跟单员要对该客户以往的订单，尤其是近一个时期的订单资料保存完整，以便查找。通常已执行完成的订单，可以进一步了解客户要求。对于一些常规的大宗服装订单，质量要求通常是以行业内大家共同遵循的原则，所谓的行业标准执行。或者是在与客户长期业务往来中形成的默契。

四、订单评审的操作

订单评审工作应由负责人和部门主管负责，对订单内容逐一核对。审单时要充分考虑企业现有的资源，包括人力、物力、财力、生产能力、技术水平等，以及其他可以利用的资源，做出最终判定。不可强求，但也不能轻易放弃，否则，都会造成不必要的损失。在操作过程中，签定合同双方对订货单进行充分商讨，跟单员要将评审信息及结论填报于表6-2中。

表6-2 订单评审信息表

序号	评审内容	确认	有疑义	商议结论
1	产品定位			
2	价格审核			
3	质量标准			
4	交货期			
5	交货地点			
6	结算方式			
7	运输包装			
8	违约条款			
9	附件评审			
10	其他事宜			

双方签字： 年 月 日

五、订单评审结果

经过对订单的充分评审后，对订单做出明确的判定结果。

① 订单可以实施，及时安排跟单及有关人员进行组织生产。

② 订单修订后可以实施，应及时与客户沟通，提出修订意见，争得客户谅解。当客户同意更改修订，并确认后，方可实施订单。

③ 订单无法实施。及时与客户沟通，并做出相应解释。以免客户产生误解。

第三节　服装成品样衣试制

经过订单评审后确认可以进行生产的订单，需进行生产前的样品试制。订货生产的样品试制是根据客户的来样或样品任务书中的款式图,设计出纸样(结构图),按照一定的加工工艺试制出样衣。

一、样衣试制的目的

1. 进一步确认订单生产的款式及规格尺寸

通过样衣试制,充分了解产品的特征,探索和研究出一套符合生产条件、保证产品质量、提高生产效率的加工工艺和方法。根据客户提供的规格尺寸,内销产品通常应按国家号型标准来确定,样品一般选用中间号型,即女上衣为160/84A,女下装为160/68A。男上装为170/88A,男下装为170/76A。如果是外销产品,则按照客户要求的规格尺寸。中间号型规格尺寸的样衣确定以后,可根据中间号型的样板,缩放出其他规格尺寸的系列样板。

2. 进一步确认与来样加工相符的面、辅料

在订单生产中,有些客户只提出要求而不提供原材料及其小样,则需要根据客户对产品的要求进行选择面、辅料。尽量选择与客户要求相一致的材料。如果没有完全符合要求的材料,则需选择相近的材料,制成样衣后供客户确认,客户同意后,方可正式使用。在实行生产中,也有一些客户提供主要的面料和里料,其他各种辅料则需按照客户的要求自行选择,制成样衣,待客户确认后投入生产使用。

3. 根据订单要求制定合理的加工工序,并预测工时

加工工序和工时是实现生产过程、编排工序的依据,也是服装企业制定生产定额和成衣核算的重要依据。通过样衣试制,可以摸索出生产过程中既省时、省力,又能够保质、保量的生产工艺流程,并同时记录每个工序的加工时间(即工时)。

4. 测算材料消耗量

在样衣试制过程中,对该产品生产所用的各种材料进行测定,计算出耗用量。为批量生产时采购用料和成衣核算提供依据。

5. 测定工艺技术参数,为生产加工提供工艺参数

工艺技术参数主要包括裁剪厚度或层数、缝纫线张力、缝迹密度、机针号数、缝迹类型、整烫温度、时间和压力,以及各部位的缝制工艺要求等,为制定生产工艺、设备调试提供依据。

二、样衣试制的准备工作

1. 全面分析样衣或订单要求,作到心中有数

对所要试制的样衣进行全面的技术条件和工艺要求分析,设计出该产品实施所需要的设备、工具、材料、工艺要求等,以及工艺操作工序分析,做好记录。对于样衣产品的关键技术要求部分,要做好分析和实施方案,并做好必要的记录及说明。

2. 面、辅料的准备工作

根据订单所提供的面、辅料的技术要求,准备好所需各种材料,逐一审核所有材料的规格、品种、颜色、数量,与订单要求相符。材料的选用对于样衣试制,必须使用正品,一般情况下不允许使用代用品和等级品,以保证样衣充分反应产品的原貌,便于客户确认。

3. 设备、工具的准确工作

准备好试制样衣的各种生产加工设备工具,并按照试制样衣用材料的特性和工艺要求,对各种设备的工艺参数进行调试,如缝线的张力、针迹密度、缝纫速度以及熨烫设备的温度、压力和时间等,并处于备用状态。

4. 样衣试制人员的配备

样衣试制由从事新产品开发的技术较全面的人员来完成。试制人员一般要求具有一定的技术水平和素质,在技术和质量分析判断上有一定的分析问题和解决问题的能力,使试制过程中出现的有关技术问题及时得以发现和处理,该人员一般也兼做生产线工人的培训或对外加工的零活、特殊服装进行技术指导。人员素质要求技术上过得硬,有较强事业心责任感,善于发现和及时解决生产过程中的问题,为制订生产技术文件及相关信息资料收集,做好准备工作。

三、样衣试制的程序

样衣试制的流程图如 6-2 所示。

1. 分析效果图(款式图)或来样

在订单生产过程中,客户提供所需服装的款式图或者效果图,如果是来样加工,则提供样品。要确认生产企业是否能够达到生产该产品的水平和满足客户的要求,首先要生产出样衣来进行确认。分析款式图或来样,要完成以下工作。

① 分析订单生产服装的款式造型和特征。

② 分析生产加工服装的结构特征,如各部位的轮廓线、结构线、装饰线的位置和造型,以及零部件的设计要求。

③ 选择与订单任务要求相适应的面料及辅料。

④ 对订单要求进行工艺分析,确定加工工艺和加工方法以及完成加工设备的选型。

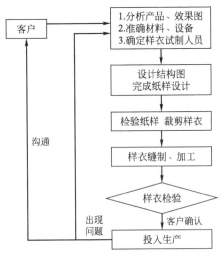

图 6-2 样衣试制流程图

2. 设计结构图及纸样

(1) 设计和确定样品规格及主要控制部位服装的尺寸 样衣的规格一般选用中间号型,一般内销服装需按照国家号型中的中间标准体,即女上装 160/84A,下装 160/68A;男上装 170/88A,男下装 170/76A。外销订单可根据销往国家的中心规格尺寸选择样衣规格。如果是客户来样加工,可按照客户提供的实样测量成品的规格,或者依据客户要求选择样衣规格。

(2) 根据款式选型,选择适当的结构设计方法,填写服装制板通知单 根据客户提供的款式图样或来样,分析该产品何种结构设计的方法,更能准确、便捷地表达出设计要求。常用的结构设计方法主要有原型法、比例分配法、基型法、立体造型设计法和平现与立体相结合的方法。

为了生产样衣、成衣,以服装制板通知单的文件形式进行信息资料管理。表 6-3 是其中一种表达形式。

表 6-3　服装制板通知单

客户：＿＿＿＿　　板单编号：＿＿＿＿　　款式：＿＿＿＿
数量：＿＿＿＿　　完成日期：＿＿＿＿

面料	布料组织： 布料规格： 颜色： 用布量：	附：布料样品
辅料	衬布与用量： 拉链： 钮扣： 缝线：	附：各辅料样品
尺码表（各部位尺寸）：		款式图例及度量方法：
车缝工序、工时及制作注意事项：		裁剪及品质检查：
成品处理：		包装要求：

承制单位：＿＿＿＿＿＿＿＿＿＿　　制表：＿＿＿＿＿＿＿

① 板单编号：为方便各生产部门对号领料、裁剪、车缝及包装等生产工作，编制板单编号。其编号与批量投产生产制造通知单的一致，便于跟单员的业务管理。

② 款式：主要是指款式名称，使生产样衣、成衣的各部门更加了解订单生产的类型和式样。

③ 面料：为了生产制作样衣及时更加明确面料的成分，正确使用面料，使样板设计更加准确。

④ 辅料：为了在样板制作时辅料配料，在通知单中列出制作成衣样衣各种辅料的名称和规格等。

⑤ 尺码表：填写成衣的成品规格及主要细部的规格尺寸，包括定位尺寸。

⑥ 车缝工序及工时：填写生产制作样衣的每道工序及生产时间，为批量生产提供生产安排依据。

⑦ 布料辅料样品：生产制作样衣的面、辅料小样，通常要贴出一小块面、辅料实物，使各生产环节了解和掌握使用面、辅料的情况。

⑧ 款式图及度量方法：在样板制作通知单中绘制出样衣的款式平面图，图中准确地表达了结构及造型，并注明测量的方法及部位。

⑨ 裁剪及品质检查：详细阐述裁剪等工艺环节的质量标准及注意事项，作为产品质量检验的品质标准。

⑩ 制作注意事项：填写制作时特殊部位或特殊工艺的注意事项和工艺要求。

服装样板制作通知单一式三份，分别报送上级主管、样衣生产部门及客户各一份。

(3) 绘制样品纸样　对于适当的结构设计方法，依据订单要求的款式造型，绘制样衣纸片及各种零部件和里料、辅料纸样，并加放缝份和贴边处理。在纸样上注明样片名称、布纹方向、各工艺符号及件数。认真核对有无错误标记和遗漏现象。

3. 确认、修正纸样与立体效果之间的补正

对于一些特殊效果的部件或装饰，若对纸样的设计没有把握，则可以采取应用坯布或实际面料先制成样品，如一些特殊造型的领子、袖子，在人台上进行观察，必要时可做相应的补正工作，以获取立体效果的视觉信息，做到心中有数，从而避免造成不必要的经济损失。必要时也要征求客户的意见，得到确认。

4. 样衣缝制加工

根据订单要求，首先选择缝制方法、缝型、缝迹和熨烫方法等，制定既简单、合理，又能满足客户需要的加工工艺。样衣缝制过程中要做好记录，如加工形式、方法、设备选型、加工时间、浮余时间、加工顺序等。

5. 样衣的审视和检查

样衣加工完成后，要对其进行评价。检验款式造型，面辅料选择、加工工艺、加工质量、规格尺寸等方面是否符合订单要求。如果发现问题及时纠正和提出修改意见。若属于无法补正的问题，则要与客户沟通，得到客户的理解和确认。如果存在大的、根本性的问题，则需要重新试制样衣。

样衣试制后，可与客户确认产品纸样、工艺、工序说明、工时记录等，并留作技术档案资料。

四、客户确认样衣

在样衣试制完成后，跟单员要与客户沟通，以得到客户的确认，并填写样衣确认、鉴定表（见表 6-4）。其主要内容包括：

① 面、辅料选择是否合适；
② 服装规格、样板板型、加工工艺是否达到客户技术要求；
③ 试制样衣实物客户是否满意。

表 6-4 样衣确认、鉴定表

订单编号		通知单批号		号型系列	
产品型号		产品名称		订货客户	
试制车间（小组）		试样负责人		生产数量	
样衣试制数量		小批量生产试制量		备注	
试制中存在的问题					
双方协商处理意见					

双方确认（签字）：

年　月　日

五、封样

样衣试制完成，送交客户最终确认后，对有关资料进行存档，就叫做封样。封样具有以下目的和作用。

① 澄清客户对产品材料、新产品、某些服装因素、技术问题未表达清楚的问题。

② 可通过封样来处理由于某种原因，样衣在试制后无法达到原订单要求的问题。

封样在经双方共同确认并输有关条文认可后，填写封样单（见表6-5），加盖封样章，方可生效。

表6-5 服装产品的封样单

产品名称		合同号	
销往地区		商标	
规格尺寸		生产批量	

封样记录

封样结论

签名：

年 月 日

封样单主要内容包括：
① 产品名称，指封样产品的名称；
② 规格，指成品的规格尺寸；
③ 封样记录，要将封样过程中双方达成的协议明确记录下来；
④ 封样结论，明确表述封样结果，是否同意投产；
⑤ 封样的日期，必须填写清楚，以明确责任。

第四节　服装生产过程中的跟单工作

生产过程中的跟单工作是跟单操作流程中的重要过程。此过程中，跟单的环节较多，工作量也最大。因此在这一过程中跟单要细心，操作要准确，尽量避免出现差错。这一环节的跟单任务主要有以下几项：
① 生产计划的制订与操作；
② 生产计划安排；
③ 面、辅料采购或织造、染整；
④ 生产计划的实施；
⑤ 生产跟进。

一、生产计划的制定与操作

企业的生产计划是生产管理工作的重要内容，也是组织企业生产活动，实现生产过程有效控制的依据。服装企业的生产计划是根据客户订单要求（如生产产品品种、质量、数量、成本、交货期等）来制定的。生产计划的制定是订单实施过程中的关键组成部分，由跟单人员具体操作和实施。生产计划通常采用两种形式：一种是生产总计划，另一种是每个订单的生产计划。

1. 生产总计划的编制

生产总计划是由部门主管根据订单的情况进行编制的。为了保证如期交货，将有关产品款式设计、物料采购、生产制造、包装运输等作业,按作业分工要求,规划出生产加工开始和完成的日期,并落实到有关车间、部门,使各部门了解各自在计划中所承担的责任及与其他部门的关系,既要相互兼顾,又要保证每个订单的交货时间。同时,还可根据服装企业自身的生产能力,合理统筹安排生产。通常是订单数量少,货期紧急的要优先安排;订单数量大的,交货期长的可以稍后安排,以免占用大量资金。订单数量大,交货期短的可以将其中一部分交其他服装企业协作共同完成订单,即所谓的外发加工,以保证在订单要求的交货期内按时交货。外发加工通常会增加成本,通常情况下应在充分发挥本企业生产能力的条件下,尽量减少外发加工的数量。

表6-6表示了生产任务的总体安排计划情况。生产总计划表一经排定,轻易不要更改,否则会打乱整个生产安排及进度,造成差错和损失。计划总表应一式几份,根据企业的实际情况,分别送交有关人员和部门,如总经理、生产主管、财务部门、跟单员等。

表6-6 ×××年××月××日生产总计划表

客户	单号	品种	数量	交货期	本企业生产量	加工要素			跟单员
						加工厂家	数量	交货期	

备注:

总经理: 生产主管: 填表: 年 月 日

2. 订单计划的编制

每一个订单的生产计划,由跟单人员根据总计划表的进程安排来制定。订单计划的制定要明确、清晰,既要保证订单任务顺利完成,又要使跟单工作方便有序,可操作性强。订单计划要将作业分配到工作地和操作者,明确作业开始的时间和完工的时间。表6-7所示为订单生产计划表。表格中是按照每日生产计划安排的。

二、生产计划安排

在制定完成生产计划编制工作后,应立即将计划任务下达到生产部门或加工厂家。通常采取生产任务通知单的形式下达到生产部门。为了使生产部门能够俯客户的意图和要求,在通知单中必须要写明订货的所有要求。生产任务通知单如表6-8所示。

表 6-7　订单生产计划表

日期：

制单号 No.				品名				生产组别				
部门	日											
	1	2	3	4	5	6	7	8	9	10	11	12
裁剪												
分配												
缝纫												
外加工												
整烫												
包装												

表 6-8　服装生产任务通知单

制单号：_____　客户：_____　合约号：_____
款式：_____　布料：_____　交货期：_____　填表日期：_____

颜色 数量 尺码		合计	包装说明	辅料	
				商标	
				拉链	
				钮扣	
				吊牌	
尺码 尺寸 部位			制作要点	图解	
胸围					
身长					
领围					
			度量方法		

制表：_____　　　生产厂长：_____

生产任务通知单包括制单号、客户、合约号、款式、面料、辅料、交货期、成衣规格尺码、颜色、包装说明、制作要求及款式图解等内容。

在生产计划安排过程中，跟单员应注意以下工作内容，及时与服装加工企业联系，确认生产计划是否可以执行。

① 确认生产任务通知单中的内容表达清晰，生产企业完全能够准确理解。如果有不清楚的地方，要及时沟通，解释清楚，做到准确无误。

② 确认能够按照生产任务通知单的开工时间执行，并能够在交货期内交货。

③ 确认原材料运输、送交、收取等环节的操作执行过程，安排好运输工具及交接方式等。

④ 确认交货方式、交货地点、时间等。如是分批交货，还是一次性交货，交货的具体安排等。

⑤ 做好生产计划安排工作的记录，并报呈上级主管。

对于外发加工方式，应建立密切的联系和沟通渠道，填写《外协单位登记表》（见表 6-9）。登记内容既包括正常的联系方式，又应包括外协单位较详细的介绍，如企业规模、生产能力等。另需填写生产企业生产线及设备登记表（见表 6-10），有利于跟单员了解企业生产能力情况，安排生产任务。

表 6-9 外协单位登记表

登记时间： 　　　　　　　　　　　　　　　　　　　　　　　　　资料编号：

名称	（中英文）				
地址				邮编	
电话		传真		E-mail	
联系人		电话		手机	
企业基本情况简介					
备注：					

表 6-10 生产线及设备登记表

流水线	生产品种	设备名称/型号	产地	设备台(套)数	备注
一组					
二组					

三、面辅料的采购或织造、染整

服装生产加工用料要根据客户要求，进行织造、染整。有些常规面料、辅料，可以通过采购获取。

采购是公司企业向外界作出的购物行为，以获得所需的原料。其目的是在获得保质、保量和适时物料的原则之下，尽量降低总成本。

1. 跟单人员在物料采购时应注意的问题

① 要以订单客户提供的原料小样为依据，采购所需原材料。如果在购买过程中遇到困难，需与客户及时沟通，获取客户的认可方可执行。

② 要注意维持物料的持续供应，保证订单的生产任务顺利进行。

③ 避免物料的重复购买。

④ 要注意确保物料的品质质量标准,做好购买验收工作。

⑤ 货比三家,以最低的成本获得所需的原材料、品质和售后服务。

2. 面、辅料采购的方式

面、辅料的采购方式主要有两种:一种是集中采购,另一种是分散采购。这两种方式各有优缺点。集中采购通常是用于大批量的采购任务,其优劣分析如下。

① 集中采购可享受折扣优惠,且易获得的产品品质一致。如面料每一匹布之间都会有色差等问题,集中采购可以尽量避免。集中采购有利于采购技术的专业化,并可节省订购成本。其缺点是作业流程较长,弹性小,对紧急采购任务不能及时完成,容易丧失商机和价格。

② 分散采购,采购周期短,订购速度快,并可有效地利用当地资源,易于管理。但分散采购订购成本高,一般情况下享受的折扣优惠较少,由于需多次采购,容易形成每批货之间的误差,对产品的质量造成影响。

3. 面、辅料的采购方法

采购的方法有很多种,如议价、比价、招标、询价、现购和市场选购等多种方法。

(1) 议价　通常是跟单员以商议的方式来决定购买物料的价格。其适用于:

① 急需购买的物料;

② 供应商无其他竞争对象,仅此一家。

(2) 比价　跟单员通过函告的方式与厂家联系,指定日期前来报价,通过议价的方式选定购买的厂商。其适用于:

① 适于购买的厂商不足三家;

② 购买的物品不易公开招标;

③ 若公开招标,有可能有违标现象发生。

(3) 招标　若物料的供应商在三家以上,则跟单员可以通过公告的方式,请供应商定期前往报价,以公开标价的方式选定供应商。

(4) 询价现购　如果采购的物料数量少且价值不是很高,则跟单员可以直接向市场询明价格,现货采购。这种方式又被称为市场选购。

跟单员在采购过程中,应常与供应商保持联络,确保购买的物料的品质、数量和交货准时。对于大批量的采购,要及时跟催,以保证生产顺利进行。

4. 面、辅料的采购跟单管理

(1) 面料订购单　跟单员在订购原材料时,要填写面料订购单。面料订购单如表 6-11 所示。

在填写面料订购单时注意:

① 产品名称,指所生产订货服装品种的名称;

② 数量,指订单订货的数量;

③ 规格,指该产品的服装成品规格名称;

④ 颜色,指订单任务中服装产品布料的颜色;

⑤ 名称,指面料产品的名称;

⑥ 生产厂家,指生产该面料的企业名称;

⑦ 门幅,指选用面料的幅宽;

表 6-11　面料订购单

订货单位						
合同号						
订货单号						
产品名称						
数量						
交货日期						

面料							
名称	生产厂家	型号	色号	门幅	平均单耗	合计数	备注

采购人：　　　　　　　　　　　　　　　　　　　　年　　月　　日

⑧ 平均单耗，指单件产品生产所消耗的面料的平均用量；

⑨ 合计数，指所需采用该面料的总量。

此表一式三份，上级主管、跟单员、生产厂家各一份。

(2) 辅料、配件订购单　跟单员在购买辅料及配件时填写此单，主要作用是明确所需辅料及配件的品种名称、色号、平均单耗以及配件名称、规格、色号、数量等，见表 6-12。

表 6-12　辅料、配件订购单

订货单位		产品名称	
合同号		数量	
订货单号		交货日期	

规格		数量		颜色	

衬料、里料、袋布							
生产厂家	辅料名称	型号	色号	门幅	平均单耗	合计数	备注

配件							
名称	规格	色号	数量	名称	规格	色号	数量

订购人：

(3) 原材料检验报告单　为了对所需采购的原材料进行确认，必须对原材料进行订购前检验，以确保生产正常进行，并填写表 6-13，原材料检验报告单，每一原材料填写一张单子，并贴附面辅料小样。

表 6-13　原材料检验报告单

合同号		货单编号		款式		产品名称	
原料名称		色号		花型		原料等级	
总数		抽验数		抽验率		生产单位	
两头色差：				样品：			
两边色差：							
匹与匹之间色差：				强力			
				缩水率			
疵点情况：				密度			
				耐热度			
抽验结果：				订货意见：			

检验员：　　　　　　　　　　　　　　　　　　　　　年　　月　　日

（4）原辅材料补充和采购确认单　对再次补充进货的原辅材料，应在质量上严格把关，确保每批采购原材料的品种、牌号、型号、规格、颜色和质量保持一致。可填写参考表 6-14。

表 6-14　原辅材料补充采购确认单

日期：＿＿＿＿＿＿＿＿＿＿＿　　　　　　　　　　　　　　　　　　编号：＿＿＿＿＿

合同号		订单号		品名型号	
规格		数量		颜色	
样品实物：		确认意见：			

制单人：　　　　　　　审核人：

（5）原材料下面标样卡　跟单员为了保存资料，对每款产品可制作原材料确认样卡，其主要依据为原材料订购单、检验报告等，并将原标准做成小样，贴在样卡上（见表 6-15），主要用于确认：

① 审查所有原辅材料的品名、规格、数量是否与客户要求相一致；
② 对所有的原辅材料审查其面、里、衬、线、配件等色彩、搭配是否符合要求；
③ 所有生产所需的原辅料是否配备齐全，有无遗漏；
④ 审核订购所有生产用原材料数量是否齐备。

（6）原料正面确认卡　虽然原料正反面的识别属于一般常识，但由于现代服装潮流中有许多款式利用正反面镶拼来取得较好的设计效果。也有一些产品客户要求用反面作为服装正面来设计服装。因此，在批量生产过程中，为了避免出现差错，用填报原料正面确认卡（见表 6-16）来进行面料管理。

表 6-15　原材料确认样卡

编号：_____

合同号			品名			款式	
订单号			地区			数量	
面料色号						商标样	
面料贴样							
衬里料色号							
衬里料贴样							
用线						吊牌样	
线带夹贴样							
辅料类						洗涤成分标记样	

确认意见：

填卡人：　　　　　　　　　　　　　　　　　　　　　　　年　　月　　日

表 6-16　原料正面确认卡

编号：_____

合同号		品名		款式	
订单号		地区		数量	
原料正面贴样					
色号					
用线					
要求					

制单人：_____
年　　月　　日

（7）原辅料入库单　跟单员对于采购回来的原辅料，经验收后要办理入库手续，填报入库单（见表 6-17）。入库单的有关信息主要包括：供应商、物品编号、名称、规格、数量、单价、金额以及入库时间、存放地点等。

表 6-17　原辅料入库单

编号：_____

物品名称	品名	规格	单价	数量	金额	批号	产地	供应商	存放地点

合计(大写)：

主管：　　　　　合计：　　　　　保管：　　　　　跟单员：　　　　　年　　月　　日

(8) 原辅料出库单　原辅料出库单是跟单员根据生产任务需要，填写此单，经主管审批后，方可凭此单到仓库提取原材料。此单也是原材料使用和结算的记录文件。其内容主要包括原辅料名称、规格、批号、数量、价格金额、使用单位等。具体格式可参考表 6-18。

表 6-18　原辅料出库单

客户：＿＿＿＿＿＿＿＿　　　开单时间：＿＿＿＿＿＿
订单号：＿＿＿＿＿＿＿　　　编　　号：＿＿＿＿＿＿
使用单位：＿＿＿＿＿＿

编号	品名	规格	数量	单价	金额	批号	产地	生产商

合计金额(大写)：
备注：

主管：　　　开单：　　　跟单：　　　保管：　　　　　　　年　月　日

(9) 原辅料提货单　跟单员根据生产通知单，填写原辅料提货单，内容包括编号、原辅料名称、规格、单位、数量。具体格式可参考表 6-19。

表 6-19　原辅料提货单

提货单位：＿＿＿＿＿＿＿　　　开单时间：＿＿＿＿＿＿
生产单号：＿＿＿＿＿＿＿　　　编　　号：＿＿＿＿＿＿
提货地点：＿＿＿＿＿＿＿

编号	品名	规格	单位	数量	批号	备注

提货地点：　　　　　电话：　　　　　联系人：

主管：　　　开单：　　　跟单：

提货单一式几份，分别送交提货人员、跟单员等。提供时交仓库管理员。

四、生产计划的实施

在完成了前期的所有准备工作之后，就要进入实质性的生产任务和实施阶段。

1. 生产计划实施过程中跟单员的工作任务

① 按照生产作业任务的进度，做好各项生产作业任务的准备工作，如面、辅料的采购运输到位、提供生产工艺技术要求等。

② 注意严格控制生产作业的日程进度，及时发现各种问题，并采取对策处理问题，消除有可能造成的损失和隐患。

③ 对所跟进的订单，定期核实，汇总生产进度执行情况，并对生产动态过程进行分析，提出改进生产管理和提高生产效率的建议。

④ 随时监控服装生产过程中的产品质量问题，如发现问题，及时分析产生的原因，并加以处理。

2. 跟单过程中生产计划实施的原则

跟单员在实施生产计划时，特别要注意避免出现两种情况。一种情况是急需生产的货物生产不出来，另一种情况是没有到交货期的货生产了一大堆，导致占用了大面积的仓库。因此，在执行生产任务时，一定要按照合理的实施原则，使生产过程顺畅，可参照以下原则实施生产计划。

① 按照交货期实施的原则。可根据客户订单交货期时间前后的方式，妥善安排生产顺序。交货期急的，优先安排。此项原则是安排生产实施方案的基本原则。

② 按照客户实施的原则。对于重要的客户应当重点安排，在众多的客户之中，应有轻、重之分。

③ 按照工序的原则。对各工序加工时间应给予关注，工序多、加工时间长的工序，在实施生产过程中，要特别注意。

④ 按照瓶颈工作的原则。对于加工难度大、机器负荷重的工序，要予以特别注意，避免出现停产现象。

在实施生产计划的过程中，跟单员还要注意掌握生产产品的质量问题，认真学习生产工艺制单、工艺制造说明、产品质量要求等技术文档，做好质量监控工作。

五、生产跟进工作

生产跟进是跟单员的重要环节，下面分别阐述在此项工作中跟单员的工作任务及操作方法。

1. 跟单员在生产跟进中工作的内容

在生产过程中，尤其是多品种、小批量生产方式，掌握其生产整体动态过程是非常重要的工作内容。也就是要求跟单员有相应的专业技术知识，可通过调查各种产品或零部件的生产过程来掌握生产进度。调查生产过程可按照以下步骤进行。

① 了解掌握各品种的加工进度，即何种产品已经生产加工到何种工序。

② 了解和掌握各种工序在制品的状况，如某订单品种正在何种工序上加工生产。

③ 了解、掌握生产进度的快慢，比较计划进度与实际生产是否相符，判断生产进程是否正常。

2. 跟单员在生产跟进工作过程中的操作方法

跟单员在生产跟进过程中，可按照图6-3进行跟进工作。

跟单员在跟进工作过程中，要经常检查作业的实际进度，并与工作计划进度相对照，如果发现实际生产进度落后于计划安排进度时，要及时调查产生原因，督促有关人员采取改进措施，保证按原计划进度进行生产。

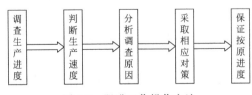

图6-3 跟进工作操作方法

跟单员在跟进过程中，要从以下几个方面进行全方位的跟进工作。

① 采购进度的跟进。面、辅料的采购要严格执行标准的计划完成采购时间，加以严格控制。

② 外协生产的任务的跟进。要特别注意

委托的外企业加工生产的成品或半成品时间的控制，以保证交货期。

③ 生产过程的进度跟进。

④ 订单任务完成的整体进度跟进，包括从接到客户订单到物料分析、订购等方面的整体时间进度的控制。

第五节　服装跟单技巧与应用

服装跟单员在跟单过程中，首先应学习和掌握相关的服装专业基础知识，并不断积累经验，掌握和发现技巧，如综合信息资料汇编，建立各类联络档案资料，制定工作日制等，使跟单工作安排有序，信息畅通，高效无误。

一、建立综合信息资料汇编

跟单工作要进行妥善地管理，在跟单的实际操作过程中，每一位跟单员通常要面对多个客户和多个订单。这就要求跟单工作要管理科学化、规范化和有序化。做到忙而不乱，提高工作效率，准确无误。跟单信息管理主要分为两种：一种是单项订单的信息资料；另一种是综合信息资料汇总，是在单项订单信息资料的基础上，进行汇编综合而成。其目的是使信息综合使用，更趋于合理和便捷，提高跟单工作效率和质量。下面分析综合信息资料建立的方法、技巧和各类统计汇编表格的编制。

1. 跟单进度汇总表的编制

订单运行的进度状况，可通过编制跟单进度汇总表来实施。通常进度汇总表由跟单员自己制定，以便及时了解订单的进程，及时发现问题和采取相应措施解决问题，使跟单工作顺利进行。跟单进度汇总表又称为生产跟踪表（见表6-20）。

表6-20　跟单进度汇总表

客户	单号	品名	规格	交货期	下单时间	订单数量	已交数量	差数	生产日期

跟单员：

跟单进度汇总表同时也是个订单资料的汇编，可以运用电脑现成的办公软件进行汇编，如Office中的Excel表格，建立订单进度。表格中内容项目说明如下：

① 下单时间，是订单经过客户确认后开始生产的时间；

② 累计产量，是指服装产品生产加工完成的数量；

③ 交货数量，指分批交货的产品，已经交付的数量；

④ 差数，指订单数量与交货数量之差，实际表明的是未交货的产品数量。

对于跟单进度汇总表的编制和运行要按照以下要求进行。

① 对于本企业生产加工的服装订单，可以定期（通常的每天），由生产车间统计人员报

送产量报表，跟单员填写生产进度汇总表。

②　对于外发加工服装订单，要求加工企业定期（通常为每天）报送生产统计表。可以通过传真或 E-mail 方式报送生产任务完成进度情况。

③　在进行信息资料汇编时，要做到准确，无误。

④　每天要更新产量进度信息。跟单进度汇总表中的数字是动态变化的，因此在跟单工作中，对所收到的统计资料要及时更新进度表，以保证及时了解和掌握订单的进程。

⑤　跟单员要及时、定期地向有关部门和人员报送跟单进度汇总表。进度汇总表不仅是跟单人员的助手，同时它也是订单信息的综合进度反映。对于上级主管、营销部门都需要及时掌握的重要信息，跟单员可以每两天向上级主管和营销员上报一次汇总表。特殊订单可每天上报一次，以便他们及时掌握生产进度状况。

2. 使用统计表的编制

原材料使用状况信息统计，是跟单人员执行订单的一项重要工作保障。整理和统计原料信息，可以方便跟单员随时查阅，及时跟进原料使用、库存和订购的状况，以保证原料的供应。原材料使用状况统计通常是每月一次，及时准确把握原料的使用信息。填报原料储存数量进行统计（见表6-21），目的是分析原料使用和备存的情况，便于主管人员及时调整原料的储备，以适应市场和生产的需要。

表 6-21　每月面、辅料盘存表

　　　　　　　　　　　　　　　　　　　　　　　　　　　　　　年　　月　　日

品名	规格	批号	产地	供应商	数量	单价	金额	备注

合计：　　　数量：　　　仓管：　　　跟单：

盘存：　　　制表：　　　仓管：　　　跟单：

盘存表中的数字与原料台账中的数字应该是相吻合的，即原料台账中的原料进、销、存，尤其是库存数应与盘存表中的库存数相一致。如果发现不相符现象，一定要及时弄清原料去向，以免造成损失。

除此以外，为了及时了解原料的使用情况，跟单人员还应定期编写原料使用情况报表。通常是2~3天填报一次，以供有关人员，包括跟单员参考。原料使用情况，可采用表格的形式进行统计（见表6-22）。

原料使用情况报表填写说明。

①　品名：指原料，主要是面、辅料的名称。

②　规格：指面、辅料的规格。

③　批号：购买时产品的批号。

④　产地：指原材料的生产地。

表 6-22　原料使用情况报表

年　　　月　　　日

品名	规格	批号	产地	供应商	库存数量	使用情况						结余数量	备注
						订单号	用量	订单号	用量	订单号	用量		

制表：　　　　　　　　　　　　　　　　　　　　　　　　　　　　　　　跟单：

⑤ 供应商：指供应面辅料的客户名。
⑥ 库存数量：指上一次报表中的"结余数量"。
⑦ 订单号：指订单的编号。
⑧ 用量：指面、辅料的使用量。
⑨ 结余数量：指填写报表时的实际库存余量。

面、辅料的信息统计工作，一定要认真严谨，以确保数据准确和及时。原料的台账、盘存表、使用记录报表，应与订单的调拨、出入库单等资料相吻合，避免出现错漏现象。并且如果一旦出现问题时，方便查找原因，使企业对原料的订购、使用管理更加完善。

3. 产品产量信息汇总表的编制

对于服装生产加工企业，其产品就是服装成品。产品产量的统计和汇总，是跟单工作的一项重要内容。主要包括服装产品生产日报表、日报总表以及月产量报表和产品库存信息的统计。

（1）服装产品生产日报表　产量的统计统计工作通常是采用报表的形式进行归纳和统计。生产日报表是表现跟单员所跟订单每日的产量进度情况。它体现了每日的实际工作状况，便于发现生产中的问题，及时采取措施加以解决。服装产品生产日报表可参考表 6-23。

表 6-23　服装产品跟单生产日报表

生产单位：　　　　　　　　　　　　　　　　　　　　　　　　　　　　　日期：

订单号	产品编号	产品名称	计划产量	当日产量	备注
合计：					

制表：　　　　　　　　　　　　　　　　　　　　　　　　　　　　　　　跟单：

服装产品生产日报表内容说明如下。
① 订单号：指所接订单的编号，与合同书中的一致。

② 产品编号：指该订单中某一产品的编号。
③ 产品名称：指所加工生产的产品的品名。
④ 计划产量：指当日生产该品种产品的计划产量。
⑤ 当日产量：指制表当日实际生产的产量。

(2) 服装产品生产日报汇总表　对生产日报表进行再加工，跟单员将生产日报表（见表6-23）中的资料整理后，填写生产日报汇总表（见表6-24）。生产日报汇总表可反映出一段时间内（如一个月），生产任务完成的总进度情况，便于跟单员掌握生产进度的动态过程。

表 6-24　服装产品生产日报汇总表

生产部门	月生产计划	月实际产量	订单号日期							1
合计：										

制表：　　　　　　　　　　　跟单：　　　　　　　　　　　年　月　日

(3) 服装产品月生产量报表　服装产品月生产量反映跟单员所跟订单各生产部门每月的产量汇总表（见表6-25）。主要是用于跟单工作的宏观管理，也是对生产部门进行考核的主要依据。对于企业财务部门的财务结算也是重要的参考资料。

表 6-25　服装产品月生产量报表

填表时间截止　　月　　日

生产企业	订单号	生产单号	品名	规格	产量	备注
合计：						

主管：　　　　　　　　制表：　　　　　　　　跟单：

(4) 服装产品库存信息统计表　对于库存产品通常要定期进行盘存，一般是一个月一次。产品盘存的主要目的是为了了解和掌握服装成品的库存是否合理，为主管人员经营策略和决策提供可靠的参考依据，同时也反映出企业资金的占用情况。库存量大，表示企业经营的产品出现了问题，应分析原因，及时调整。因此，跟单人员应配合好仓管员做好盘存工作。服装产品盘存表的格式，可参考表 6-26。

表 6-26 服装产品盘存表

品名	规格	订单号	生产单号	生产单位	上月结存		本月进货		本月付出		月末结存	
					数量	金额	数量	金额	数量	金额	数量	金额
合计：												

盘存：　　　制表：　　　跟单：　　　仓管：

4. 服装产品交货信息统计表

服装产品交货信息统计表是跟单员对某一时期的所跟订单的交货情况汇总。跟单员做好该表格的统计工作，并送报上级主管及相关部门，有利于协调各部门之间的工作，互通信息，使管理工作更加有序。具体格式可参考表 6-27。

表 6-27 服装产品交货信息统计表

客户	订单号	品名	规格	件数	单位	数量	金额	备注
合计：								

制单：　　　审核：　　　跟单：　　　　　年　　月　　日

5. 服装产品结算统计表

结算是供需双方合作的最为关心的问题。结算信息的汇总工作为企业的主管人员和财务部门提供可靠的参考依据，全面反映出结算工作的进展程度，有利于经营策略的及时调整和正确决策。结算统计工作实际上是将跟单过程中，各个订单的结算通知单的信息进行汇编，建立一个方便查阅的报表，集中全面地反映结算信息，从而使结算工作条理化、有序化。

结算统计表通常是每月进行一次，由跟单人员编制，交财务部门进行审核。通常情况下，服装企业主要有产品销售结算报表（表 6-28），订购面、辅料结算表（表 6-29）和外发加工结算报表（表 6-30）。

表 6-28　服装产品销售结算统计表

客户	订单号	品名	规格	交货期	数量	单价	金额	非金额	差额

合计：　　　总金额：　　　已收金额：　　　差额：

制表：　　　财务：　　　跟单：　　　年　月　日

表 6-29　订购面、辅料结算统计表

品种	规格	供应商	订购编号	到货时间	数量	单价	金额	已付金额	差额

合计：　　　总金额：　　　已收金额：　　　差额：

制表：　　　财务：　　　跟单：　　　年　月　日

表 6-30　服装企业外发加工结算统计报表

订单号	生产单号	加工单位	品名	规格	交付时间	数量	单价	金额	已付金额	差额

合计：　　　总加工金额：　　　已付金额：　　　差额：

制表：　　　财务：　　　跟单：　　　年　月　日

二、建立相关客户的资料汇编

相关客户指的是与跟单工作有关联的企业，或者将来有可能发生业务往来的单位。与服装跟单员相关的主要有面、辅料供应商，客户和外协加工单位。

建立相关客户资料汇编的主要目的是：

① 便于跟单员工作任务的顺利完成，可以随时查找到有关信息资料；
② 便于企业内部其他人员与客户的沟通和联络；
③ 为实现客户信息资源共享而建立起一个平台；
④ 提高跟单工作效率。

建立相关客户资料汇编的方法，通常可通过企业的有关人员和部门（如跟单员、主管人员、经营部门），也可以通过其他媒介（如网络、报纸、电视、广告等）进行资料的收集和汇编整理。客户信息资料可以采取表格的形式，并分别汇编成册，建立《客户名录信息》、《原料供应商名录》和《外协加工单位名录》。

1. 客户名录信息的建立

为了使跟单工作更加条理化和有序化，而建立客户个人档案。客户个人档案的建立，使得客户信息能够完整、准确、清晰地保管和存放，便于有关人员随时查阅。单独建立客户名录信息汇总档案，也是为了避免与其他信息资料混淆，使档案资料整理更加规范化。

（1）客户档案资料记录　客户档案资料的内容，主要包括能够及时准确反映客户较全面信息，如客户名称、法人代表、地址、主管负责人姓名，开户银行、账号、税务登记号、跟单联系人姓名、联系方式、企业概况等。其格式可参考表 6-31。

表 6-31　客户登记表

建立时间：				资料编号：
名称：		（中、英文）		
地址：		（中、英文）		
电话(Tel)：		传真(Fax)：		
网址(http)：		E-mail：		
法人代表：	电话：	手机：	E-mail：	
主管代表：	电话：	手机：	E-mail：	
跟单人员：	电话：	手机：	E-mail：	
开户银行：		账号：		
税务登记号：				
企业概况：				
备注：				

企业概况中介绍企业生产的主要产品、生产能力、人员、设备情况介绍等。将客户登记表汇编成册，就形成《客户名录信息》。

（2）原料供应商名录　跟单员在原材料采购过程中，为了便于采购，提高工作效率，可以及时查找到原材料供应商的信息，尤其是在原材料增补购买时，建立原料供应商名录就显得非常有必要。同样可以采用原料供应商登记表（表 6-32）的方式，进行具体操作。

将原料供应商登记表汇编成册，便可建立《原料供应商名录》。

（3）外协加工单位名录的建立　在订单生产过程中，经常会出现自身加工企业生产能力不足，无法按时完成加工任务，或者是订单产品本企业不具备加工条件的情况，这就需要采取送外加工订单的方式，由外加工单位协助完成加工任务。建立外协加工单位名录，是为了便于查找到加工企业，并与其保持联系，高效准确地完成订单任务。同样可以采取填写外协加工单位登记表（表 6-33）的方式。

表 6-32　原料供应商登记表

建立时间：　　　　　　　　　　　　　　　　　　　　　　　　　　资料编号：

供应商：　　　　　　　　　　　（中、英文名称）
地址：　　　　　　　　　　　　（中、英文）
电话(Tel)：　　　　　　　　　 传真(Fax)：
网址(http)：　　　　　　　　　E-mail：
法人代表：　　　电话：　　　　手机：　　　　E-mail：
主管代表：　　　电话：　　　　手机：　　　　E-mail：
主要业务员：　　电话：　　　　手机：　　　　E-mail：

开户银行：　　　　　　　　　　账号：
税务登记号：

产品供应情况				
名　　称	规　　格	日供应能力	单　　价	备　　注

表 6-33　外协加工单位登记表

建立时间：　　　　　　　　　　　　　　　　　　　　　　　　　　资料编号：

企业名称：　　　　　　　　　　（中、英文）
地址：　　　　　　　　　　　　（中、英文）
电话(Tel)：　　　　　　　　　 传真(Fax)：
网址(http)：　　　　　　　　　E-mail：
法人代表：　　　电话：　　　　手机：　　　　E-mail：
主管代表：　　　电话：　　　　手机：　　　　E-mail：
主要业务员：　　电话：　　　　手机：　　　　E-mail：

开户银行：　　　　　　　　　　账号：
税务登记号：

企业基本情况介绍：

设备情况				
设备名称	型号	台套数	可加工产品品种	备注

企业基本情况介绍主要是说明企业的基本情况，如企业生产产品的类型、职工人数、流水线数、生产能力及对企业的总体印象。将外协加工单位登记表汇编成册即成为外协加工单位名录汇总资料。

2. 建立资料档案夹

跟单档案资料工作的另一方面技巧，是可通过建立资料夹的方式，来存放跟单工作中的有关文件、资料。资料夹可以参考下列方式建立。

① 将每一订单的所有信息资料归档在一个资料夹内。

② 建立信息资料分类夹。如上述的客户档案资料夹，原材料供应商资料夹，外协加工单位名录资料夹。

③ 建立各类生产技术管理档案资料夹。如面、辅料检验方法及标准，服装成品检验质量标准等。

④ 各类规章制度文件夹。

资料夹通常使用纸制或塑料文件夹，要坚固耐用。

为了便于对某一订单有关资料信息的查询，将涉及这一订单的所有资料，按照《服装工艺术语》，使用国家标准规定用语，采用 6 开规格，整理档案资料，其内容包括：

① 封面样张（见表 6-34）；

表 6-34 服装产品生产订单档案（封面）

合约号		订单号	
型　号		客户号	
本卷编	自　　　　起		
		年　　月　　日	
制日期	至　　　　止		
本卷页数		保管期限		密报	

××服装公司　　跟单

② 卷内目录（见表 6-35）；

③ 分类编目索引（见表 6-36）；

④ 分类编目说明。

在对服装产品进行分类编目时，其编制内容主要包括 5 个部分。第一部分代表服装穿着性别，如男装为 M，女装为 W，男童为 B，女童为 G。第二部分代表服装的材料成分，如毛织物为 W，全棉织物为 C，丝绸织物为 S，麻织物为 L，化纤织物为 T，涤棉织物为 TC，毛涤织物为 WT，毛皮为 F。第三部分代表产品代号。第四部分代表生产年度。第五部分为序号。如女长袖全棉衬衣表示为：WC1-99-01。

服装产品档案的密级分为机密、秘密和一般三种。国家优质名牌产品和获得专利权的产品为机密档案，部、市优质产品或企业专卖店高档次产品可归为秘密档案，其他则属于一般档案。保管期一般分为长期、5 年、3 年三种。机密类保存档期为长期，秘密类为 5 年，其他一般类为 3 年。

表6-35 卷内目录

序号	内　　容	单据来源	拟订	份数	页数	备注
1	服装生产合同书(订货单)					
2	订单评审表					
3	服装样板通知单					
4	服装样板鉴定表					
5	服装产品封样单					必须有确认章签字
6	服装生产制作通知单					
7	跟单员月生产计划安排表					
8	面料订购单					
9	辅料配件订购单					
10	原材料检验报告					
11	原辅料入库单					
12	原辅料出库单					
13	原辅料补充采购确认单					必须有章确认
14	原辅料提货单					
15	服装生产工艺单					含执行文件
16	生产进度日报表					含执行文件
17	服装半成品检验表					含检验记录
18	服装成品检验报告					含检验记录
19	服装成品入库单					
20	服装成品出库单					
21	服装成品交货单					
22	装箱搭配单					
23	订单结算通知单					

表6-36 分类编目索引

1	服装性别	男装	M	女装	W	男童	B	女童	G
2	织物成分	全棉	C	丝绸	S	毛	W	麻	L
		化纤	T	涤棉	T/C	毛涤	WT	毛皮	F
3	代号	产品			代号	产品			
	1	长袖衬衫			15	连衣裙(有袖、无袖)			
	2	短袖衬衫			16	两件套			
	3	无袖衬衫			17	三件套			
	4	睡衣、睡衣套装			18	(背心)马甲			
	5	衬衣、睡袍			19	游泳衣、裤			
	6	长裤			20	围兜			
	7	短裤			21	西服			
	8	内裤、运动裤			22	礼服			
	9	夹克衫、拉链衫、T恤			23	学生服			
	10	中山服			24	婴儿服			
	11	长大衣			25	宾馆服			
	12	中大衣			26	标志服(军服、制服)			
	13	短大衣、卡曲			27	防寒服、羽绒服			
	14	风雨衣			28	沙滩服			
4	(公元)年度								

思维拓展

1. 服装成衣跟单的主要形式有哪两种？在具体工作过程中分别要注意什么？
2. 在样衣试制时通常要选择中间号型，为什么？

思考与练习

1. 在跟单过程什么是订单评审？订单评审有何意义？
2. 订单评审包括哪些内容？
3. 请叙述样衣试制的流程。
4. 服装生产过程中跟单员要做好哪几项工作？
5. 服装跟单工作有哪些技巧？

第七章 服装成品包装、出货、运输跟单

> **学习目标**
>
> 1. 了解包装的分类、包装材料的基本知识,掌握服装包装跟单的相关知识。
> 2. 了解服装成品出货的流程,掌握出货期间跟单员的职责。
> 3. 了解服装运输的方式,掌握水路运输方式。

第一节 服装成品包装跟单

一、服装包装的意义

服装包装在流通过程是必不可少的,它不但能保护服装、方便储存、便于运输,还能达到介绍产品、指导消费、宣传促销的作用,并具有区分服装、树立形象、创造价值的作用。许多国家对进(出)口服装产品的包装要求更高,商检及海关都非常重视。

服装包装是服装生产的继续,只有通过服装包装,才算完成生产过程,服装才能进入流通领域和消费领域,并实现其使用价值和价值。它是保护服装在流通过程中质量完好和数量完整的重要措施。在国际服装贸易中,服装包装不仅是说明服装的重要组成部分,而且好创意的服装包装,还可以提高服装的身价,吸引顾客、扩大销路、增加服装的附加值,因此许多国家都把改进服装包装当作加强对外竞争的重要手段之一。

二、服装包装的分类

1. 按包装的层次及防护要求分类

服装产品的包装一般有三种:内包装、中层包装和外包装。

(1) 内包装 即产品的主体包装,又称小包装,通常是指将若干件服装组成最小包装整体,在数量上大多采用五件或十件、半打或一打为一个整体。内包装主要是为了加强对成衣的保护、促销,同时也是为了便于再组装和清点数量方便,是服装储存、运输的保障。小包装内成品的品种、等级需一致,颜色、花型、尺寸规格等应符合客户方的要求,在包装的明显部位要注明厂名(国别)、品名、货号、规格、色别、数量、等级、生产日期等。对于外销产品或部分内销产品,需注明纤维名称、纱支、混纺比例以及产品使用说明。

(2) 外包装 外包装又称运输包装或大包装,是为了适应储存、搬运过程的需要所进行的包装,外包装作为保护性包装增加了包装费用,但是具有提高产品的叠码承受能力,加速交接、点验等作用,它既保障了服装在流通中的安全,又防止出现"货损"、"货差"。

(3) 中层包装 中层包装是介于内包装与外包装之间的包装,又称为销售包装,通常起到保护产品和促进销售的作用。

2. 按用途分类

(1) 销售包装 服装的销售包装是以促进服装销售为主要目的的包装,它起着直接保护

服装的作用。销售包装讲究装潢印刷，包装上大多印有商标、说明、生产单位，因此又具有美化服装、宣传服装、指导消费的作用。

（2）工业包装　服装的工业包装是以强化输送、保护服装为主要目的的大体积包装，其注重牢固、便于运输，不讲究外部设计。

（3）特种包装　特种包装属于保护性包装，其材料的构成须由运送和接受单位共同商定，并有专门文件加以说明。

3. 按国际贸易的习惯做法分类

根据国际贸易中的习惯做法，通常采用服装中性包装，包括无牌生产和定牌生产。服装中性包装是指不标明生产国别、地名和厂商名称，或者不标明商标或品牌的服装包装。采用服装中性包装，是为了打破某些进口国家与地区的关税和非关税壁垒以及适应交易的特殊需要（如转口销售等），它是出口国家加强对外竞销和扩大出口的一种手段。

（1）无牌服装中性包装　无牌服装中性包装是指服装包装上既无生产国别和厂商名称，又无商标或品牌标志。

（2）定牌服装中性包装　定牌服装中性包装指服装包装上仅有买方指定的商标或品牌，但无生产国别和厂商名称。

4. 包装的其他分类方法

根据服装的所属类别，包装可分为衬衫包装、服饰包装、内衣包装、T恤包装等。

根据包装所用的材料不同，可分为纸包装、塑料包装、木包装、金属包装、玻璃包装、复合材料包装和其他天然材料包装等。服装产品的包装材料多选用纸包装和塑料包装（内包装）。

根据包装造型结构的不同，可分为便携式包装、开窗包装、透明包装、悬挂包装、堆叠式包装、组合式包装和礼品式包装等。服装产品的单个包装与内包装多选用透明包装，大包装多选用堆叠式包装和悬挂包装。

根据包装质量不同，可分为高档包装、中档包装和低档包装（或普通包装）。一般外销产品、专卖品、礼品性质的服装产品多采用高档或较高档包装；团购产品、进超市销售的产品采用中档包装；低端客户产品一般采用低档包装。

根据包装使用次数或包装能否回收再重复利用进行分类，可分为一次包装和多次用包装。一般纺织品包装中的大包装均可多次重复利用，以节约成本、减少物耗。

三、服装包装的基本材料

包装材料是包装的物质基础，是包装功能的物质承担者。总体来讲包装材料应具备下列性能。

① 具有一定的机械性能：即拉伸强度、抗压强度、耐破强度等。
② 具有一定的物理性能：即耐候性、阻隔性、透明性等。
③ 具有一定的化学性能：即耐腐蚀性、耐化学药品性、化学稳定性等。
④ 具有一定的加工性能：即具有一定的成型加工性、机械操作适应性和印刷适应性。

常用的包装材料有纸制包装材料、塑料包装材料、玻璃包装材料、金属包装材料、复合包装材料、天然包装材料等。其中，纸制包装材料和塑料包装材料在服装产品的包装中应用最为广泛。

1. 纸制包装材料

纸制包装材料之所以受到大众的青睐，是基于它具有其他材料不能替代的优点，被认定为最有前途的绿色包装材料之一。不同包装容器的容量和能源消耗的比较见表 7-1。

表 7-1　不同包装容器的容量和能源消耗的比较

容器	纸盒	金属罐	玻璃瓶	塑料袋
容量/mL	500	250	200	200
耗能/kJ	577.1×4.18	806.4×4.18	1120.0×4.18	315.4×4.18

(1) 纸制包装材料的特点
① 原料来源广、生产成本低。
② 保护性能优良。
③ 加工储运方便。
④ 印刷装潢适应性好。
⑤ 绿色环保，易于回收处理。
⑥ 安全卫生。
⑦ 复合加工性能好。

(2) 常用的纸制包装材料　常用的纸制包装材料有纸袋纸、牛皮纸、鸡皮纸、玻璃纸、羊皮纸、仿羊皮纸、瓦楞原纸、油封纸、糖果包装纸、茶叶装滤纸和感光防护纸等。

① 牛皮纸　牛皮纸属于高级包装纸，分为一号牛皮纸和二号牛皮纸，多用于服装产品终端销售的便携式包装。其具有较高的耐破度和良好的耐水性，包装产品既有卷筒纸，也有平板纸。

② 鸡皮纸　鸡皮纸是单面光的平板薄型包装纸，在纺织品包装中一般被用作印刷商标之用。

③ 玻璃纸　玻璃纸透明度高，光泽性好，印刷效果佳，常用于纺织品的美化包装，因此高档纺织品的包装中常大量使用玻璃纸。

④ 瓦楞原纸　瓦楞原纸是制造各种瓦楞纸板及瓦楞纸箱的主要材料，瓦楞纸板可制作纸盒、纸箱及瓦楞衬垫。瓦楞纸盒和纸箱是服装产品最常用的包装之一。

瓦楞纸板的类别主要依据瓦楞纸板的规格型号、瓦楞形状和用纸层数三个方面来划分。瓦楞纸板的规格型号由瓦楞高度（楞谷与楞峰之间的高度）、不同的瓦楞数（楞与楞之间的疏密程度）和不同的瓦楞收缩率来确定，依次列为 K、A、C、B、D、E、F 等七种型号，目前国际上通用的为 A、C、B、E 四种型号。A 型瓦楞纸板具有较好的缓冲性，富有一定的弹性；C 型瓦楞纸板较 A 型楞次之，但挺度和抗冲击性优于 A 型楞；B 型楞排列密度大，制成的瓦楞纸板表面平整，承压力高，适于印刷；E 型楞薄而密，更呈现了它的刚强度。瓦楞形状是指瓦楞剖面齿形轮廓的波纹形状，通常分为 U 形、V 形和 UV 形，不同的楞形具有不同的特点，其特点比较见表 7-2。瓦楞纸板的用纸层数指用于被制成瓦楞纸板的厚纸层数，依据层数多少可将瓦楞纸板分为二层瓦楞纸板（又称单面瓦楞纸板）、三层瓦楞纸板（又称双面瓦楞纸板）、五层瓦楞纸板（又称双层瓦楞纸板）、七层瓦楞纸板（又称三层瓦楞纸板）。服装产品在选择包装瓦楞纸箱时可根据服装的性质特点，结合瓦楞纸板的规格型号、瓦楞形状和用纸层数三个方面综合考虑。

表 7-2 不同瓦楞性能特点比较

瓦楞形状	平面抗压力	缓冲弹性	受压后回复能力	黏合剂耗用量	瓦楞辊磨损	瓦楞粘接线
U 形	弱	好	强	多	慢	宽
V 形	强	差	弱	少	快	窄
UV 形	较强	较好	较强	较少	较慢	适中

根据不同的用途，成衣包装所使用的纸张也有所区别。如厚度为 0.3mm 的硬纸板通常用作包装盒及男衬衫包装用衬板；瓦楞纸或板具有减震作用，可做纸箱、纸盒或需减震的包装；防水纸可用于需长途运输的成衣包装。各企业可依据服装的品种、档次等选择合适的纸张种类，内包装材料技术要求可参考 GB/T4856 针棉织品包装标准。

2. 塑料包装材料

20 世纪 80 年代初，塑料以其巨大的优越性席卷了包装的各个领域，不仅用于单个包装、内包装、外包装，而且用于运输包装，甚至出现了取代或部分取代纸、木、玻璃、金属包装的趋势。

塑料包装材料质轻、节能、透明、卫生，其机械性能良好，化学性能稳定，具有适宜的阻隔性与防渗透性（可防水防潮），良好的加工性能和装饰性，被广泛用作成衣的包装袋。较硬的塑料通常用于制作男衬衫的领撑，以使包装后的领子呈"站立"状；此外，塑料夹、塑料衣架、塑料别针等，亦是服装上经常使用的包装材料。

塑料在给人们带来巨大便利的同时，其废弃物也给人们带来了严重的环境污染问题。塑料无法被自然分解，目前塑料废弃物的处理方法主要有填埋、焚烧和回收。填埋占用大量土地，焚烧产生有毒气体，在高温环境还会分解出有毒气体，回收利用废弃塑料时，分类十分困难，经济上不合算。此外，塑料是由石油炼制的产品制成的，而石油资源是有限的。因此，在环保日显重要，资源、能源更趋紧张的今天，塑料包装材料将经受严重的挑战，向着节能、节源，易回收利用，易被环境降解等方向发展。

3. 其他包装材料

（1）玻璃包装材料 具有高度透明性及抗腐蚀性，制造工艺简单、造型自由多变、硬度大、耐热、洁净、易清理并具有可反复使用的特点。常用于酒类、饮料、药品等的包装。

（2）金属包装材料 金属容器具有机械强度高、抗冲击能力强、不易破碎的优点，能隔绝空气、光线、水汽的进入和防止香气的散出，密闭性好、抗撞击、可以长时间保存。

（3）复合包装材料 将两种或两种以上的材料通过一定的方法加工复合，使其具有各层材料的特性。复合材料广泛使用于冷冻、冷藏食品、洗发水、油、醋、酱油、洗涤剂等，能解决上述产品在包装生产、运输过程中的包装速度、破包、漏包、渗透等问题。

（4）纤维包装材料 指由各种材料制成的纤维通过交织而成的包装材料。纤维材料从天然纤维到合成纤维取材广泛，可以灵活按照包装要求进行设计加工。

（5）木质包装材料 木质包装质量轻、强度高，有一定的弹性，能承受冲击和震动，取材方便，容易加工。常用于包装材料的木材有红松、马尾松、白松、杉木、椴木、桦木、人造板材等。

四、服装成品包装的形式

在服装成品包装中，经常使用的有袋、盒、箱等形式。每种包装形式各有利弊，需根据产品的种类、档次、销售地点等因素，合理选用。

1. 袋包装

袋包装是指成衣折叠好后要装入相应的包装袋。它具有保护服装成品、防灰尘、防脏污、便于运输等优点，而且品种多，可选择的范围大，价格较低，在服装企业中使用最为广泛。但是袋包装存在支撑强度小、容易损坏的缺点。包装袋通常由纸或塑料薄膜材料制成，不同品种的服装，可选择与之匹配的包装形式和尺寸。

服装折叠入袋时不仅要考虑到运输的方便，还要便于服装在卖场中的陈列展示，要把产品的特色之处、款式的重点部位，特别是将服装的吊牌（价格标牌）显示于可见位置。装入袋后要平整，封口松紧适宜，不得有开胶、破损现象；塑料袋透明度要强，印有的字迹图案要求清晰、不得脱落，并与所装服装上下方向一致。

2. 盒包装

盒包装是一种比较硬的包装方式。包装盒大多采用薄纸板材料制成，也有用塑料制作。其成本低、强度较好、外表美观，但包装量受限制、体积较大、运输成本较高。包装盒有折叠盒和固定盒两种加工形式。包装盒的种类一般有帽盖式、天地罩式、摇盖插嘴口式、胖顶压底板式和抽屉式。

3. 箱包装

箱包装是将独立包装后的数件服装成品以组别形式放入箱中，方便装运和批发销售。一般采用瓦楞纸箱，但对一些需要防压的高档服装和远程运输的服装，则采用较坚固的板条箱和木箱。包装箱的内外要采用防潮措施。纸板材料和技术标注应符合 GB-6544 瓦楞纸板标准中的有关规定。纸箱的技术要求可参考 GB/T4856 针棉织包装标准。定制外包装箱尺寸，应结合所使用的运输方式，特别是在使用集装箱进行运输时，确定外包装箱尺寸应考虑充分利用集装箱内容积。采用挂装的箱内要有支架，可把立体包装的服装直接吊挂在上面。

4. 真空包装

真空包装是把成品服装放入袋状包装物中，用抽气机将袋内抽成真空后，再将袋口严密封闭。真空包装可缩小成衣的体积，减少服装工厂和商店的储存空间；减少成衣重量，降低运输成本；在装运前和装运期间，防止服装沾污或产生异味。真空包装特别适合体积大且蓬松的棉绒类服装。此外，一些妇婴卫生保健服装、医用服装等产品大多采用真空包装的形式，确保经过消毒的服装成品不会在运输、销售过程中，被再次污染。

5. 挂装与立体包装

挂装，又称立体包装。指服装成品以吊挂的形式运输、销售。随着服装制造业的国际化，高档服装客户的比例正在不断增加。目前在外贸服装物流中，挂装运输已经成为一种趋势，比较多的应用于高档服装出口的集装箱运输。立体包装克服了服装经包装与运输后产生的皱褶，保持了良好外观，提高了商品的价值。由于立体包装是将衣服挂在衣架上，外罩塑料袋，再吊挂在包装箱内。每箱可以挂装西装约 20 件套。因此对服装企业来说，增加衣架、大塑料袋等包装材料的消耗，增大了运输空间，提高了运输费用，投入较大。

在选择服装产品的包装形式和包装材料时，应结合客户的具体要求执行。

① 如果客户指定包装材料或对包装材料和包装方法有特殊要求，则根据客户指示在物料采购阶段进行采购。

② 如果客户未指定包装材料，则可以选择工厂惯常使用的包装材料和包装方法，也可

以要求客户确认包装材料和包装方法,以免出现因包装细节引起的贸易纠纷。

五、服装成品装箱的分配方法

（1）单色单码装　按同种颜色、同一规格的服装进行装箱。
（2）单色混码装　按一定的比例进行规格搭配装箱。
（3）混色单码装　按一定的比例进行颜色搭配装箱。
（4）混色混码装　先按一定的比例进行规格搭配,然后再考虑进行颜色搭配装箱。

六、包装的标志

包装标志是为了方便货物交接,防止错发、错运、错提货物,方便货物的识别、运输、仓储管理和海关等有关部门依法对货物进行查验等,也便于收货人提取货物,在进出口货物的外包装上标明的记号。它是用来指名被包装物质的性质和物流活动安全以及理货分运的需要进行的文字和图像的说明。

包装标志按其作用不同,可分为运输标志、指示性标志、警告性标志、辅助性标志。在国际物流中则要求在包装上正确绘制货物的运输标志和必要的指示标志。

1. 运输标志

运输标志（Shipping Mark）,又称唛头,是商品包装上的主要标志,它一般由一个简单的几何图形、字母、数字及简单的文字、收/发货人名称简字代号、目的地名称以及件数等组成。依照国际标准化组织（ISO）的建议,运输标志包括四项内容。

① 收/发货人名称简字首或简称。
② 参照号码。例如买卖合同号码、订单号、发票号、货运单号、信用证号等。
③ 目的地。货物运送的最终目的地或目港的名称。
④ 件数号码。本批每件货物的顺序号和该批货物的总件数。

纸箱唛头一般分为主唛与侧唛两种,主唛上一般标有客户代号或名称、目的港、货号、颜色、规格、箱号、数量、产地等,侧唛上一般为颜色规格与数量等。箱（袋）外唛头标记要清晰、端正,不得有任何污染。

运输标志的实例如图7-1所示。

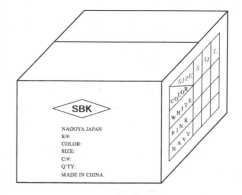

图7-1　纸箱主侧唛

2. 指示性标志

指示性标志（Indicative Mark）是按商品的特点,对于易损、易碎、易变质的物品,在搬运装卸操作和存放保管条件方面所做出的要求与注意事项,用图形或文字表示的标志。例如,"小心轻放"（配图：玻璃杯）、"防潮湿"（配图：挡住雨水的雨伞）、"此端向上"（配图：箭头朝上）、"请勿践踏"（配图：大头皮鞋上打叉）等。

3. 警告性标志

警告性标志（Warning Mark）又称危险物品标志,是指在易燃、易爆、腐蚀性和氧化剂或放射物质等危险物品的运输包装上用图形或文字表示的各种危险品的标志。其作用是警告有关装卸、运输操和仓储保管人员注意按照货物特性采取必要的相应保护措施,以保障人身和货物的安全。实例如图 7-2 所示。

图 7-2 警告性标志

国际上一些标准组织或机构、我国的国家标准等对警告性标志都做出了相应的具体规定，跟单员应熟悉这些标准。

4. 辅助性标志

辅助性标志是指在商品的外包装上用于补充说明箱型尺寸、重量、产地标志等内容的，起辅助说明作用的各类文字或图形的总称。

（1）重量标志 在运输包装上说明包装货物的毛重及净重。

（2）体积标志 在运输包装上说明包装货物的最大外形尺寸。

以上两个辅助性标志结合起来，可以很方便地判断出包装货物是"标货"、"重货"，还是"轻货"，便于承运部门参考这些数据，选择运输方式和货物的堆垛方法，便于确定计算运输费用的标准。

（3）产地标志 一般在商品包装上注明生产厂商或产地名称。一般情况下，商品产地是海关统计和征税的重要依据，海关往往会要求在商品包装上和单据上注明产地名称，跟单员跟单时应该照章办事。但如果合同中规定了"中性包装"条款，则应该在商品包装上和相应的单据上隐去产地名称和厂商名称。

（4）配码标志 配码标志是指包装内货物按规格装箱的分配方法的具体说明。可以视情况采用单色单码、单色混码、混色单码、混色混码四种装箱方法。这些说明往往运用"配码标志"来呈现，也可以在唛头中展示出来（见图 7-1）。

七、包装跟单

包装设计是指选用合适的包装材料，运用巧妙的工艺手段，为包装商品进行的容器结构造型和包装的美化装饰设计。包装设计的流程有：设计构想→样品制作→试装试验→图纸绘制。货物包装应符合国家包装标准或行业包装标准的规定。

跟单员确定客户对包装的要求之后，要评估是否需要将包装的设计工作交由专业设计公司外包制作。

1. 包装产品采购定制跟单

如果包装的设计工作有必要实施采购或外包设计生产时，跟单员可会同物料采购部门，提出采购/外包申请单，呈报生产部主管审批，生产部主管做出核实后准予外包，再由物料采购部门派出跟单员对外包设计公司进行调查、评估和选择。在确定好设计公司之后，双方签订合约，并且要向设计公司清楚表达设计要求，包括交代设计意向、设计开发用材料、确定的材料供应商资料以及产品批准报告。在设计生产过程中，物料采购部门的跟单员需要进行联系协调，确保其按规定进行设计加工，并了解外包的进度、质量，同时要实施跟催，以确保能如期交货。

2. 包装操作跟单

如果是采用企业常用的包装材料进行包装,跟单员需要根据订单中跟客户约定的包装条款,将包装要求如表 7-3 所示书面下达至车间。在下达时要注意产品的包装及包装上的各种标贴等应严格按客户要求执行。每种产品的客户可能不止一个,他们对于箱用标签、条形码、包装袋可能会有不同的要求。

表 7-3　装箱细节例表(××服装有限公司装箱单)

日期 2008 年 4 月 7 日

客户	YESLENG						款号(S/#)		92090
总箱数	50						总件数		1500PCS
箱号	颜色	箱数	规格分配比例					件数	合计
			S	M	L	XL			
1~18	BLACK	18	5	10	10	5		30	540
19~30	PINK	12	5	10	10	5		30	360
31	PINK	1	5	9	12	4		30	30
32~40	NAVY	9	5	10	10	5		30	270
41	NAVY	1	4	11	10	5		30	30
42~50	BLACK	9	1	2	2	1		30	270
	PINK		2	4	4	2			
	NAVY		2	4	4	2			
TOTAL		50							1500
备注									

制表:　　　　　　审核:　　　　　　签收:

必要的时候在表中还需要毛重与净重的相关资料。

总之,无论哪种包装跟单,在大货包装前,都应核查包装的第一件包装品,确保物料齐备及包装方法正确后,方可进行大批量包装,如客户有特殊要求的,需经客户批核后再进行大货包装,或提前包装一件样品送至客户处去批办。

八、成衣包装的质量要求

成衣包装是服装生产的最后一道工序,跟单员要特别注意必须按要求保质保量完成。在包装过程中,必须严格执行有关的工艺标准或规定。

① 服装在包装前线头、污渍要清理干净;衣服缝份要熨烫平服,不得起烫痕,蒸汽整烫后,不能马上装入塑料袋内,以免包装后服装因潮湿而发霉。

② 全棉面料的衣服要加拷贝纸,有印花的衣服印花处要加拷贝纸。

③ 吊牌按指定的位置挂上,不干胶贴纸按指定的位置粘贴。

④ 成衣包装必须按照规定的尺码、规格、印字、标志及数量、颜色搭配等进行包装,并按照要求及尺码进行折叠。

⑤ 塑料袋不得破损。

⑥ 小包装应做到规格与数量相符,产品搭配与合同相符,实物与号型规格相符。

⑦ 大包装要做到标记项目无遗漏，箱号无重复。并且做到规格、品号、颜色、数量的准确无误。
⑧ 纸箱封口处要加垫板，以防开箱时划破衣服。
⑨ 检查外包装完整无损，包装箱内清洁无杂物。
⑩ 箱唛各项内容要填写清楚、不可漏填任何内容，唛头与合同完全相符。
⑪ 打箱带牢固。
⑫ 装箱单要按实际填写清楚、整洁，及时送给生产部。
包装合格即可入库或交运。

九、服装包装的发展趋势——绿色包装

鉴于包装对的环境污染和全世界范围内的绿色潮流和绿色经济的推动，实行绿色包装是实现包装业可持续发展，解决环境问题的必由之路。绿色包装又称无公害包装，就是能够循环复用、再生利用或降解腐化，而且在产品的整个生命周期中对人体及环境不造成公害的适度包装。

具体言之，绿色包装具有以下的含义。

① 实行包装减量化（Reduce）。绿色包装在满足保护、方便、销售等功能的条件下，应使用最少量的适度包装。欧美等国将包装减量化列为发展无害包装的首选措施。

② 包装应易于重复利用（Reuse）或易于回收再生（Recycle）。通过多次重复使用，或通过回收废弃物，生产再生制品、焚烧利用热能、堆肥化改善土壤等措施，达到再利用的目的。既不污染环境，又可充分利用资源。

③ 包装废弃物可以降解腐化（Degradable）。为了不形成永久的垃圾，不可回收利用的包装废弃物要能分解腐化，进而达到改善土壤的目的。目前世界各工业国家均重视发展利用生物或光降解的包装材料。

Reduce、Reuse、Recycle 和 Degradable 是现今世界公认的发展绿色包装的 3R、1D 原则。

④ 包装材料对人体和生物应无毒无害。包装材料中不应含有有毒物质或有毒物质的含量应控制在有关标准以下。

⑤ 在包装产品的整个生命周期中，均不应对环境产生污染或造成公害。即包装制品从原材料采集、材料加工、制造产品、产品使用、废弃物回收再生，直至最终处理的生命全过程均不应对人体及环境造成公害。

前四点应是绿色包装必须具备的要求，最后一点是依据生命周期评价，用系统工程的观点，对绿色包装提出的理想的、最高的要求。

第二节　服装成品出货跟单

出货是企业按计划发出产品的过程。当产品按照客户需求完成生产，为保证订单产品能准时付运，在产品生产进入包装阶段时，跟单员就要着手跟进出货安排。

一、出货跟单流程及跟单员工作职责

当所有产品进行过商检、水洗测试和船前样成品测试合格之后，跟单员要根据合同规定

以及客户确认的最后结果,及时安排出货。在出货的不同阶段,跟单员应根据实际情况及时做好以下工作。

(1) 出货准备阶段　跟单员要确认运输公司接货时间,办理出货手续,协调交接事宜。
(2) 出货阶段　跟单员要做好出货监控。
(3) 装运　跟单员要办理运输手续及保险、取得运单。
(4) 发装货通知　跟单员要及时通知客户货已交运,并传真装货资料。
(5) 出货跟踪　跟单员要统计已出货订单情况,并制订未出货订单出货计划。

二、出货期间跟单员的主要工作内容

在出货期间,跟单员应按交货期行使出货计划,首先确定交货地址,开出出货单、出厂申请单等票据,再由跟单员联系或者企业专门的出货组联系运输公司,选择适当的运输工具并签定好运输协议,填好运单,还需依据合同规定办理运输保价或另行办理保险,发出出货报告。具体工作内容如下。

(1) 做好出货准备　跟单员应积极准备及配合客户初查,中查,尾查的查货,并且将客户查货信息反馈到各部门。跟单员需在走货前一星期做好商检资料交报关员做商检,商检需要什么资料,要问明报关员后提供。跟单员应将出货时间、出货数量等及时通知给相关部门。根据出货通知时间及时安排发货,如果不能保证按时交货,应及时通知运输公司或客户并进行协商处理。若能保证按时交货,出货前一天要通知生产部具体货柜车到厂的时间,并把装箱单分发给生产部相关人员,方便生产部安排出货工作。

(2) 及时办理内部手续　跟单员应及时办理内部发货手续,开具出货单、出厂申请单等单据,同时将货运通知单下发给仓储部门。出货单及货运通知单一般内容见表7-4、表7-5所示。

(3) 做好出货监控　为了防止出货时出现差错,跟单员有必要对出货过程进行监控。在实际操作过程中可以采用以下方法控制出货误差。

① 专人点数法　专人点数法指专门指定人员守在货柜旁边点数、确认并记录。此法应用于出货车辆多、产品类别杂等情况。其特点虽然切实有效,但比较浪费人工。

表7-4　出货单样本

出货单							
公司名称:							
订单号码:		客户:		出货日期:			

公司名称:	型号规格	数量	单价	金额	箱号	箱数	备注
订单号码:	客户:	出货日期:					
其他费用分摊方式:							
财务主管:		会计:		审核:		填表:	

表 7-5　货运通知单

订单号			客户名称			
订单数量			产品名称			
交货期限			交货地点			
批次	数量	入库时间	交货期限	交货地点	出库时间	送抵时间
1						
2						
3						
4						
5						

填表：　　　　复核：　　　　审核主管：

② 仪器扫描法　仪器扫描法指利用先进的仪器进行全数扫描、探测。该方法科学性强，需要使用高级仪器，所以适用于规模比较大的企业。

③ 装箱后确认法　装箱后确认法指在全部出货产品搬运完毕并装好箱后再进行确认。该方法虽然实施简便、快捷，但是由于装箱完毕之后，有些货物无法看清楚，只能根据经验估计，因此具有一定的局限性。此法适合于出货产品比较单一的情况，如大件产品。

（4）落实装运情况　结合货物的具体运输方式，跟单员需要填写货运单据，落实装运操作，依照运合同交付运费，取得提单。

（5）发装运通知　货物运出后，跟单员应及时通知客户，并请客户回传确认单。如果合同规定风险和费用从交运起转移给客户，及时发送装运通知可以方便客户办理运输保险。

（6）统计出货情况　为了便于开展出货跟踪与跟进事宜，跟单员可对已接订单中的未出货和已出货情况分别归类，并统计订单的实际出货完成情况，及时填写订单出货状况一览表（见表 7-6），以方便查阅跟进。

表 7-6　订单出货状况一览表

订单号	客户	接单日	订单数量	合同交货期	工厂实际交货期	填表人

（7）出货以后，跟单员应当及时掌握与货物相关的运输信息，如有意外情况发生，可及时作出快速反应，防止事态的扩大或造成严重后果。

（8）跟单员应做好发票的开具工作，跟进货款结算与账目结算工作。

（9）跟单员应及时整理跟单资料及产品资料以备查询使用。

此外，为了保证订单产品能准时付运，在产品生产进入包装阶段时，跟单员就要着手跟进出货安排。

第三节 服装成品运输跟单

对跟单员来说,服装成品运输跟单是一项富有挑战性的工作,它不仅包括国内运输的跟单,而且还包括国际运输的跟单工作。内销生产跟单时,主要处理企业内部运输和国内运输等业务;外贸跟单时,更多处理的是国际运输业务,当然其中也包括部分国内运输业务。

一、主要运输方式

服装成品运输跟单首先要确定运输方式,因此,跟单员在与客户达成交易的同时就要同客户在最终成衣产品的交货运输方式上达成一致意见,以利于成本核算和提前安排运输。

跟单员在选择运输方式时,要结合不同运输方式的特点和产品的具体特点,在交货期允许的条件下,选择在合理时间内、以最经济的运输方式完成交货。

跟单员应注重考察各种运输因素,如运输时间、运输货量、运费计算标准、运费计算方式、运输质量、舱位、信誉等,再结合货物的特点、运输量的大小、路程的远近、交货时间的缓急、运输成本的高低、运输对货物的影响、舱位拥挤程度、装卸方式、气候与自然条件、运输途中可能遭遇的社会风险或自然风险大小等因素,做出综合评判,慎重选择合理运输方式。主要运输方式的特点比较见表7-7。

表7-7 主要运输方式的特点比较

运输方式	运输能力	运输时间	运输成本	适用范围
水上运输	最大,运输能力几乎不受限制	最长	最低	运量大、运距长、运费低、交货期较长
航空运输	较小,受重量、容积、舱门、地板承受力等限制	最短	最高	小量交货、样品寄送
铁路运输	较大,受车厢容积和载重限制	较快	远距离运费低,近距离运费高	运量大、可靠性高
公路运输	较小,运输灵活	较快	较低	门到门服务
多式联运	运输能力伸缩性大	较快	较低(适中)	门到门服务、运量灵活、长距离运输的货物

二、签订货物运输合同

跟单员根据实际情况选择合适的运输方式后,就要选择可靠的运输公司,签订货物运输合同。

货物运输合同是承运人将货物从起运地点运输到约定地点,托运人或者收货人支付票款或者运输费用的合同。

运输合同有如下特点。

① 货运合同的主体具有特殊性。货物运输合同的主体与一般合同关系的主体不同,除了直接参与签订合同的委托人和承运人外,通常还有第三人,即收货人。

② 货运合同一般具有标准合同的性质。运输合同的主要内容,特别是运费等,都是由国家交通运输部门规定的,双方当事人无权通过约定予以变更。

③ 运输合同是双务、有偿合同,个别时候承运人可能免费运输货物,这时候就是单务

无偿合同。

货运合同根据运输方式不同又可分为：铁路货物运输合同、公路货物运输合同、水路货物运输合同、航空货物运输合同以及多式联运合同。

三、公路运输方式

公路运输是借助公路网实现陆上小额交货的运输方式，是交通运输系统的组成部分之一。公路运输以汽车为主要运输工具，机动灵活，使用方便，可实现"门到门"服务，但其运量较小、费用较高、运输途中风险较大。在国际贸易中较少采用此类运输方式，但在国内贸易业务中此运输方式却很常见，尤其在地势崎岖、人烟稀少、铁路和水运不发达的边远和经济落后地区，公路运输为主要方式，起着运输干线作用。

公路运输的组织和经营方式主要有以下四种。

① 将车辆出租给用户定次、定程或定期使用。

② 根据运输合同或协议，派车完成货物运输任务。

③ 组织定线、定站、定时的货运班车。货运班车是汽车零担货物运输的主要形式。

④ 按照用户托运货物的要求，调派、组织车辆合理运行。

为了提高公路运输效率，降低运输成本，公路运输的组织形式和方法不断改革创新，现已广泛开展了汽车集装箱运输（见集装箱运输）、集中运输、拖挂运输等。

集中运输是指由一个汽车运输单位把货物从一个发货点（车站、码头、仓库等）运往许多收货点，或把货物从多个收货物点运往一个收货点，这样收、发货单位不必派人取送货物，既节省了人力，还可合理调度车辆，减少车辆空驶，提高运输效率；并为使用汽车列车、专用运输汽车和装卸机械创造了有利的条件。

拖挂运输是以汽车列车取代普通载货汽车运输货物，它可大大增加车辆的载重量。汽车列车由牵引车或汽车与挂车组成，两者间能摘能挂，既可按需要灵活调配车辆，又可实行甩挂运输。甩挂运输是指在固定线路上配备数量多于汽车或牵引车的挂车，以便到达装卸货点时，甩下挂车装卸货，而汽车或牵引车可挂走已装卸好货物的挂车，进行穿梭式的往复运输。甩挂运输既可一点装货、一点卸货，也可一点装货、多点卸货，还可多点装货、一点卸货。公路运单样本见表7-8。

四、铁路运输方式

铁路运输是使用铁路列车完成交货的一种行之有效的运输方式，是陆路运输的一种重要形式，通过跨海铁路大桥和跨海铁路渡轮的形式也可以实现陆地和附近岛屿的连接。铁路运输可以保证所运载客货稳定舒适，具有一定的安全性，而且节省能量，如果配置得当，铁路运输可以比其他陆路运输运载同一重量货物时节省五至七成能量。根据业务区间范围不同可分为：国内铁路运输跟单、至港澳铁路运输跟单和国际铁路运输跟单。一般情况下，铁路运输经济里程应在200公里以上，因此，跟单员跟单时应对运输里程合理规划、恰当选择。

1. 铁路货物运输种类

现行铁路货物运输分为整车、零担、集装箱三种。整车适用于大宗货物；零担适用于零星货物；集装箱适用于精密、贵重、易损货物。托运人可以依据货物数量、性质、状态、形体等特点加以选择，如果根据一批货物的重量、体积或形状的要求，需要一辆30t以上的火车运输，应该采用整车托运；不够整车托运的，则按零担运输；符合集装箱运输条件的，则可办理集装箱托运。跟单员必须注意：按零担托运的货物，每一单件的体积最小不得小于 $0.2m^3$（一件重量在 10kg 以上的除外），每一批不得超过 300 件。总之，要以安全、迅速、经济、便利地运送货物为目的。

表 7-8　公路运单样本

_____省汽车货物运单

托运人（单位）：　　　经办人：　　　电话：　　　地址：

运单编号：

发货人	全称		地址					电话		
	装货地点							厂休日		
收货人	全称		地址					电话		
	卸货地点							厂休日		
付款人	全称		地址					电话		
约定起运时间	年 月 日		约定到达时间		年 月 日			需要车种		
货物名称及规格	包装形式	数量	体积长×宽×高/cm	件重/kg	重量/t	保险保价金额	货物等级	计费项目	计费重量	价格
								运费		
								装卸费		
合计								计费里程		
托运记载事项			付款人银行账号							
承运人记载事项			承运人银行账号							
注意事项	1. 托运人请勿填写粗线栏内的项目。 2. 货物名称应填写具体品名，如货物品名过多，不能在运单内逐一填写须另附物品清单。 3. 保险或保价货物，在相应价格栏中填写货物声明。							托运人签章 年 月 日	承运人签章 年 月 日	

注：1. 填在一张货物运单内的货物必须是属同一托运人。对拼装分卸货物，应将每一拼装或分卸情况在运单记事栏内注明。易腐蚀、易碎货物、易溢漏的液体、危险货物与普通货物以及性质相抵触、运输条件不同的货物，不得用同一张运单托运。托运人、承运人修改运单时，须签字盖章。

2. 本运单一式 2 份：① 受理存根；② 托运回执。

2. 铁路货物运输流程

企事业单位、机关团体以及个人到铁路办理托运货物的步骤及铁路内部相应的作业过程如下。

（1）提出货物运输服务订单　铁路实行计划运输，跟单员应向铁路部门申请月度要车计划，车站则根据要车计划受理货物。在进行货物托运时，发货人或跟单员应向车站按批提出货物运单一份。

（2）填写运单、办理托运　拿到货物运单后，跟单员应认真填写，并办理托运手续。对于整车要求分卸的货物，除提出基本货物运单一份外，每一分卸站应该另增加分卸货物运单两份（分卸站、收货人各一份）。对同一批托运的物品因种类较多，跟单员不能在运单内逐一填记，跟单员应提交商品清单一式三份，其中一份由发运站存查，一份随同运输单据递交到达站，一份退回发货人或跟单员。对在货物运单和物品清单内所填记事项的真实性，跟单员或发货人应承担完全责任，谎报货物品名的，则应按照有关规定核收违约罚款。

(3) 搬入货物、缴纳运输费用　凡在铁路车站装车的货物，跟单员或发货人应在铁路指定的日期将货物运至车站，车站接收到货物时，应对货名、件数、运输包装、标记等进行检查。对整车运输的货物，跟单员必须在规定的日期内将货物全部运至车站。凡在车站内进行装车或卸车的，均由铁路方负责完成；装车或卸车不在车站完成的，均由发货人或收货人负责完成。由发货人或收货人在其他处所完成装车或卸车的，车站必须将调车的时间通知发货人或收货人。发货人或收货人在装卸作业完成后，应将装卸完毕时间通知铁路车站。对由发货人或收货人负责组织装卸作业的，如果装卸作业超过规定的装卸时间，发货人或收货人应承担滞期费。

(4) 将收货凭证递交收货人。

(5) 收货人查询到货情况　凡由铁路负责卸车的货物，到达站应不迟于卸车完毕的次日内，用电话或书信向收货人发出催领通知，并在货票内证明通知的方法与时间。此外，收货人也可以与到达站商定其他通知方法。收货人应于铁路发出或寄发催领通知的次日（不能实行催领通知或合同收货人卸车的货物为卸车的次日）起算，在两天内将货物提走，超过这一期限的将收取货物暂存费。

从铁路发出催领通知起（不能实行催领通知时，则从卸车完毕的次日起）满30天仍无人领取货物（包括收货人拒收，发货人又不提出处理意见的货物），铁路则按无法交付货物处理。

(6) 办理领货手续并领取货物　收货人在领取货物时，应出示提货凭证，并在货票上签字或盖章。在提货凭证未到或遗失的情况下，则应出示单位的证明文件。收货人在到货站办妥提货手续和付清有关费用后，铁路将货物连同运单一并交收货人。

铁路做为现代化运输系统，其运输生产组织较为严密，也具有繁杂的规章制度。选择铁路作为主要的运输方式，就要求跟单员熟悉铁路货物运输种类，精通办理铁路运输的流程以及相应的规章制度。

3. 铁路货物运输合同

办理铁路货物运输，托运人与承运人应签订运输合同。大宗整车货物的运输合同可按季度、半年度、年度或更长期限签订，并提出月度铁路运输计划。其他整车货物可用铁路货物运输服务订单作为运输合同。整车交运货物时，还须向承运人递交货物运单，零担货物和集装箱货物，以货物运单作为运输合同。

托运人向承运人提出货物运单是一种签订合同的契约行为，即表示其签订运输合同的意愿。按货物运单填写的内容向承运人交运货物，承运人按货物运单记载接收货物，核收运输费用，并在运单上盖章后，运输合同即告成立。托运人、收货人和承运人双方即开始负有法律责任。货物运单格式由两部分组成，左侧为运单，右侧为领货凭证（如表7-9）。运单和领货凭证背面分别印有"托运人须知"和"收货人领货须知"。每批货物填写一张货物运单，根据栏目要求分别由托运人和承运人填写。填写内容必须翔实正确，文字规范，字迹清楚，不得使用铅笔或红色墨水。内容如有更改，在更改处须加盖托运人或承运人印章证明。

4. 货运事故处理

铁路应对由其保管、运输期间所发生的货物灭失、损害、有货无票或有票无货等情况按批编制货运记录。在不能判明货物的损害程度和灭失原因时，铁路应在交付前联系收货人进行检查或申请检验，并按每一货运记录分别编制签订书。货物在运输过程中，如发现有违反政府命令或危及运输安全的情况，或铁路无法处理的意外情况时，应立即通知发货人或收货人处理。

表 7-9 铁路运单样本

铁路货物运输单

计划号码或运输号码：									
货物运到期限：		发站承运日期：				年	月	日	
发站		到站（局）		车种车号		货车标重		承运人	装车
托运人	名称		电话	施封号码				托运人	
	地址			铁路货车篷布号码				承运人	施封
收货人	名称		电话	集装箱号码				托运人	
	地址			经由				运价里程	
货物名称	数量	装运	货物重量		计费重量	运价号	运价率	现　付	
			托运人确定	承运人确定				费别	金额
								运费	
								装费	
								取送车费	
								过秤费	
合计									
记事							合计		

发货人或收货人在向铁路提出赔偿时，应按批向到站提出赔偿要求书，并附货物运单、货运记录和相关证明文件。

五、水路运输方式

水路运输是以船舶为主要运输工具、以港口或港站为运输基地、以水域（海洋、河、湖等）为运输活动范围的一种客货运输方式，它兴起最早，历史最长，运量大、成本低、投资省，但是运速较慢，灵活性小，连续性也差，有一定风险。水路运输较适于担负大宗、低值、笨重和各种散装货物的中长距离运输，其中特别是海洋运输，更适合承担各种外贸货物的进出口运输。

1. 水路运输的特点

与其他几种运输方式比较，现代水路运输的突出优点是：水路运输运载能力大、成本低、能耗少、投资省，因此，水路运输成为一些国家国内和国际运输的重要方式之一。其货物周转量占各种运输方式总货物周转量的10%～20%，个别国家甚至超过50%。在我国的货运总量中，水运所占的比重仅次于铁路和公路。

与其他运输方式相比，水运还具有以下缺点。

① 水路运输受自然条件的限制与影响大。水路运输受海洋与河流的地理分布及其地质、地貌、水文与气象等条件和因素的明显制约。

② 水路运输的开发利用涉及面较广。如内河运输涉及通航、灌溉、防洪排涝、水力发电、水产养殖以及生产与生活用水的来源等；海运则涉及海岸带与海湾建港、农业围垦、海产养殖、临海工业和海洋捕捞等。

③ 水路运输对综合运输的依赖性较大。河流与海洋的地理分布局限性较大，航线无法在广大陆地上任意延伸，故水运的充分开发利用，必须与铁路、公路和管道等运输方式相结合，实行联合运输。

根据航行水域的性质，水运分为海运和河运两类。海运按其航行范围和运距，又分为沿海海运、近洋海运和远洋海运；河运按其航道性质与特点，可分为内河水运、运河水运和湖泊与水库区水运。

2. 水路运输的方式

海洋运输是国际贸易中最常用的一种运输方式，当前国际上普遍采用的远洋运输经营方式主要有两大类：班轮运输和租船运输。

（1）班轮运输　班轮运输（Liner Shipping）又称定期船运输，它是指船舶按照规定的时间表（Sailing Schedule）在一定的航线上，以既定的挂靠港口为顺序，定期开航，从事航线上各港间的船舶运输。为便于货主根据船期安排货物，及时办理定舱手续，班轮公司通常都将船期公布在报刊上或印发给货主。

由于班轮运输定时、定线、定港、定价而且负责装卸，为进出口商订立买卖合同中的交货条款、掌握交接货时间、安排货物的运输提供了必要的依据。班轮船舶承运货物的品种、数量比较灵活，适于运量不大、批次较多，特别是零星小批量的杂货的运输。它可以及时、迅速地将货运达，并且由于承运人和货主之间不签订租船合同，仅按船公司签发的订有详细的有关承运人、托运人或收货人的权利和义务条款的提单处理运输中的有关问题，为货主提供极大的方便。

班轮运费是班轮公司运输货物而向货主收取的费用。它包括货物的装卸费和货物从装运港至目的港的海上运费。班轮运费是按照班轮运价表的规定计算的，不同的班轮公司或班轮公会有不同的班轮运价表。班轮运费由基本运费和附加费两部分构成。

① 基本运费　基本运费包括货物在装运港的装货费和到目的港的卸货费以及运输费用，其计算标准主要有以下几种。

按货物的毛重计收，即以重量吨（W）为计算单位。1重量吨为1公吨或1长吨，视船舶公司采用公制还是英制计量而定。按此方式计收运费时，班轮运价表中的货物名称后面均标注"W"字样。

按货物的体积或容积计收，即以尺码吨（M）为计算单位。1尺码吨以1立方米或40立方英尺为计费单位，视船舶公司采用公制还是英制计量而定。按此方式计收运费时，班轮运价表中的货物名称后面均标注"M"字样。

以上重量吨与尺码吨统称为运费吨（Freight Ton，F/T）。

按照货物的价格计收，即从价运费，一般以货物的FOB总价值按一定百分比收费。运价表中用"A.V."或"ad. Val."表示。

按货物的重量或体积从高计收，即在重量吨或尺码吨两种计算标准中选择较高者计收。在运价表中用"W/M"表示。

按货物的毛重、体积、价格三者中最高者计收，在运价表中用"V/M or A.V."表示。

按货物的重量或体积中较高者计收，然后再加一定百分比的从价运费，在运价表中用"W/M plus A.V."表示。

按货物的件数计收，运价表中用（N）表示。

临时议定运价，由货方和轮船公司临时协商约定运费。运价表中用（Open）表示。运价表中列为"议价货"的货物一般是谷物、矿石、煤矿炭等大宗货物。

② 附加费　班轮运输挂靠港多，情况复杂，货物特性又各不相同，故除基本运费外，还规定了名目繁多的附加费，来补充基本运费的不足。主要有：燃油附加费（Bunker Adjustment Factor，即BAF）、超重附加费（Heavy-Lift Additional）、超长附加费（Long Length Additional）、直行附加费（Direct Additional）、港口附加税（Port Surcharge）、港

口拥挤附加费（Port Congestion Surcharge）、选运附加费（Optional Fees）、变更卸货港附加费（Alteration Surcharge）、转船附加费（Transshipment Surcharge）、贬值附加费等。班轮附加费通常以基本运费的百分比计收，或以每运费吨若干金额计算。

班轮运费的具体计算方法是：

a. 根据货物的英文名称从货物分级表中查出有关货物的计费等级和其计算标准；

b. 从航线费率表中查出有关货物的基本费率；

c. 加上各项需支付的附加费率，所得的总和就是有关货物的单位运费（每重量吨或每尺码吨的运费）；

d. 再乘计费重量吨或尺码吨即得该批货物的运费总额，如果是从价运费，则按规定的百分率乘货值即可。

【例 7-1】 某企业出口服装一批，共 120 箱，总毛重为 5.65M/T，总体积 10.676m³。由青岛装船，经香港转船运至苏丹港，试计算该企业应付船舶公司运费多少？

分析：首先，按服装的英文名称"Ladies jacket"查阅货物分级表，查出服装属于 8 级货，计算标准是 W/M；然后在中国内地-香港航线费率表中查出 8 级货从青岛至香港的费率为，每运费吨 22 美元；香港中转费为 13 美元；再从香港-红海航线费率表中查出 8 级货的费率为，每运费吨 95 美元；最后查附加费率表，了解苏丹港需加收港口拥挤附加费，费率为基本运费的 10%。由于计费标准为配 W/M，得出：

$(22+13+95+95×10\%)×10.676=1489.302$（美元）

（2）租船运输 租船运输又称不定期船运输，是相对于班轮运输而言的另一种远洋船舶营运方式。它的船期、航线、装卸港口均不固定，而是根据货主的要求而定；运价也不固定，随租船市场供求情况变化而变化。这种方式主要适合于运输大宗货物。租船运输一般包括租赁整船和租赁部分舱位。

① 租船方式 航次租船又称程租船或定程租船，指船舶所有人提供一艘特定的船舶在指定的港口之间进行一个航次或数个航次运输指定货物的租船。一般可按单程、连续单程、来回程、连续来回程等方式租赁船只。船方承担船舶的一切营运开支。

定期租船，又称期租船，指船舶所有人提供一艘特定的船舶给承租人使用一个时期的租船。承租人可根据其需要确定租期，可以是几个月，也可以是十几年。

在租期内，承租人负责管理和使用船只，负担燃料费、港口费和装卸费，并定期向船方交付租金。船方负担船员工资、伙食以及船舶保险费等，并负责保持船舶的适航状态。

光船租船指船舶所有人将一艘特定的没有配备船员的空船提供给承租人使用一个时期的租船。承租人接受了这艘船舶后还要为船舶配备船员才能使用，而且船员的给养、船舶的营运管理及一切费用都由承租人负责。

包运租船指船舶所有人提供给承租人一定的运力（船舶载重吨）的船舶，在确定的港口之间，以事先约定的时间及约定的船次周期和每航次较均等货运量完成合同规定的总运量的租船方式。

航次期租船又称为"日租租船"，是目前国际上存在的以定期租船为基础的航次租船方式，即船舶按航次整船租赁，但租金按实际使用的天数计算。

② 程租船运费 程租船运输费用主要包括程租船运费、程租船的装卸费及装卸时间、速遣费、滞期费等。

a. 程租船运费 程租船运费指货物从装运港至目的港的海上运费。程租船运费的计算方式与支付时间由租船人与船东在所签订的程租船合同中明确规定出来，主要有按运费率计价和整船包价两种计算方式。

按运费率计价：即规定每单位重量或单位体积的运费额，同时规定是按装船时的货物重量或按卸船时的货物重量来计算总运费。

整船包价：即规定一笔整船运费，船东保证船舶能提供的载货重量和容积，不管租方实际装货多少，一律照整船包价付。

影响程租船运费率的高低有许多因素，如租船市场运费水平、承运的货物价格和装卸货物所需设备和劳动力、装卸费的负担方法、运费的支付时间、港口费用高低及船舶经纪人的佣金高低等。

b. 程租船的装卸费　程租船的货物装卸费用由租船人和船东协商确定后在租船合同中做出具体规定。具体做法主要有以下四种：

船方负担装货费和卸货费，又可称为"班轮条件"（Liner Terms 或 Gross Terms）；

船方负责装不负责卸（Free Out，F.O），即船方负担装货费，但不负担卸货费；

船方负责卸不负责装（Free In，F.I.），即船方只负担卸货费，而不负担装货费；

船方装货和卸货均不负责（Free In and Out，F.I.O.），即船方既不负担装货费，也不负担卸货费。这种条件一般适用于散装货。服装贸易中较少出现散装货交易，因此也较少采用该条款。

c. 装卸时间、速遣费和滞期费　程租船运输情况下，装卸货时间的长短直接影响到船舶的使用周期和在港费用，直接关系到船方利益。因此在租船合同中，除需规定装卸货时间外，还需规定一种奖励处罚措施，以督促租船人实现快装快卸。

装卸时间又称装卸期限，指租船人可用于有效装卸的限定时间。装卸时间的计算，通常有以下几种方法：

按日或连续日计算，指连续满 24 小时就算一日或一个连续日；

按工作日计算，按港口习惯，属于正常工作的日子就算入其中；

按晴天工作日计算，指既是工作日，又适宜装卸的时间才计算为装卸时间；

按连续 24 小时晴天工作日计算，明确了在天气适宜的装卸工作日内连续走 24 小时算一个工作日。

在规定的装卸期限内，如果租船人未能完成装卸作业，为了弥补船方的损失，租船人对超过的时间应向船方支付一定的罚金，称为滞期费或延滞费。反之，如果租船人在规定的装卸期限内，提前完成装卸作业，则可加速船舶的周转效率，船方应向租船人支付一定的奖金，这种奖金称为速遣费。通常速遣费率为滞期费率的二分之一。

③ 期租船租金　期租船租金指在定期租船情况下，租船人为使用船舶而支付给船舶所有人的代价。期租船的租金率取决于船舶的装载能力和租期的长短，通常规定为按月每载重吨若干金额计算或整船每天若干金额计算。

租船人必须按时、按规定的金额支付租金，如果到期之日，租金未付到船舶所有人指定的收款银行，那么船舶所有人有权撤回船舶。

④ 租船合同　租船合同是承租人以一定条件向船舶所有人租用一定的船舶或一定的舱位以运输货物，就相互间的权利和义务作出明确规定的协议。

承租人和船舶所有人之间订立租船合同是一项很谨慎的工作。为了简化签约手续，加快签约进程，节省谈判费用，在国际航运市场上，一些大的船舶公司及货主垄断组织编制了供租船双方选用的、作为洽谈合同条款基础的租船合同范本。其中罗列了事先拟就的主要条款,如合同双方当事人、船名、船旗、承运货物的名称、数量、装卸港口、受载期、运费和装卸费、装卸期限、滞期费和速遣费等,极大方便了租船合同的拟订。

租船合同范本的种类很多,大体可以三类:标准租船合同格式、非标准租船合同格式和厂商租船合同格式。表 7-10 所列为水路运单样本。

表 7-10 水路运单样本

水路货物运单

本运单经承托双方签章后,具有合同效力,承运人与托运人、收货人之间的权利、义务关系和责任界限均按《水路货物运输规则》及运杂费用的有关规定办理。

交接清单号码				运单号码						
船名		航次		起运港			到达港			
托运人	全称		电话		到达日期			收货人		
	地址									
	银行账号									
收货人	全称		电话							
	地址									
	银行账号			(承运人章)			(收货人章)			

发货符号	货号	件数	包装	价值	托运人确定		计费重量		等级	费率	金额	项目	费率	金额
					重量吨	体积长×宽×高/m	重量/t	体积/m³				运费		
												装船费		
年 月 日														
合计														

运到期限		托运人(公章)		
特约事项		月 日	合计	
		承运日期(起运港承运人章)	核算员	
			复核员	

[说明] 1. 此货物运单主要适用于江、海干线和跨省运输的水路货物运输。
2. 水路货物运单、货票一式 6 份,顺序如下。
第一份:货票(起运港存查联)。
第二份:货票(解缴联)起运港→航运企业。
第三份:货票(货运人收据联)起运港→托运人。
第四份:货票(船舶存查联)起运港→船舶。
第五份:货票(收货人存查联)起运港→船舶→到达港→收货人。
第六份:货物运单(提货凭证)起运港→船舶→到达港→收货人→到达港存。
3. 除另有规定以外,属于港航分管的水路运输企业,由航运企业自行与托运人签订货物运输合同的,均使用航运企业抬头的水路货物运单。
4. 货物运单联需用厚纸印刷,货票各联用薄纸印刷,印刷墨色应有区别:解缴联为红色,收据联为绿色,其他各联为黑色。
5. 要印控制号码或固定号码。
6. 到达港收费,另开收据。
7. 规格:长 19cm,宽 27cm。

3. 海运进口跟单

海运进口指根据贸易合同中有关运输条件，把向国外的订货加以组织，通过海运方式运进国内的一种业务。海运进口业务取决于价格条件的选择，如果是 CIF/CIP 或 CFR/CPT 条件，则由卖方办理租船订舱工作，如果是 FOB/FCA 条件，则由买方办理租船订舱工作，派船前往国外港口接运。

跟单员应根据合同规定，合理组织安排运输，使船货相互衔接，密切配合，按时、保质、保量完成进口运输任务。

海运进口货物运输工作一般包括以下环节。

（1）租船订舱　按照贸易合同的规定，负责货物运输的一方，要根据货物的性质和数量来决定租船或订舱。一般情况下，跟单员可委托代理（货代或船代）来办理租船或订舱手续。在我国，一般是委托中国对外贸易运输总公司及其分公司来办理。在办理委托时，跟单员需填写《进口租船订舱联系单》（以下简称"联系单"）并提出具体要求。联系单的内容一般包括货名、合同号、包装种类、重量、尺码、装卸港口、交货期、买货条款、发货人名称和地址、电报挂号、电子邮箱等项目。如有特殊要求，应在联系单中注明。填写联系单时应注意以下几点。

① 货名、重量、尺码、包装、件数要用中英文两种文字填写。重量应填毛重；大件货物要列明其长、宽、高的尺寸；集重货物要列明最大件的重量和件数。

② "买货条款"一栏要与合同条款一致，对合同中的装运条件另有规定者，要在联系单上详细列明，以便划分责任、费用和风险。

③ 贵重物品要列明其售价。

④ 危险货物要注明危险品性质和国际危规的页码 IMDGC（International Maritime Dangerous Goods Code Page）及联合国编号（UN No. …）。

⑤《租船订舱联系单》的内容必须与合同完全一致。如是租整船，还须附合同副本。

（2）掌握船舶动态　掌握进口货物船舶动态，对装卸港的工作安排，尤其对卸货港的卸船工作安排极为重要。船舶动态主要包括船名、船籍、船舶性质、装卸港顺序、预抵港日期、船舶吃水和该船所载货物的名称、数量等方面的信息。船舶动态信息来源可从各船运公司提供的船期表、国外发货人寄来的装船通知、单证资料、发货电报以及有关单位编制的进口船舶动态资料中获取。

（3）收集和整理单证　进口货物运输单证一般包括商务单证和船务单证。商务单证有贸易合同正本或副本、发票、提单、装箱单、品质证明书和保险单等。船务单证主要有载货清单、货物积载图、租船合同或提单副本。如是程租船，还应有装卸准备就绪通知书（Notice of Readiness）、装货事实记录（Loading Statement of Facts）、装卸时间表（Time Sheet）等，以便计算滞期费、速遣费。

单证一般由装货港口的代理或港口轮船代理公司、银行、国外发货人提供。近洋航线的单证也可由进口船舶携带而来。

进口货物的各种单证是港口进行卸货、报关、报验、接交和疏运等项工作不可缺少的资料，因此负责运输的部门收到单证后，应以此与进口合同进行核对。若份数不够，要及时复制并分发有关单位，以便船只到港后，各单位相互配合，共同做好接卸疏运等工作。

（4）报关　进口货物需向海关报关，填制《进口货物报关单》。报关单的内容主要有船名、贸易国别、货名、标志、件数、重量、金额、经营单位、运杂费和保险费等项，货主凭报关单、发票、品质证明书等单证向海关申报进口。办理报关的进口货物，经海关查验放行，交纳进口关税后，方可提运。

根据《中华人民共和国海关法》第二章第二十四条规定，进口货物的收货人应当自运输工具申报进境之日起 14 天内向海关申报，超过规定期限未向海关申报的，由海关征收滞报金。

非贸易进口货物的货主需填制《免领许可证进口物品验放凭证》，连同有关证件，向海关申报，通过查验后放行。

凡不在港口查验放行的贸易货物的货主，需填制《国外货物转运批准单》，并向港口申报，经海关同意并监管运至目的地后，由目的地海关查验放行。

对国外免费赠送的样品，需填制《进口非贸易样品申报单》，并附发票一份向海关申报。如是使领馆物品，则凭使领馆或有关单位证明文件向海关申报。

（5）报验　进口货物按《中华人民共和国进出口商品检验法》的规定，必须向商检局申请办理检验、鉴定手续，查验进口商品是否符合我国规定或订货合同的有关规定，以保护买方利益。

报验进口货物需填写《进口商品检验申请单》，同时需提供订货合同、发票、提单、装箱单、理货清单、磅码单、质保书、说明书、验收单、到货通知单等资料。

（6）监卸和交接　一般由船方申请理货，负责把进口货物按提单、标记点清件数，验看包装情况，分批拨交收货人。监卸人员一般是收货人的代表，履行现场监卸任务。监卸人员要与理货人员密切配合，把好货物质量关和数量关。港方卸货人员应按票卸货，严禁不正常操作和混卸。在卸货中如发现短损，应及时向船方或港方办理有效鉴定证明，并共同做好验残工作。验残时要注意查清：

① 货物内包装的残损和异状；
② 货物损失的具体数量、重量和程度以及受损货物或短少货物的型号、规格；
③ 判断并确定货物致残或短少的原因。

在验残时应坚持实事求是，分清责任方，以维护国家的利益。

（7）保险　若是我方以 FOB 或 CFR 条件成交的进口货物，由我方办理保险。买方负责进口的单位在收到发货人装船通知后应立即办理投保手续。目前为简化手续和防止发生漏保现象，一般采用预约保险办法，由负责进口的单位与保险公司签订进口货物预约保险合同。

4. 海运出口跟单

海运出口运输业务指根据贸易合同中的运输条件，把售予国外客户的出口货物加以组织和安排，通过海运方式运到国外港口的一种业务。凡以 CIF/CFR 条件签订的出口合同，皆由卖方安排运输。卖方须根据买卖合同中规定的交货期安排运输工作。如凭信用证方式结汇的，卖方须等收到信用证后方可安排运输。海运出口货物运输工作一般包括以下几个环节。

（1）审核信用证中的装运条款　出口单位在收到信用证以后，要严格审核，如发现信用证中的有关条款与合同中内容不符时，应及时要求进口方修改信用证。

审核信用证中的装运条款，重点审核装运期、装运港、结汇日期、转船和分批装运等，要根据货物出运前的实际情况，决定对信用证中的有关运输条款是否接受、修改或拒绝。

（2）备货、报验和领证　出口方收到信用证后，要按信用证上规定的交货期及时备好出口货物，并按合同及信用证的要求对货物进行包装、刷唛。

对需经检验机构检验出证的货物，在货物备齐后，应向检验机构申请检验，取得合格的检验证书。

（3）租船和订舱　履行以 CIF 和 CFR 价格条件对外成交的出口贸易合同，由卖方派船装运出口货物。卖方要按照合同或信用证规定的交货期（或装运期）办理租船、订舱手续。对出口数量多的、需整船装运的大宗货物，应洽租适当的船舶装运；对成交批量件不大的杂货，则应洽订班轮舱位。租整船运输出口货物，一般是委托租船经纪人在国际租船市场上洽租所需船舶。

（4）出口货物集中港区　洽妥船舶或舱位后，货方应在规定的时间内将符合装船条件的出口货物发运到港区内指定的仓库或货场，以待装船。向港区集中时，应按照卸货港口的先后和货物积载顺序发货，以便按先后次序装船。

发货前要按票核对货物品名、数量、标志、配载船名、装货单号等各项内容，做到单、货相符，船、货相符。同时还要注意发货质量，如发现货物外包装有破损现象，发货单位要负责修理或调换。

（5）出口报关和装船　货物集中港区后，发货单位必须备好出口货物报关单、发票、装货单（或磅码单）、商检证（如检验机构来不及出证时，可由检验机构在报关单上加盖合格单）及其他有关单证向海关申报出口。经海关人员对货物查验合格后，在装货单上加盖放行章方可装船。如果海关发现货物不符合出口要求，则不予放行，直到符合要求时为止。

海关查验放行后，发货单位（包括外运分公司和各进出口分公司）应与港务部门和理货人员联系，做好装船前的准备和交接工作。

在装船过程中，发货单位应派人进行监装，随时掌握装船情况和处理装船过程中所发生的问题。对舱容紧、配货多的船只，应联系港方和船方配合，合理装载，以充分利用舱容，防止货物被退关。如舱位确实不足，应安排快到期的急运货物优先装船。对必须退关的货物，应及时联系有关单位设法处理。

跟单员或监装人员对一级危险品、重大件、贵重品、特种商品和驳船来货的船边接卸、交接工作，要随时掌握情况，防止接卸和装船脱节。对装船过程中发生的货损，应取得责任方的签证，并联系原发货单位做好货物调换和包装修整工作。

（6）投保　如果合同规定需要在装船时发出装船通知，由国外收货人自办保险，发货人应及时发出装船通知。如因发货人延迟或没有发出装船通知，致使收货人不能及时或没有投保而造成损失，发货人应承担责任（依据《2000 年国际贸易术语解释通则》）。若由发货人负责投保，一般应在船舶配妥后及时投保。

（7）支付运费　船舶公司为正确核收运费，在出口货物集中港区仓库或库场后申请商检机构对其进行衡量。对需要预付运费的出口货物，船舶公司或其代理人必须在收取运费后签给托运人运费预付的提单。如属于到付运费货物，则在提单上注明运费到付，其运费由船舶公司卸港代理在收货人提货前向收货人收取。

六、航空运输方式

航空运输指使用飞机、直升机或其他航空器进行运输的一种形式。航空运输单位成本高，主要用于国际贸易中贵重物品、鲜活货物和精密仪器运输的运输和紧急需要物资（如救灾抢险物资）的运输。在服装贸易业务中，一般较少采用航空运输，但在样品寄送、参加大型展会（如贸洽会、时装发布会等）、赶制（或销售）节令商品时也往往采用航空运输完成交货。

1. 航空货物运输种类

航空运输企业经营的形式主要有班机运输、包机运输和专机运输。

（1）班机运输　班机指在固定的航线上定期航行的航班。一般航空公司都使用客货混合型飞机，一方面搭载旅客，一方面运送小批量货物。一些较大的航空公司在某些航线开辟定期的货运航班，使用全货机运送货物。

由于班机有固定的航线，固定的始发、停靠港和途经港，并定期开航，收发货人可以确切地掌握起运和到达的时间，保证货物能够安全、迅速地运送到世界各地投入市场。

（2）包机运输　当货物批量较大，班机运输不能满足需要时，则采用包机运输。办理包机有两大类。

① 整包机。指航空公司或包机代理公司，按照与租机人事先约定的条件和费用，将整架飞机租给租机人，从一个或几个航空站装运货物到指定目的站的运输方式。它适合于运送大宗货物。

② 部分包机。是指由几家航空货运公司（发货人）联合包租一架飞机或者由航空公司把一架飞机的舱位分别租给几家航空货运公司的货物运输方式。这种方式适合于不是整机的货物或一吨以上的货物运送，其运费较班机低，但运送时间要长。

2. 办理航空货物运输的环节

（1）办理托运　货物托运人在备齐货物，收到开来的信用证经审核（或经修改）无误后，即可办理托运，即按信用证和合同内有关装运条款，以及货物名称、件数、装运日期、目的地等填写《托运单》并提供有关单证，送交外运公司作为订航班的依据。

（2）安排货舱　外运公司收到托运单及有关单据后，会同中国民航，根据配载原则、货物性质、货运数量、目的地等情况，结合航班，安排舱位，然后由中国民航签发航空运单。

（3）装货、装机　外运公司根据航班，代货物托运人往仓库提取货物送进机场，凭装货单据将货物送到指定舱位待运。

（4）签发运单　货物装机完毕，由中国民航签发航空总运单，外运公司签发航空分运单，航空分运单有正本三份、副本十二份。正本三份，第一份交给发货人，第二份由外运公司留存，第三份随货同行交给收货人。副本十二份作为报关、财务结算、国外代理、中转分拨等用途。

发出装运通知。货物装机后，即可向买方发出装运通知，以便对方准备付款、赎单、办理收货。

3. 航空货物运输运单

航空运单是由承运人或其代理人签发的重要的货物运输单据。它是航空运输的正式凭证，是承托双方的运输合同，其内容对双方均具有约束力。航空运单是承运人收到货物后出具的货物收据，货物运抵目的地后，承运人向收货人发出"到货通知"，收货人凭"到货通知"提取货物，并在货运单上签收。因此，它有别于海运提单，却与国际铁路运单相似。它不是物权凭证，不得背书、转让，是一种不可预付的单据。

航空运单是航空运输合同的证明，运单上分别记载着属于收货人应负担的费用和属于代理的费用，是承运人据以核收运费的账单。航空运单是必备的报关单证之一，也是海关最后查验放行的基本单证。航空运单是承运人内部业务的依据，如果承运人承担保险，则航空运单也可用来作为保险证书。

航空运单分为以下两大类。

① 航空主运单（Master Air Way Bill，简称 MAWB）　凡由航空公司签发的航空运单均称为航空贮运单。它是航空公司据以办理货物运输和交易的依据，是航空公司和托运人之间签订的运输合同。每一批航空运输货物都应有相应的航空主运单。

② 航空分运单（House Air Way Bill，简称 HAWB）　航空分运单是由航空公司在办理集中托运业务时签发给每一发货人的运单。在集中托运的情况下，除了航空公司要签发给集中托运人主运单之外，集中托运人还必须签发航空分运单给每一托运人。

货到提取时，"空代"凭借航空主运单向航空公司提货；货主即收货人凭借航空分运单向"空代"提货。

4. 航空货物运输跟单

（1）进口货物航空运输跟单　进口货物航空运输跟单的基本流程主要包括以下步骤。

① 委托申请。在客户发货前，进口人应该将合同副本、订单及其他有关单证送交进口空港所在地的"空代"，作为委托保管、接货的依据。

② 货物到达后，"空代"接到航空公司"到货通知"时，应从机场或航空公司营业处取单（航空运单第三联——Original for the Consignee）。取单时应关注以下两个要点：第一，航空公司免费保管货物的期限为三天，超过此期限取单应额外支付保管费；第二，进口货物应自运输工具进境之日起14天内办理报关手续。如通知取单日期已临近或超过期限，应在征得收货人同意缴纳滞报金的情况下方可取单。

③ 取回运单后应认真与合同副本或订单核对。确认合同号、唛头、品名、数量、收货人或通知人等无误时，应立即填制"进口货物报关单"等，并附上必要的单证，向设在空港的海关办理报关。如果因单证不全而无法报关时，应立即通知收货人补齐单据或通知收货人自行处理，以免承担延期报关而需缴纳滞报金的责任和费用，此时收货人必须立即答复或处理。

④ 海关审单通过后，"空代"应按海关出具的税单缴纳关税及其他有关费用，然后凭交费收据将所有报关单据（包括报关单、合同副本、商业发票、装货单、装箱单及其他需要提交的单据）送往海关放行部，海关验货、验单无误后盖章放行。对无须验货的货物直接在航空运单上加盖放行章；对单货不符的则会被海关扣留，另行查处。

⑤ 海关放行后，属于当地货物立即送交货主；如为外地货物，立即通知货主到口岸提取或按事先的委托送上门。

⑥ 对需要办理转运的货物，若不能就地报关的，应填制"海关转运单"并附有关单据交海关制作"关封"随货转运。

⑦ 提货时如果发现缺少、残损等情况，"空代"应向航空公司索取商务记录，通知货主向航空公司索赔，也可根据货主委托办理索赔。如提货时包装外表完好，但内部货物的质量或数量有问题，则属于"原残"，应由货主向商检部门申请检验出证，向发货人交涉索赔。

⑧ 如一张运单上有两个或多个收货人，则"空代"应按照合同或分拨单上的品名、数量、规格、型号，开箱办理分拨与分交。收货人应向"空代"出具收货证明并签字，注明日期。

⑨ 如货物是样品、样本、礼品，应由进口单位填写样品、礼品单交"空代"办理报关。

⑩ 如集中托运的货物是驻华使领馆、商社代表或外籍工程技术人员的物品，空代应通知收货人自行办理报关提货，如海关同意，"空代"也可接受委托代办报关。

（2）出口货物航空运输跟单　出口货物航空运输跟单主要包括以下步骤。

① 出口方若委托"空代"办理航空运输出口货物，应向"空代"提供"空运出口货物委托书"和出口合同副本各一份，对需包机运输的大宗货物，出口方应在货物发运前 40 天填写"包机委托书"送交"空代"。对需要紧急运送的货物或必须在中途转运的货物，应在委托书中另行说明，以便"空代"设法利用直达航班运送和安排便于衔接转运的航班运送。

② "空代"根据发货人的委托书向航空公司填写"国际货运托运书"办理订舱手续。托运书上应写明货物名称、重量、体积、件数、目的港和要求启运的时间等内容。订妥舱位后，"空代"应及时通知发货人备货、备单。

③ 出口单位备妥货物及所有出口单证后送交"空代"，以便"空代"向海关办理出口报关手续。

④ 空运出口货物要进行恰当的、妥善的包装，每件货物上都要有收货人、托运人的姓名、地址、箱号、标志、拴挂或粘贴有关的标签，对需要特殊处理或照管的货物要粘贴指示性标志。"空代"在接货时要根据发票、装箱单逐一清点、核对货物的名称、数量、合同号、标志，检查包装是否符合要求，有无残损状况等。

⑤ 对于大宗货物和集中托运货物，一般由货代在自己的仓库场地装箱，也可在航空公司指定的场地装板、装箱。在装板、装箱时要注意以下问题：第一，不要用错板型、箱型，不同航空公司的集装板、集装箱的尺寸不同，若用错会导致货物无法装机；第二，货物装板、装箱时不得超过规定的重量、高度和尺寸，一定型号的板、箱适用于一定的机型，若超装，就会造成无法装机，因此既不可超装，又要用足板、箱的负荷和尺寸，尽量实现"满箱又满重"的最优状态；第三，要封盖塑料薄膜以防潮防雨，要衬垫平稳、整齐，使结构牢靠，系紧网索，以防倒塌；第四，对于整票货尽可能装一个或几个板、箱，以防散乱、丢失。

5. 航空运输费用

航空运费一般是按实际重量或体积重量计算的，以两者中较高者为准（即按从高计算的原则）。一般而言，体积重量是按 $6000cm^3$ 折合为 $1kg$ 的，至于尾数，一般采用四舍五入法；对于特殊货物，航空公司采用"附加附减"的原则，如书报、杂志是在正常运价的基础上"附减"一定的百分比，而对于如灵柩等的特殊商品，则是在正常运价的基础上"附加"一定的百分比。

七、多式联运方式

多式联运是以集装箱为媒介，把陆、海、空等传统、单一的运输方式有机地结合起来，加以有效利用而形成的一种从卖方到买方对货物进行传递的连贯运输方式。

多式联运是以实现整体运输的最优化效益为目标的一种联运组织形式。它通过一次托运、一次计费、一份单证、一次保险，由各运输区段的承运人共同完成货物的全程运输。

与其他运输方式相比，多式联运是一种至少包括两种以上的运输方式的连贯运输，其全程运输只有一位多式联运经营人对其全面负责；只签订一份多式联运合同，明确多式联运经营人与托运人之间的权利、责任、义务、豁免；只使用一份多式联运单据，全程只有一个费率。

多式联运有海陆联运和路桥运输两种运输组织形式。海陆联运是多式联运的主要组织形式，路桥运输则起着非常重要的作用。

八、集装箱运输

集装箱运输是以集装箱为集合包装和运输单位,再结合不同的运输方式所进行的运输,适合多式联运并可实现"门到门"交货的高质量的成组运输方式。它是国际贸易中使用最广泛的、最重要的一种运输形式。

1. 集装箱的概念

集装箱是货物运输的一种辅助设备。按照国际标准化组织 104 技术委员会规定,集装箱应具备下列条件:第一,能长期反复使用,具有足够的强度;第二,途中转运时可不动容器内的货物,可直接换装;第三,能快速装卸,并能从一种运输工具直接、方便地换装到另一种运输工具;第四,便于货物的装满和卸空;第五,具有 $1m^3$ 或 $1m^3$ 以上的容积。

为统一集装箱的规格,国际标准化组织推荐了三个系列 13 种规格的集装箱,而在国际航运业务中使用最多的还是 20 英尺和 40 英尺集装箱两种,即 1A 型 8 英尺×8 英尺×40 英尺、1AA 型 8.6 英尺×8 英尺×40 英尺和 1C 型 8 英尺×8 英尺×20 英尺。

为了适应不同货物的运输需要:集装箱除通用的干货集装箱外,还有挂式集装箱、框架集装箱、罐式集装箱、开盖集装箱、冷冻集装箱、平台集装箱、通风集装箱、牲畜集装箱、散货集装箱等种类。

2. 集装箱货物运输的特点

① 集装箱具有坚固、密封和可以反复使用等优越性,是任何运输包装都无法与之比拟的。可露天作业,露天存放,不怕风雨,节省仓库。

② 集装箱运输既可节省商品包装材料,又可减少货损、货差,提高货运质量。

③ 集装箱运输大大节省了劳动力,减轻了劳动强度,便于装卸作业的机械化。

④ 集装箱运输提高了装卸速度,加快了运输工具及货物资金的周转,减少了港口拥挤,扩大了港口吞吐量。

⑤ 集装箱运输简化了货运手续,减少了运输环节,降低了运输成本。

3. 集装箱的识别

在集装箱箱体上都有一个 n 位的编号,前四位是字母称为抬头,后七位是数字。此编号是唯一的。英文字母的前 3 个字母是箱主(船公司、租箱公司)代码,第 4 个英文字母都是 U,后面的数字是集装箱的编号。通常 1 和 9 开头的集装箱是特种箱;数字 4,7,8 开头的是大柜;2,3 开头的是小柜。最后一个数字是集装箱的识别码。

4. 集装箱货物

按托运货物的批量是否能装满一个集装箱划分,集装箱货物可分为整箱货和拼箱货。

(1) 整箱货 整箱货指货主托运的批量较大,足以装满一个箱的货物。整箱货由发货人负责装箱、计数、积载并加铅封。整箱货的拆箱,一般由收货人办理,也可委托承运人在货运站拆箱,但是承运人不负责箱内的货损、货差,除非货方举证确属承运人责任事故的损害,承运人才负责赔偿。承运人对整箱货,以箱为交接单位。只要集装箱外表与收箱时相似和铅封完整,承运人就完成了承运责任。整箱货运提单上,要加上"委托人装箱、计数并加铅封"的条款。在国际贸易中,集装箱货物由发货人自行装箱,向海关办理货物出口报关手续,经海关查验后,由海关对集装箱施加铅封。

(2) 拼箱货 拼箱货指装不满一整箱的小票货物。通常是由承运人分别揽货并在集装箱货运站或内陆站集中,而后将两票或两票以上的货物拼装在一个集装箱内,同样要在目的地的集装箱货运站或内陆站拆箱分别交货。对于这种货物，承运人要负担装箱与拆箱作业，装拆箱费用仍向货方收取。承运人对拼箱货的责任，基本上与传统杂货运输相同。在国际贸易中，拼箱货须由集装箱货运站把分属于不同货主的同一目的地的货物合并装箱，经海关检验后，由海关对集装箱施加铅封。

5. 集装箱装箱量的计算实例

集装箱装箱量的计算是一项较为复杂的技术工作，目前已有专门的集装箱装箱计算软件。纺织服装类产品多采用纸箱包装，下面以纸箱为例，探讨跟单员计算集装箱装箱量的一般方法。

（1）一批同尺寸纸箱的装箱量计算

计算公式为：

$$V(集装箱内体积) \geqslant QLHW$$

式中　Q——纸箱的数量；

　　　L——纸箱的长，m；

　　　H——纸箱的高，m；

　　　W——纸箱的宽，m。

（2）一批不同尺寸纸箱的装箱量计算

计算公式为：

$$V(集装箱内体积) \geqslant (Q_A L_A H_A W_A) + (Q_B L_B H_B W_B) + (Q_C L_C H_C W_C) + \cdots$$

式中　Q_A——A型纸箱的数量；

　　　L_A——A型纸箱的长，m；

　　　H_A——A型纸箱的高，m；

　　　W_A——A型纸箱的宽，m；

　　　Q_B、Q_C等以此类推。

（3）实例说明

【例7-2】 一批T恤产品出口，所用包装纸箱尺寸为：580mm×380mm×420mm，用40英尺钢质集装箱装箱，箱内尺寸为12050mm×2343mm×2386mm，容积67.4m³，计算该集装箱最多可装多少个纸箱？

分析：跟单员需考虑纸箱在集装箱内有多种不同的放置方法，根据计算找出最佳装箱方案。

放置方法一

集装箱内尺寸：12050mm×2343mm×2386mm；

纸箱在集装箱内的对应位置为：580mm×380mm×420mm；

集装箱长、宽、高的可装箱量为：长20.776箱×宽6.166箱×高5.681箱；

除纸箱误差后集装箱可装纸箱数为：长20箱×宽6箱×高5箱＝600箱；

最后计算出纸箱所占体积约为55.54m³。

放置方法二

集装箱内尺寸：12050mm×2343mm×2386mm；

纸箱在集装箱内的对应位置为：宽380mm×长580mm×高420mm；

集装箱长、宽、高共可装箱量为：长31.71箱×宽4.04箱×高5.68箱；

除纸箱误差后集装箱可装纸箱数：长31箱×宽4箱×高5箱＝620箱；

最后计算出纸箱所占体积约为 57.39m³。

纸箱放置方法三

集装集装箱内尺寸：12050mm×2343mm×2386mm；

纸箱在集装箱内的对应位置为：高 420mm×长 580mm×宽 380mm；

集装箱长、宽、高可装箱量为：长 28.69 箱×宽 4.040 箱×高 6.279 箱；

除纸箱误差后集装箱可装纸箱数为：长 28 箱×宽 4 箱×高 6 箱＝672 箱；

最后计算出纸箱所占体积约为 62.21m³。

由以上计算可知，"方法三"是最佳的装箱方案，即纸箱的高度方向、长度方向、宽度方向与集装箱的长度方向、宽度方向、高度方向一一对应，则装箱数量最多，可装 672 个纸箱；所占容积最大，为 62.21m³。

在参加交易会、展览会等情况下，或者交货很急的情形下，有时是需要快速估算集装箱可装纸箱的数量的，下面举例说明集装箱可装纸箱的速算方法。

【例 7-3】 装箱条件同上例 1，请采用速算法快速估算该集装箱最多可装多少个纸箱？

分析：速算法的适用公式为

可装纸箱数量＝集装箱内容积×0.9 误差系数/(纸箱长×宽×高)

即：$12.05×2.343×2.386×0.9/(0.58×0.38×0.42)≈655$（箱）

则体积约为 60.63m³。

6. 集装箱货物的交接方式

集装箱货物有整箱货与拼箱货之分，凡装货量达到一个集装箱容积 75％的或达到一个集装箱载重量 95％的即为整箱货；货量达不到以上标准的，则需将货物进行拼箱，即为拼箱货。不论是整箱货还是拼箱货，其货物流通途径都大体相同，只是在货物的交接方式上有所不同。集装箱货物在交接过程中涉及三个交接地点：即发收货人的仓库（D），集装箱装卸作业区（CY）和集装箱货运站（CFS）。其中，集装箱装卸作业区是办理集装箱空箱装卸、存储、保管、交接的场所，包括码头、车站前方堆场和后方堆场。集装箱货运站是接受运输公司的委托，在内陆交通比较便利的大中城市设立的提供集装箱交接、中转，尤指对拼箱货物提供服务的专门场所。

表 7-11 是集装箱运输中货物交接方式的比较。

表 7-11 集装箱运输中货物交接方式的比较

装箱方式		交接方式	
FCL/FCL	整箱交/整箱收	Door to Door	门到门
		CY to CY	场到场
		CY to Door	场到门
		Door to CY	门到场
FCL/LCL	整箱交/拆箱收	Door to CFS	门到站
		CY to CFS	场到站
LCL/FCL	拼箱收/整箱交	CFS to Door	站到门
		CFS to CY	站到场
LCL/LCL	拼箱交/拆箱收	CFS to CFS	站到站

7. 集装箱运输的费用

集装箱运输的费用包括内陆或装港市内的运输费、堆场服务费、拼箱服务费、集装箱及其他设备使用费、主运费等。目前，集装箱货物运价体系已比较成熟，基本上可分为两类：一类是沿用件杂货运费的计算方法，以每运费吨为单位，再加上相应的附加费，俗称散货价；另一类是以每个集装箱为计费单位，俗称包箱价。

集装箱运输计收运费方式以第二类居多。常见的包箱费率有三种规定方法。

① FAK 包箱费率（Freight for All Kinds） 此种标准不分货物种类，也不计货量，只规定统一的每个集装箱收取的费率。

② FCS 包箱费率（Freight for Class） 该费率是按不同货物等级制订的包箱费率。

③ FCB 包箱费率（Freight for Class & basis） 该费率是按不同货物等级或货物类别以及计算标准制订的费率。

思维拓展

租船定舱与派船接货

进口合同的履行一般包括开立信用证、租船定舱和派船接货、审单付款、报关、验收和提货几个环节，分别介绍。

1. 开立信用证

进口合同签订后，按照合同规定填写开立信用证申请书向银行办理开证手续。开证申请书的内容，应与合同条款一致，例如品质、规格、数量、价格、交货期、装货期、装运条件及装运单据等，应以合同为依据详细列明。开证申请书的内容必须完整、明确，不要罗列过多的细节，也不要引用前证，以免造成误解。信用证的开证时间，应按合同规定办理，如合同规定在卖方确定交货期后开证，买方应在接到卖方上述通知后开证；如合同规定在买方领到出口许可证或支付履约保证金后开证，应在收到对方已领到许可证的通知，或银行转知保证金已照收后开证。

对方收到信用证后，如提出修改信用证的请求，经买方同意后，即可向开证银行办理改证手续；如不同意修改，也应及时通知卖方。信用证经修改后，开证行即不可撤销地受该修改的约束，买卖双方也应按修改后的信用证规定办理。

2. 租船定舱与派船接货

按 FOB 术语成交的进口合同，货物采用海洋运输，应由买方负责租船或订舱工作。租船订舱工作可委托对外贸易运输公司办理，也可直接向远洋运输公司或其他运输机构办理。在办理租船订舱时，要填写《进口订舱通知单》，履行委托订舱手续。填写该项通知单时，要做到完整、准确，并与合同内容一致。租船订舱工作应按合同规定及时办理，大宗货物一般应在交货期前 45 天向运输机构提出；零星货物应在交货期前 30 天提出，以使运输机构有足够时间落实舱位工作。如有的合同规定，卖方在交货前一定时间内，应将预计装运日期通知买方。买方在接到上述通知后，应及时向运输机构办理租船订舱手续。在办妥租船订舱手续后，应按规定的期限将船名及船期及时通知对方，以便以备货装船。同时，为了防止船货脱节和出现船等货的情况，还应随时了解和掌握卖方备货和装船员的准备工作情况，注意催促对方按时装运。对数量大或重要物资的进口，如有必要，亦可请买方驻外机构按合同规定按时、按质、按量履行交货义务。

3. 审单付款

国外卖方在货物装出后，将信用证规定的汇票及全套单据提交开证行。银行必须合理谨慎地审核信用证所规定的单据，以确定单据是否在表面上与信用证条款相符。如能做到单证相符、单单相符，银行即对外付款。开证行经审单后付款是最终的付款，即无追索权。银行在对外付款的同时，通知外贸出口公司向开证行付款赎单，进出口公司凭银行出具的"付款通知书"与订货部门进行结算。

银行在审单时如发现表面上与信用证规定不符，决定拒绝接受单据，按照《跟单信用证统一惯例》规定，开证行或其他指定的银行必须在收到单据次日起第七个银行工作日以内，以电信方式或其他快捷方式，通知寄单银行或受益人（如单据由受益人直接向银行提交），并说明其拒受单据的所有不符点，还须说明单据是否保留，以待交单人处理，或退回交单人。

4. 报关、验收与提货

进口报关是指进口货物的收货人或其代理人按照国家海关法令规定，向海关交验有关证件，办理进口货物的申报手续。进口货的收货人或其代理人待货物抵达卸货港后，即应填具"进口货物报关单"向海关申报，并随附商业发票、提单、保险单、进口货物、许可证和国家规定的其他批准文件。如属法定检验的进口商品，还需附商品检验证书。"进口货物报关单"的主要内容有：海关系统商品编号、商品货号及规格、数量、价格（按 CIF 计算）、唛头、件数、毛重、净重、运输工具名称、贸易方式、贸易国别、原产国、提单或运单号、进口口岸、经营单位、收货单位、合同号码、外汇。进口货物经申报，海关依法进行验关，货、证经查验无误，即签章放行。

凡属于法定检验的进口货物，必须在合同规定的期限内由商检机构或指定的检验机构检验。未经检验的货物不准投产、不准销售和使用。法定检验的进口货物到货后，收货人必须向卸货口岸或到达站的商检机构办理登记。商检机构在报关单上加盖"已接受登记"的印章，海关凭此验入。凡不属于法定检验的进口货物，买卖合同约定由商检机构检验的，依照法定检验商品输报验、检验事项。如进口货物经商检局检验，发现有残损缺，应凭商检局出具的证书对外索赔。对于合同规定的卸货港检验的货物，如已发现残损缺、有异状的货物，或合同规定的索赔期即将满期的货物等，都需要在港口进行检验。进口货物运达港口卸货时，港务局要进行卸货核对。如发现短缺，应及时填制"短缺报告"交由船方签认，并根据短缺情况向船方提出保留索赔权的书面声明。卸货时如发现残损，货物应存放于海关指定仓库，待保险公司同商检局进行检验，明确残损程度和原因，并由商检机构出证，以便向责任方索赔。

在办理完报关检验手续后，如订货或用货单位在卸货港所在地，则就近转交货物；如订货或用货单位不在卸货地区，则委托货运代理将货物转运内地并转交给订货或用货单位。关于进口关税和运往内地的费用，由货运代理向进出口公司结算后，进出口公司再向订货部门结算。

思考与练习

1. 常用的服装成品包装都有哪些？都是使用的什么包装材料？
2. 为什么要进行包装跟单？包装跟单的内容都有哪些？
3. 在进行包装跟单时应注意哪些质量问题？
4. 搜集成品服装包装资料，总结常用的服装包装标志都有哪些？
5. 服装成品出货都要经过哪些阶段？在不同的阶段，跟单员都应承担哪些相应的工作？
6. 常用的运输方式都有哪些？它们各有什么优缺点？

7. 运输合同都有哪些特点？
8. 如何办理铁路货物托运？
9. 和其他运输方式相比，水路运输都有哪些特点？
10. 什么是班轮运输？其运费如何核算？
11. 什么是租船运输？它都有哪些租船方式？
12. 程租船的运费是如何核算的？

第八章 服装外贸跟单管理

学习目标

1. 了解服装外贸跟单的基本知识,知道服装外贸跟单过程中不同时期的工作要点。
2. 了解服装外贸订单评审的流程,掌握跟单员审单的内容。
3. 了解国际货物运输单证的类别,掌握各种单证的使用。
4. 了解国际货款的收付工具与结算方式,掌握各种工具的使用。
5. 了解国际贸易电子单证的相关知识与服装外贸函电的特点。

第一节 服装外贸跟单流程

出口货物跟单是跟单员对履行合同的跟进。它是以货、证、船、款为中心,包括备货、催证、改证、租船订舱、报关、报验、装船、制单、结汇等环节。服装外贸跟单也不例外,可以概括为图8-1所示。

一、工艺单跟单

服装对外贸易中的工艺单跟单包括制作工艺单、核价和报价、备样三部分(见图8-2)。

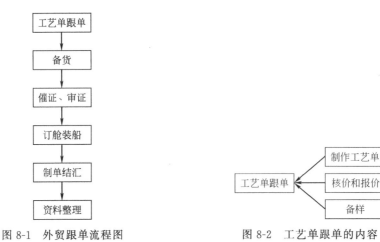

图8-1 外贸跟单流程图　　　图8-2 工艺单跟单的内容

1. 制作工艺单

在服装对外贸易中,工艺单(Working Sheets)反映了客户对所需服装产品的具体要求;是跟单员核查订单要求,跟踪订单质量的主要依据;是生产部门采购面、辅料,把握质量的准绳;是客户验货的准则。一般情况下是"一款一单"。跟单员应仔细核对工艺单资料是否完整准确。

① 跟单员首先应对客户的工艺单进行文字处理,准确地译成中文。

② 接着，跟单员应对工艺单进行仔细严谨的核查。核对工艺单文本部分的具体内容是否完整；核对款式、工艺等部分的文字描述是否与款式图、产前样相一致。

③ 逐项检查其主辅料的内容要求，核对工艺文本中有无面辅料样卡、色卡。首先是主料，如面料的品种、纱支、结构、克重、颜色（特别注意特殊色，如麻灰）；其次是辅料，包括拉链（是否特指，如 YKK）、绳、扣、凤眼、花边、松紧带、梭织布（应注意是否需要染色）、横机罗纹、主标、水洗标、吊牌、装饰牌等。

④ 对照工艺单，查看款式是否有印花或绣花，面料丝光、水洗、扎染等特殊要求。

⑤ 对于老客户，可参考以往的工艺单进行核对，研究是否有新的变化或者是有不对的地方，着重看是否有特殊的要求。工艺单指示不明的地方要及时与客户沟通，如客户有不明白的地方可按照订单常规操作要求处理。

2. 核价、报价

认真研究完工艺单之后，跟单员应进行核价，即填写核价单，并报价。在填写核价单时一定要清晰、认真，严格把关。

核价、报价时应注意以下问题。

（1）明确面料要求，方便用料的核算　核实工艺单上客户要求的纱支、克重、幅宽和有关面料生产的难易程度，即落实所用面料的有关材料，以便工艺人员核算用料数量。

（2）明确辅料等的来源　工艺师人员应进行工艺用量的计算，要对辅料情况进行详细解说，对辅料价格进一步落实，避免大货投产后出现价格上的差异。应明确客户对辅料的要求，如有无指定的生产厂家，哪些辅料由客户提供，对于印花、绣花线有无特殊要求，若客户有特殊要求的，一定要做出特别说明。

（3）计算产量及加工费　生产部门对照工艺单或样衣，可进行生产量及加工费的计算。为了便于生产部门尽可能核算准确，对于工艺单上或是客户特别指示的，要一并详细告知（最好是书面）生产部门。

（4）汇总资料，核算价格　由于核价员习惯于按照自己知道的资料进行核价，因此在客户有特殊要求时，一定要有明确指示并做出相关提醒，如面料有无特殊要求（有无水洗等），辅料比较奇特，印、绣花价格等，都必须详细准确的写到核价资料或工艺单中，以便以后查询。

（5）报价　核算价格后，要进行报价。所报价格的高低，不仅受生产成本的影响，同时也要考虑到成交服装的质量、档次、数量；交货地点及交货条件；运输成本；支付条件及汇率的风险等因素。跟单员应综合考虑，依据公司惯例进行最后报价。

3. 备样

报价后，如果客户觉得价格接近或是可以接受，会要求安排备样（原则上先谈价格，后打样；对新客户原则上不备样，若备样要收样品费）。样品的作用在于保证交货期及商品质量，因此跟单员经手的资料务必要准确，要与客户要求一致，才能保证样品及时得到确认，避免重新返工。

跟单员所备样品主要有下列几种。

（1）服装实物样品　根据用途不同，服装实物样品可分为以下七种。

① 款式样　款式样注重做工，可以代替面料，若样品有配色时，一定要搭配恰当，尺寸、工艺等应以客户的指示与要求为准。

② 确认样　作为确认样，客户注重的是颜色对，辅料齐，印花、绣花等符合要求。跟

单员应仔细对待确认样,它不仅代表着大货面料,而且由于确认样是给设计师看的,因此确认样一定是美好的、准确的、符合设计师口味的,否则将会前功尽弃。

③ 产前样　产前样是在大货面料出来以后,为了保证大货的准确性,在裁剪之前给客户的样品,它代表了大货的水平,为了生产方便,要求产前样必须符合客户对大货的一切要求。

④ 广告样　广告样是在订单确定后,大货出货前,客户用于促销宣传的样品,广告样重在齐色齐码,外观效果好。

⑤ 销售样　一般是客户要求在工艺单下达后,安排做销售样,而且对于不好找的辅料可用类似或接近的代替。样衣发走后,安排核价、报价,然后等客户确认意见。

⑥ 水洗样　要保证成衣水洗尺寸,必须提前做好面料缩水率的工作。

⑦ 船样　即大货样,一般是在出货前一两天或出货后几天寄给客户,船样最终要并入大货,否则跟单员将负主要责任。

(2) 色样

① 色样制作要好看、及时、保存完整,一式三份:跟单员必须自己留存一份,以便在以后的生产过程中对大货进行核对。

② 纱样。

③ 布样。既方便与客户沟通,确定大货服装的颜色,又便于采购部门购纱。

(3) 印、绣花样　工艺单款式有印花或绣花要求的,要准备印、绣花样以备客户确认。准备印、绣花样时,不仅必须保证资料准确,尽可能使用正确颜色的布、线打样,而且要及时与客户沟通,尽量缩短确认周期。

(4) 辅料样　由于我国的辅料开发还有一定的局限性,因此安排辅料时一定要尽可能广。若客户安排的辅料有难度时,应及时与客户联系协商处理。

二、备货

备货是指合同确立后,卖方按照订单及信用证的要求,按时、按质、按量地准备好货物。跟单员应当及时落实货源,做好备货工作。备货跟单的内容如图8-3所示。

1. 下达生产通知单

若公司有自己的工厂,则跟单员需要下达生产通知单。生产通知单必须资料齐全、完备、正确,并在指令下达后,及时落实各相关部门在合理时间内收到了正确的指令,且开始实施。依据生产计划,监督生产各环节顺畅进行。

若公司无自己的生产部门,则需寻找合适生产厂家,及时准确地签订供货合同,一定要做好生产的跟催工作。

2. 确认工作

在订立合同之后,对于跟单来说,做好确认工作最重要。在安排确认时,要掌握以下原则。

① 排列生产计划,盘查确认点。清点辅料,核对来料颜色是否一致,特别是对主辅料的盘查,保证生产顺利开始。

② 监督和督促生产计划,确认所有保证生产顺利进行的有关指示,书面或实物已交代到有关部门的责任人,

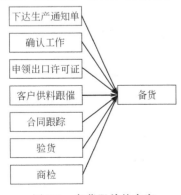

图8-3　备货跟单的内容

并已得到认真回执。对正确的工艺单、样品、印绣花样、客户的最终确认意见或修改意见要及时传达,对生产中出现的各种问题进行监督、反馈,对于生产中出现的问题要及时与客户进行沟通和处理。

③ 核对所有来物,与客户确认意见一致。

④ 要注意客户的变更,如面料的颜色、合同数量,如出现变更,要在第一时间内通知生产部门,减少不必要的损失。

3. 申领出口许可证

依据我国出口许可证管理制度,出口许可证管理范围内的商品,必须在货物出口前向出口许可证管理部门取得货物出口许可,于货物出口报关时向海关提供出口许可证,否则海关不接受其报关。因此,若出口的服装属于出口许可证管理范围内的商品,则需填写"出口许可证申请表",于货物出口报关前向负责签发该商品出口许可的机关提交申报手续。

4. 客户供料跟催

若生产过程中需用到由客户提供的面、辅料,除了在签订合同时为生产过程留出一段合理的时间,同时要在合理时间内做好对客户供料的跟催,以免违反合同及信用证要求,从而造成不必要的违约。

5. 合同跟踪

在合同的执行过程中,要准时填报跟单表,及时给客户报告生产进度,并及时汇总资料,整理订单,避免疏漏。对出现的意外情况要及时处理,如实上报,与客户协商解决,协调有关部门采取补救措施等。

在临近交货期时,如生产过程中出现妨碍大货交期无法按合同顺利执行时,必须事先通知客户;当大货生产过程中,缝制、印花、绣花等出现妨碍生产顺利进行时,一定要及时通知客户(同时发样给客户)采取补救措施。

6. 备货时应注意的问题

(1) 货物的品质 要"按质"备货。即货物的品种、规格、花色、款式等应与合同及信用证规定相一致,既不能高于也不能低于合同及信用证中的标准。若与合同规定不符,则会导致对方的拒收或索赔,出现不必要的损失,同时会影响公司声誉,造成不良影响。

(2) 货物的数量 要"按量"装货。货物的数量要与合同和信用证的规定相符,不可多装或少装。同时为防止在搬运过程中发生意外损失,备货的数量应保留适当余地。

(3) 货物的包装 货物的包装材料与方式均应与合同及信用证的规定相符,确保商品安全、运输方便,同时又要与相关规定相一致。

(4) 货物的运输标志 运输标志在合同和信用证中已作出明确规定的,应在联系单中准确列出,以便提前刷唛。如果合同中规定运输标志由买方决定,而开来的信用证又未做具体规定,应催促对方及时提出告知,否则,卖方可自行决定。刷唛时要注意图形文字的字迹清楚,位置醒目,大小适当。

(5) 符合装运期 要"按时"装货。货物地装运应严格按照合同及信用证规定的交货期限进行安排,以免违约而造成不必要的纠纷和经济损失。

7. 验货

在交货期前一周,跟单员要通知公司验货员验货;如客户在合同中规定要自己或指定验货人来验货的,要在交货期前一周约客户查货并将查货日期告知有关部门;如客户在合同中指定第三方验货公司或公正行等验货的,要在交货期两周前与验货公司联系,预约验货时间,确保交货期前安排好时间,确定后将验货时间通知工厂。

8. 制备基本文件

工厂提供的装箱资料,制作出口合同,出口商业发票,装箱单等文件。

9. 商检

如果是国家法定商检产品,在给工厂下订单时要说明商检要求,并提供出口合同,发票等商检所需资料,而且要告诉工厂将来货物的出口口岸,便于工厂办理商检。

按《中华人民共和国进出口商品检验法》规定,属于"实行检验商品种类表"中需法定检验和合同或信用证规定由商检机构检验出证的出口商品,出口商在装运前必须到商检机构申请检验,检验合格者商检机构在出口货物报关单上加盖放行章,海关凭此放行。非法定检验但需商检出证的商品,没有商检机构发放相应证书,银行不予结汇。

出口商应在商检机构规定的地点和期限内,向商检机构申请报验。

(1) 出口报验　凡即期出口的服装,报验人应向当地商检机构办理出口报验手续。

办理报验手续时需提供的单证有:出境货物报检单、出口合同及信用证或有关函电、服装生产工艺单、产品装箱单、出厂检验结果单据、"标识查验申请单"、商检机构检验合格的纸箱证书、该批货物出运的发票。经产地商检局检验的出口服装,在口岸出口报验时应同时提供产地商检局签发的"检验换证凭单"正本。

商检局接受报验申请后会安排检验员与报验人约定具体的检验时间进行检验。检验后,商检局按检验结果出证。

(2) 申请预验　为配合企业做好出运前的备货工作,商检机构对已经生产好的、工厂检验合格的出口服装,但尚未确定出口数量、运输工具,或尚未加刷出口标记的,经报验人提出预验申请后,可以进行预验并签发"预验结果单",出口时凭此办理出口换证。

(3) 报验时间　出口商品报验的时间规定为:最迟于报关或装运出口前10天向商检机构办理。对于检验周期较长的商品(如羊绒类服装),则应加上相应的抽样、检验、化验等所需的工作时间。

三、催证、审证和改证

在签订合同并确认客户已执行合同后,以预付款结算的,要及时催款;以电汇结算的,风险较大,通常适用于老客户;以信用证(L/C)支付方式结算的,出口商必须做好催证、审证及改证等工作,以保证合同顺利履行及货款的及时收回。催证、审证跟单的内容如图8-4所示。

图8-4　催证、审证跟单的内容

1. 催证

催证指卖方通知或催促国外买方按合同规定及时开出信用证。按合同规定及时开出信用证是买方在信用证支付方式合同中的一项主要义务,它是卖方在交易中及时安全收回货款的前提。

在货物生产即将完成时,要及时催证。并不是所有业务都需要催证,但是在下列情况下,卖方必须及时采取措施催促买方开证,以便如期装运。

① 客户资信不好,或者市场情况有变,可催促对方及时开证。

② 签约日期和履约日期间隔较长，卖方应在合同规定之日前，提醒对方及时开证。

③ 若卖方的货物已然备妥，则可征求对方同意提前开证，从而提前装运，并提早交单结汇。

④ 如买方在出口合同规定的期限内尚未开信用证，即买方已经构成违约，如果卖方希望继续交易，可在保留索赔权的前提下，催促对方开证。

在实际业务中，可通过发信函、电报、电传、传真、E-mail 等方式催证，也可请银行或驻外机构协助代为催证。

2. 审证

信用证应与买卖合同相符。但在许多实际业务中，由于买方的工作疏忽或故意为之而导致信用证与合同并不完全一致。因此，出口商必须提高警惕，注意做好对国外来证的审核。

审证是银行与公司的共同职责，但在范围和内容上有所不同。银行从政策上审，如开证国家有无贸易往来，开证行的资信等；公司从信用证的内容、通知方式等审。审证时不仅要检查信用证内容是否完整；通知方式是否安全、可靠；条款有无矛盾之处、有无陷阱；信用证规定的文件能否提供或及时提供；是否受 UCP600《跟单信用证统一惯例（2007 年修订本）》的约束，更要对以下内容进行重点审核。

① 若信用证明确表示是可以撤销的，则一般不予接受。核查信用证是否生效；信用证是否是有条件的生效；该保兑的信用证是否加保；付款时间是否与合同的有关规定相一致等内容。

② 审核信用证金额是否与合同金额一致，大、小写金额是否一致。如合同订有溢短条款，信用证金额是否包括溢装部分金额；信用证使用的货币是否与合同规定的计价和支付货币一致。

③ 信用证的装运期必须与合同的规定相同；信用证的到期地点，通常要求规定在中国境内，对于在国外到期的信用证，一般不予接受，应要求修改。

④ 审核有关货物条款，主要是对商品的品质、数量、规格、包装等依次进行审核，如发现信用证内容与合同规定不符，则不能轻易接受，原则上要求改证。

⑤ 仔细审核开证申请人的名称和地址，以防错发错运。受益人的名称和地址须正确无误，以免影响收汇。

⑥ 对来证中要求提供的单据种类、份数及填制方法等进行审核，如发现有不正常规定或卖方难以办到的应要求对方修改。

⑦ 仔细审核信用证对分批装运、转运、保险险别、投保加成以及商检条款的规定是否与合同一致，若有不符，应要求对方修改。

⑧ 审证时，如发现超越合同规定的附加或特殊条款，一般不应轻易接受，如对出口方无太大影响的，也可酌情接受一部分。

3. 改证

改证是对已开立的信用证进行修改的行为。对审核时出现问题的信用证必须要改证。改证分两种情况，一种是受益人审证后要求开证申请人改证，一种是开证申请人主动改证。

受益人审证后，发现内容与合同和惯例规定不一致，或不符合本国的对外贸易方针政策，或影响合同履行和安全收汇，及我方不能接受的条款，则应及时向开证申请人提出改证，并在收到改证通知确定无误后发货。改证时应遵守以下原则。

① 凡同一信用证上需要修改的内容应一次性通知开证申请人，尽量避免因考虑不周而

多次改证。

② 开证行的改证通知书，应当通过通知行转递，以保真实。

③ 若对改证通知书的内容或部分内容不能接受，则应把改证通知书退回，坚持对方改证，待全部改妥后才能接受。

受益人审证时，如发现一些条款虽与合同或惯例不符，但可以变通处理，不是非修改不可的，在不影响安全收汇、不增加受益人费用的前提下可以不改，以示合作。

若开证申请人想要主动改证，首先应征得受益人的同意。如果开证申请人未事先征得受益人同意单方面改证，受益人可以发出接受或拒绝接受修改的通知。在未表示接受前，原证条款继续有效，受益人有权保持沉默并依照原证条款直至交单为止。收益人也可以在交单时按修改书制单，即表示接受。

四、订舱装船

在货物备妥、信用证收妥无误后，就进入出货装柜，租船订舱的阶段。订舱装船的内容如图 8-5 所示。

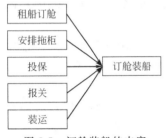

图 8-5　订舱装船的内容

1. 租船订舱

如出口货物数量较大时，可委托货运代理机构办理租船；当出口商品数量不大时，则选择班轮运输或是租订部分舱位。跟单员在租船订舱时应注意以下几点：

① 在 FOB 条件下，若客户委托我方办理租船订舱，通常客户会指定运输代理公司或船公司。应尽早联系货运公司，告知发货意向，了解即将安排的出口口岸、船期等，确保工厂交货能早于开船期至少一周以前，且船期能保证客户要求的交货期。应在交货期前两周向货运公司发出书面定舱通知，通常在开船一周前可拿到定舱纸。

② 在 CFR、CIF 条件下由卖方办理租船订舱、支付运费。应尽早向货运公司或船公司咨询船期、运价、开船口岸等。选择价格优惠、信誉好、船期合适的船公司，并通知客户。若客户有异议，则尽早协商解决。开船前两周书面定舱。

③ 若货物较少不够一个小柜，则需走散货时，应向货运公司定散货舱位。拿到入仓纸时，还要了解截关时间、入舱报关要求等内容。

④ 向运输公司定舱时，一定要传真书面定舱纸，注明所定船期、柜型及数量、目的港等内容，以免出错。

2. 安排拖柜

① 备货验货后，委托拖车公司提柜、装柜。应选择安全可靠、价格合理的拖车公司以确保安全准时。给拖车公司传真的资料包括：定舱确认书/放柜纸，船公司，定舱号，拖柜委托书，注明装柜时间，柜型及数量，装柜地址，报关行及装船口岸等。若有验货公司看装柜，要专门声明，不能晚到，并要求回传上柜资料。

② 备一份装车资料给工厂，列明上柜时间、柜型、订舱号、订单号、车牌号以及司机联系电话等。

③ 要求工厂在货柜离开工厂后尽快传真一份装货通知给业务部，列明货柜离厂时间、实际装货数量等，并记装箱号码和封条号码作为提单的资料。要求工厂装柜后一定要记住上封条。

在办理保险及报关放行后，即可装运。

3. 投保

以 CIF 及 CIP 方式成交的合同，由出口方向保险公司投保。跟单员在办理出口货物保险时，应采用逐笔投保的方式。一般在完成托运手续并取得配舱回单后，便可办理保险手续。投保人应先填制"运输险投保单"，内容包括投保人名称、货物名称、运输标志、船名或装运工具、装运地（港）、目的地（港）、开航日期、投保金额、投保险别、投保日期和赔款地点等。一式两份，一份由保险公司签署后交投保人作为接受投保的凭证；另一份由保险公司留存作为缮制保险单的依据。为简化手续，外贸公司也有将发票、出口货物明细单或出运货物分析单代替投保单，但仍须加注配舱回单的内容及投保险别和金额。

按 FOB、FCA、CFR、CPT 条件成交的，保险由买方办理，如卖方同意，且在买方支付费用的情况下，可接受委托代办保险，其产生的风险亦由买方承担。

保险公司根据投保内容，签发保险单或保险凭证，并计算保险费，单证一式五份，其中一份留存，投保人付清保险费后取得四份正本，投保即告完成。

投保人在保险单证出具后，发现投保内容有错漏或需变更，应向保险公司及时提出批改申请，由保险公司出立批单，粘贴于保险单上并加盖骑缝章，保险公司按批改后条件承担责任。申请批改必须在货物发生损失以前，或投保人不知有任何损失事故发生的情况下，在货到目的地前提出。

4. 委托报关

报关是指进出口货物装船出运之前，向海关申报的手续。在拖柜同时将报关所需资料交给合作报关行，委托出口报关及做商检通关换单。若具备报关员资格，可自行报关。委托报关时，应提供一份装柜资料，内容包括所装货物及数量、口岸、船公司、订舱号、柜号、船开截关时间、拖车公司、柜型及数量，本公司的联系人和电话等。货物经海关查验，货、证、单一致后在装货单上加盖放行章，即可凭以装船。

5. 装运

出口方凭"装货单"按规定的日期、航次、船只组织货物装船，装船后，由船长或大副签发收货单，托运人据此向货运代理机构交付运杂费，从而换取正式提单。

货物装船后，应及时向客户发出装运通知。装运通知需及时，它直接关系到客户进行付款赎单、进口报关和接货等工作的进行。在 FOB 及 CFR 条件下，装运通知是否及时还决定客户能否及时办理保险，从而规避风险。否则当货物遭受损失时，则应由出口方承担。

五、制单结汇

制单结汇是出口货物跟单的最后环节。制单结汇的内容如图 8-6 所示。

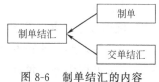

图 8-6 制单结汇的内容

1. 制单及汇集相关单据

货物装运后，跟单员要及时按照合同内容缮制各种所需单证，可以提早交单结汇。缮制结汇单据时，应以"正确、完整、及时、简明、整洁"为原则，做到"单证相符"、"单单一致"。

办理议付结汇时，所需单据有如下几种。

（1）汇票　汇票是国际货款结算中使用最多的票据。是出票人签发给受票人即付款人的一张无条件的书面支付命令，要求付款人在指定的时间内按票面金额付给指定的受款人或持票人的委托。国际贸易中，主要使用跟单汇票作为出口方要求付款的凭证。通常汇票的使用要经过出票、提示、承兑和付款等环节，如有转让，则有背书环节，如遭拒付，则还有追索环节。

制作汇票时应注意以下问题。

① 汇票金额。填写汇票金额所使用的货币名称缩写及阿拉伯数字表示的金额小写数字。除非另有约定，汇票金额所使用货币需与信用证规定发票所用货币一致。

② 出票条款。出票是指出票人按规定制作汇票并将其交给受款人的行为。信用证名下的汇票，应依据信用证上具体规定填写出票条款，包括开证行名称、信用证号码和开证日期等。

③ 付款人名称。信用证方式下，一般都指定付款人。若信用证未加说明，则以开证行为付款人。

④ 收款人名称。信用证方式下，收款人通常为议付行；托收方式下，收款人可以是托收行。

（2）发票

① 商业发票　商业发票是出口商开立的发货价目清单，是装运货物的总说明，内容包括货物名称、品质、规格、数量、价格、包装、交货条件等，发票全面反映了合同内容。

发票的主要作用是供进口商凭以收货、支付货款和进出口商记账、报关纳税的凭据，是出口方向银行办理结汇，投保人向保险公司办理投保时不可或缺的单据。在不用汇票的情况下，发票代替汇票作为付款的依据。

在以信用证方式结算时，对发票的要求最为严格。发票的日期要确定在开证日之后，交货期之前。发票中货物的描述要与信用证上的完全相同，小写、大写金额都要正确无误。信用证上对发票的条款应显示出来，要显示唛头。如果发票要办理对方大使馆认证时，一般要提前20天办理。

总之，发票是全套货运单据的中心，其他单据均参照发票内容缮制，因而制作不仅要求正确无误，还应排列规范，整洁美观。

② 海关发票　海关发票是根据某些进口国海关的规定，由出口商填制的一种特定格式的发票。海关发票是供进口商凭以向海关办理进口报关、纳税等手续的依据。进口国海关根据其内容核定原产地，实施差别税率政策，以确定是否征收反倾销税或反补贴税。其对进口货物起估价定税的作用，也可对货物作分类统计之用。因此，对进口商来说，海关发票是一种很重要的单据。

③ 领事发票　领事发票主要为拉美国家所采用，是由进口国驻出口国的领事出具的一种特别印就的发票。这种发票证明出口货物的详细情况，进口国可用于防止外国商品的低价倾销；同时可用作进口税计算的依据，有助于货物顺利通过进口国海关。出具领事发票时，领事馆一般要根据进口货物价值收取一定费用。

④ 厂商发票　厂商发票是出口货物的制造厂商所出具的以本国货币计算，用来证明出口国国内市场的出厂价格的发票。要求提供厂商发票的目的是检查出口国出口商品是否有销价倾销行为，供进口国海关估价、核税以及征收反倾销税之用。

（3）运输单据　运输单据因不同贸易方式而异，有海运提单、海运单、航空运单、铁路运单、货物承运收据及多式联运单据等（在第七章有详细介绍）。

（4）保险单　保险单是保险人与被保险人之间订立的保险合同的凭证。是被保险人索赔、保险人理赔的依据，在 CIF 或 CIP 合同中，出口商在向银行或进口商收款时，提交符合销售合同或信用证规定的保险单据，是出口商必不可少的义务。

保险单主要内容：保险人及保险公司；保险单编号；被保险人即投保人；标记；包装及数量；保险货物名称；保险金额；保费及费率；装载运输工具；开航日期、起运地和目的地；承保险别；赔付地点和赔付代理人。

（5）产地证 即原产地证书，是出口商应进口商要求而提供的、由公证机构或政府或出口商出具的证明货物原产地或制造地的一种证明文件。原产地证书是贸易关系人交接货物、结算货款、索赔理赔、进口国通关验收、征收关税的有效凭证，它还是出口国享受配额待遇、进口国对不同出口国实行不同贸易政策的凭证。

我国出口商品所使用的产地证主要有以下几种。

① 普通产地证 用以证明货物的生产国别，进口国海关凭以核定应征收的税率。在我国，普通产地证可由出口商自行签发，或由进出口商品检验局签发，或由中国国际贸易促进委员会签发。实际业务中，应根据买卖合同或信用证的规定，提交相应的产地证。在缮制产地证时，应按《中华人民共和国原产地规则》及其他规定办理。

② 普惠制产地证 目前给予我国普惠制待遇的有澳大利亚、新西兰、日本、加拿大、挪威、瑞士、俄罗斯及欧盟 15 国，以及部分东欧国家。凡是向给惠国出口受惠商品，均须提供普惠制产地证，才能享受关税减免的优惠，所以不管来证是否要求提供这种产地证，出口商均应主动提交。在我国，普惠制产地证由进出口商品检验局签发。

③ 纺织品产地证 对欧盟国家出口纺织品，需提交该产地证。该证是进口国海关控制配额的依据。在我国，该证由地方外经贸委（厅）颁发。GSP 产地证是取得关税优惠的证明，而纺织品产地证是取得配额的证明。对欧盟出口有关产品时，需同时提交两种产地证。

④ 输美纺织品产地证 凡属对美国出口的配额商品，如纺织品等，应由出口商填写原产地声明书。

（6）检验证书 国际贸易中检验证书种类很多，分别用以证明货物的品质、数量、重量和卫生条件等方面的情况。检验证书一般由国家指定的检验机构出具，也可根据不同情况，由出口企业或生产企业自行出具。应注意，出证机构检验货物名称和检验项目必须符合信用证的规定。还须注意检验证书的有效期，出口货物务必在有效期内出运，如超过期限，应重新报验。

（7）装箱单 装箱单应清楚地表明货物装箱情况。要显示每箱内装的数量，每箱的毛重、净重，外箱尺寸。按外箱尺寸计算出来的总体积要与标明的总体积相符。要显示唛头和箱号，以便于客人查找。装箱单的重量、体积要与提单相符。对于服装商品，一般要求装箱单反映每包内的款号、颜色、尺码、数量搭配等内容（在第七章有详细介绍）。

（8）其他单证 其他单证按不同交易情况，由合同或信用证规定，常见的其他单证有寄单证明、寄样证明、邮局收据、装运通知以及有关运输和费用方面的证明。

2. 交单结汇

（1）交单 交单是指全部单据准备妥当后，由受益人签署议付申请书，申请议付、承兑或付款。为了依据信用证规定结算货款，必须将审核无误、正确的、完整的单据交至议付银行，请求议付、承兑或付款。

（2）结汇 目前我国出口结汇的办法有三种：买单结汇、收妥结汇和定期结汇。

买单结汇又称"出口押汇"，即国际上银行界通常采用的"议付"做法，是指银行议付行在审单认可的情况下,按信用证的条款买入外贸企业(受益人)的汇票和单据,按照票面金额扣除从议付到期日到估计收到票款之日的利息和手续费,将净数按议付日外汇牌价折成人民币,付给外贸企业。

收妥结汇又称收妥付款,是指议付行收到外贸公司的出口单据后,经审查无误,将单据寄交国外付款行索取货款,待收到付款行将货款拨入议付行账户的贷记通知书时,即按当日外汇牌价,折成人民币收入受益人账户。

定期结汇是议付行根据向国外付款行索偿所需时间,预先确定一个固定的结汇期限,到期后主动将票款金额折成人民币拨交外贸公司。

六、资料整理与归档

跟单员应及时将自己负责的资料整理并归档,以备查询。

1. 业务登记

每单出口业务在完成后要及时登记,包括电子登记和书面登记,便于以后查询、统计等。

2. 文件存档

所有文件、信用证和议付文件必须留存一整套以备查用。

3. 信息搜集

单证员平时应注意搜集运价变动、船期、航线的信息,为业务员报价提供帮助。

第二节 服装外贸订单评审

订单的评审就是把客户订单进行检查、评价、和确认。

一、订单评审的步骤

(1) 接收、翻译订单 接收订单后,跟单员首先应对客户的工艺单进行文字处理,准确地译成中文,完整地表达原订单的各项要求。

(2) 制作评审表 业务部门应制作订单评审表,为评审工作做好准备。

(3) 召开评审会议,分发评审表,综合评审结果。

订单具体评审的内容应综合考虑与企业生产关联的人、机器、物、法、环境五个方面的因素。具体包括如下几个部门。

① 产品开发、设计部:主要解决款式设计开发、工艺技术处理方面的问题。

② 生产部:根据客户订单,进行产能分析,主要解决大货品质及交货期的问题。

③ 仓储部、采购部:分析订单,查看仓储物料是否齐全,若需要采购物料,能否满足订单标准。

④ 财务部:结算方式是否能满足要求,利润是否能达标。

具体评审工作可以是业务部门组织各相关部门召开评审会议,现场讨论,评审出结果;也可以分发评审表给各相关部门,之后综合各部门给出的意见得出结果。

(4) 形成决议,记录、归档。

评审结果的内容一般包括:企业是否有能力完成客户订单要求;若有能力,订单中是否还存在困难,有什么办法可以解决;能力有所欠缺时,应与客户协商,争取修改订单,之后重新评审。

形成决议后由业务部门负责保存记录，并进行归档管理。

当评审结果是有能力完成时，则进入下一个环节：制定生产计划。

二、跟单员审单

1. 审单内容

确认产品名称、规格、质量、数量、单价、价格条款、总额、付款方式、交货期、交货方式。

2. 审单方法

（1）产品名称、规格　审查产品代码与企业的产品资料是否有相通之处。

（2）产品质量　产品质量是货物的外观形态和内在质量的综合。在国际贸易中，货物的品质不仅是主要交易条件，也是跟单员进行审单的首要条件。在对外服装贸易中，一般来讲是凭样品买卖，订单中商品的质量主要体现在服装的款式、花色、型号、用料、工艺要求等。

（3）数量　应审查货物的数量是否可以及时备妥，其计量单位、重量以及约数有何规定。

（4）单价、总额的审查　当客户在订单中标出单价时，应与企业的报价表对照，核对客户标出的单价是否正确，总金额是否有误。新客户下单，要查看报价。若订单未标出单价，应按企业单价表计算总金额。

（5）价格条款的审查　出口货物的价格条款，也称价格术语，明确贸易条件，不同贸易条件代表双方承担不同的责任、费用和风险，因此，单价也应有所区别。如常用的 FOB、CFR、CIF、CPT、CIP 贸易术语条件下，价格是不同的，卖方承担的责任、费用和风险越大，价格也应当越高。因此，应核对价格条款是否与单价相一致。同时还应核查计价货币，在出口业务中，应尽量采用可自由兑换的货币，且是汇率看涨的硬币，若没有办法选择而采用软币，则应适当提价而减少因汇率变动而带来的亏损。

（6）付款方式　国际贸易中常用的货款结算的方式有三种，即汇付、托收和信用证三种。常用到的票据有汇票、本票和支票。跟单托收和信用证付款是目前常见，也是比较安全的收汇方式。跟单员应审查订单中的付款方式是否能为公司所接受，是否支付定金等问题。

（7）包装要求审查　跟单员要考虑包装的各种因素，具体内容见第七章。

（8）交货期的审查　一般情况下，订单会对交货期有一个明确的要求，有时也可能没有规定交货期。不管何种情况下，跟单员都应根据订单的数量、物料的采购、生产能力分析等，结合客户要求，审查交货期是否合理，公司能否及时备货，并装船送达。

（9）交货方式的审查　交货方式主要有空运、海运、陆运、邮寄等，可根据贸易条件、费用的承担、货物的数量及交货期来确定最适合的交货方式。

第三节　国际货物运输单证

在国际货物运输中，不同的运输方式中将出现不同的货运单据，跟单员应熟悉不同货物运输单据的名称、性质特点、格式内容等。

一、主要的货运单证

在实际业务中常见的主要货运单证如下。

1. 托运单

托运单是托运人根据贸易合同和信用证条款内容填制的,向承运人或代理办理办理货物托运的单证。承运人根据托运单内容,结合船舶的航线、挂靠港、船期、舱位等条件,认为合适后,即接受托运。

2. 装货单

装货单是接受了托运人提出装运申请的船公司,签发给托运人,凭以命令船长承运的货物装船的单据。装货单既可作为装船依据,又是货主办理出口货物申报手续的主要单据之一。

3. 收货单

收货单又称大副收据,是船舶收到货物的收据及货物已装船的凭证。

4. 海运提单

提单是证明承运人已接管货物和货物已装船的货物收据;是承运人凭以交付货物和可以转让的物权凭证。提单持有人可据以提取货物,也可凭此向银行押汇,还可在载货船舶到达目的港交货之前进行转让。

5. 提货单

提货单是收货人凭正本提单或副本提单随同有效的担保向承运人或其代理人换取的、可向港口装卸部门提取货物的凭证。

6. 装货清单

装货清单是承运人根据装货单留底,将全船待装货物按目的港和货物性质归类,依航次、靠港顺序排列编制的装货单汇总清单,其内容包括装货单编号、货名、件数、包装形式、毛重、估计尺码及特种货物对装运的要求或注意事项的说明等。装货清单是船上大副编制配载计划的主要依据,又是供现场理货人员进行理货,港方安排货运,进出库场以及承运人掌握情况的业务单据。

7. 舱单

作为船舶运载所列货物的证明,舱单是一份按照货港逐票罗列全船载运货物的汇总清单。它是在货物装船完毕之后,由船公司根据收货单或提单编制的。其主要内容包括货物详细情况、装卸港、提单号、船名、托运人和收货人姓名、标记号码等。

二、运输单据

运输单据是承运人收到承运货物签发给出口商的证明文件,它是交接货物、处理索赔与理赔以及向银行结算货款或进行议付的重要单据。

在国际货物运输中,根据运输方式的不同,运输单据的种类也不同,包括海运提单及海运单、铁路运单、航空运单、多式联运单据、邮包收据及集装箱运输单据等。

1. 海上货物运输单据

海上货物运输单据主要为海运提单及海上货运单(海运单)。

(1) 海运提单 海运提单简称提单(B/L),国际结算中的一种最重要的单据。是用以证明海上货物运输合同和货物已经由承运人接收或装船，以及承运人保证据以交付货物的单证。海运提单具有三个方面的功能：①提单是证明承运人已接管货物和货物已装船的货物收据；②提单是承运人保证凭以交付和可以转让的物权凭证；③提单是承运人与托运人之间订立的运输契约的证明，明确各方之间的权利与义务、责任与豁免，是处理争议的依据。

① 海运提单的种类较多，根据货物是否装船，划分为已装船提单和收货待运提单。已装船提单指整票货物已全部装上指定船舶后承运人所签发的提单。收货待运提单又称备运提单，是指承运人已收到托运货物等待装运期间所签发的提单。按国际贸易惯例，除非另有约定，卖方有义务向买方提交已装船提单。

② 根据提单上对货物外表状况有无不良批注可划分为清洁提单和不清洁提单。清洁提单是指货物在装船时表面状况良好，承运人在提单上不带有明确宣称货物、包装有缺陷状况的文字或批注的提单。不清洁提单是指承运人在签发的提单上带有明确不良批注的提单。按国际贸易惯例，信用证要求的提单均为清洁提单。除非另有约定，卖方有义务提交清洁提单。清洁提单也是提单转让时必须具备的基本条件之一。

③ 根据提单收货人抬头的不同或是否可转让，可划分为记名提单、不记名提单和指示提单。记名提单又称"收货人抬头提单"，是指提单上的收货人栏内填明特定收货人名称的提单。不记名提单又称"来人抬头提单"，是提单上的收货人栏内不写明具体收货人名称，只写明"货交提单持有人"或不填写任何内容的提单。指示提单上的收货人栏内填写"凭指示"或"凭某某人指示"字样的提单。

④ 根据不同的运输方式可划分为直达提单、转船提单和联运提单。直达提单指货物装上海轮后，中途不再换船而直接驶往目的港卸货所签发的提单。转船提单指货物装上某一海轮后，在航运的中途要将货物卸入另一船舶再驶往目的港卸货的情况下所签发的包括运输全程的提单。联运提单指经过海运和其他运输方式的联合运输时，由第一承运人所签发的包括全程运输并能在目的港或目的地凭以提货的提单。

⑤ 根据不同的运营方式可划分为班轮提单和租船提单。班轮提单指由班轮公司承运货物后签发给托运人的提单。租船提单指承运人根据租船合同签发的提单。

⑥ 根据提单内容的繁简，可分为全式提单和略式提单。

⑦ 根据提单使用效力，可分为正本提单和副本提单。

⑧ 其他提单：除以上分类外，提单还分为过期提单、甲板提单（又称舱面提单）、运输代理行提单、倒签提单、预借提单等。

（2）海上货运单　海上货运单简称海运单，是证明海上货物运输合同和货物由承运人接管或装船，以及承运人保证据以将货物交付给单证所载明的收货人的一种不可流通的单证，因此又称"不可转让海运单"。

海运单不是物权凭证，故而不可转让。收货人不能凭海运单提货，承运人要凭海运单载明的收货人的提货或收货凭条交付货物，只要该凭条能证明其为运单上指明的收货人。海运单能方便进口人及时提货，简化手续，节省费用，还可以在一定程度上减少以假单据进行诈骗的现象。由于EDI技术在国际贸易中的广泛使用，不可转让海运单更适宜于使用这种新技术。

2. 铁路运单

铁路运输分为国际铁路联运和通往港澳的国内铁路运输，分别使用国际铁路货物联运单和承运货物收据。

(1) 国际铁路货物联运单　该运单是发送国铁路和发货人之间缔结的运输合同，运单签发，即表示承运人已收到货物并受理托运、装车后加盖承运日戳即为承运。运单正本随同货物送至终点站交收货人，是铁路同收货人交接货物，核收运杂费用的依据。运用副本加盖日戳后，是卖方办理银行结算的凭证之一。

(2) 承运货物收据　内地通过国内铁路运往港澳地区出口货物，一般都委托中国对外贸易运输公司承办，货物装车发运后，由外运公司签发一份承运货物收据给托运人。托运人以此作为结汇凭证。承运货物收据既是承运人出具的货物收据，也是承运人与托运人签署的运输契约。

3. 航空运单

航空运单是承运人与托运人之间签订的运输契约，也是承运人或其代理人签发的货物收据。航空运单不仅应有承运人或其代理人签字，还必须有托运人签字。航空运单与铁路运单一样，不是物权凭证，不能凭以提取货物，必须是记名抬头，不能背书转让。收货人凭航空公司的到货通知单和有关证明提货。

4. 多式联运单据

多式联运单据是指证明多式运输合同以及证明多式运输经营人接管货物并负责按照合同条款交付货物的单据，是由多式运输经营人或经他授权的人签署。既是货物收据也是运输契约的证明。当单据是指示抬头或不记名抬头时，可作为物权凭证，经背书可以转让。

5. 邮包收据

邮包收据是邮包运输的主要单据，它既是邮局收到寄件人的邮包后所签发的凭证，也是收件人凭以提取邮件的凭证，当邮包发生损坏或丢失时，它还可以作为索赔和理赔的依据。但邮包收据不是物权凭证。

6. 集装箱运输单据

集装箱运输是以集装箱作为运输单位进行货物运输的一种现代化运输方式。它可适用于海洋运输、铁路运输、公路运输、内河运输与国际多式联运等多种运输方式。

集装箱运输单证不同于传统运输的货运单证，主要有场站收据、集装箱装箱单、提单或集装箱联运提单、多式运输单据。此外，还有设备交接单收（交）货记录等。

总之，在国际货物运输中，跟单员应了解不同的运输方式中将出现的不同货运单据，熟悉并掌握不同货物运输单据的名称、性质特点、格式内容等，以备在跟单工作中熟练应用。

第四节　国际货款收付与结算

国际贸易货款的收付，是买卖双方的基本权利和义务。货款的收付直接影响双方的资金周转和融通，以及各种金融风险和费用的负担，因而这是关系到买卖双方切身利益的问题。因此，买卖双方在洽商交易时，都力争规定对自己有利的支付条件。

我国对外贸易货款的收付，通常都是通过外汇来结算的。货款的结算，主要涉及支付工具、付款时间、地点及支付方式等问题，买卖双方洽商交易时，必须对此取得一致的意见，并在合同中具体订明。

一、国际货款的支付工具

国际贸易货款的收付,以现金结算货款使用较少,大多使用非现金结算,即使用代替现金作为流通手段和支付手段的信贷工具来进行国际间的债权债务的结算。票据是国际通行的结算和信贷工具,是可以流通转让的债权凭证。在国际贸易中,作为货款的支付工具有货币和票据,而以票据为主。

1. 货币

对外贸易货款的收付,可以采用卖方国家的货币或买方国家的货币,也可以采用双方同意的第三国的货币。在当前各国普遍实行浮动汇率的情况下,货币经常出现上浮或下浮的情况,上浮的货币叫"硬币",下浮的货币叫"软币"。因此,在国际贸易中通常选择有利的货币进行计价和结算,即出口时采用"硬币",进口时采用"软币"。但在服装出口贸易中,由于大多为买方市场,不得不用"软币",应采取有效办法来避免汇率变动的风险,如提价或采用保值办法。

2. 票据

(1) 汇票 汇票是一个人(出票人)向另一个人(受票人/付款人)签发的,要求该受票人在见票时或将来可确定的时间或将来特定日期对某人或其指定人或持票人(受款人)支付一定金额的无条件的书面支付命令。我国票据法明确规定,汇票必须记载下列事项:①应表明"汇票"字样;②无条件支付命令;③确定的金额;④付款人名称、地址;⑤收款人名称;⑥出票日期;⑦出票人签章。未记载上述事项之一的汇票无效。在实际业务中,汇票通常还需要列明付款日期、付款地点和出票地点等内容。上述内容为汇票的要项,但并不是汇票的全部内容。按照各国票据法的规定,汇票的要项必须齐全,否则受票人有权拒付。

从不同的角度可以将汇票划分为不同的种类。

① 按出票人的不同可分为银行汇票(Bank's Draft)和商业汇票(Commercial Draft)。前者的出票人和受票人都是银行。后者的出票人是商号或个人,付款人可以是商号、个人,也可以是银行。

② 按有无随附商业单据,汇票可分为光票和跟单汇票。光票(Clean Bill)是不附带商业单据的汇票,银行汇票多为光票。跟单汇票(Documentary Bill)是附带商业票据的汇票,商业汇票一般是跟单汇票。

③ 按付款时间的不同,汇票可以分为即期汇票(Sight Draft)和远期汇票(Time Bill or Usance Bill)。前者见票即付,后者则是在见票后一定期限或特定日期付款。

④ 按承兑人的不同,汇票可分为商业承兑汇票(Commercial Acceptance Draft)和银行承兑汇票(Bank's Acceptance Draft)。前者由工商企业或个人承兑远期汇票,后者则由银行承兑远期商业汇票。

一张汇票往往可以同时具备几种性质。例如:一张商业汇票既可以是即期的跟单汇票同时又可以是银行承兑汇票。

汇票的使用需要经过出票、提示、承兑和付款等程序。如需要转让汇票,通常需要背书。当汇票遭到拒付时,还要制作拒绝证书并进行追索。

出票(Issue)是指出票人在汇票上填写汇票内容,经签字交给受票人的行为。出票时,对受票人通常有三种填写方式:限制性抬头、指示性抬头和来人抬头。

提示（Presentation）是指持票人将汇票提交付款人要求承兑或付款的行为。据此可以将提示分为付款提示和承兑提示。

承兑（Acceptance）指持票人向付款人提交远期汇票，付款人见票后办理承兑手续，承诺到期时付款的行为，即在汇票上写上"承兑"（Acceptance）字样，注明承兑日期，并由承兑人签名，交还持票人。

付款（Payment）指付款人将汇票款项支付给持票人。对于即期汇票是见票即付，对于远期汇票，付款人先承兑，在汇票到期日付款。

背书（Endorsement）即持票人在汇票的背面签上自己的名字（空白背书），或再加上受让人（Transferee），即被背书人的名称（记名背书），将汇票交给背书人。

拒付（Dishonour）指持票人提示汇票要求承兑时，遭到拒绝承兑，或持票人提示汇票要求付款时，遭到拒绝付款，也称退票。除了拒绝承兑和拒绝付款外，付款人拒不见票、死亡或宣告破产，以致付款事实上已不可能时，也称拒付。

在服装外贸业务中，汇票是常用的结算工具；此外还有本票和支票。

（2）本票　本票是一个人向另一个人签发的，保证于见票时或在可以确定的将来的时间，对某人或其指定人或持票人支付一定金额的无条件的书面承诺。简言之，本票是出票人对受款人承诺无条件支付一定金额的票据。

本票可以分为商业本票和银行本票。由工商企业或个人签发的称为商业本票或一般本票。由银行签发的称为银行本票。商业本票有即期与远期之分，银行本票则都是即期的。在国际贸易货款结算中使用的本票，大都是银行本票。有的银行发行见票即付、不记载收款人的本票或是来人抬头的本票，这种本票的流通性与纸币相似。

（3）支票　支票是出票人签发的，委托办理支票存款业务的银行或其他金融机构在见票时无条件支付确定金额给收款人或持票人的票据。支票的出票人所签发的支票金额不得超过其付款时在付款人处实有的存款金额，否则，所开出的支票为空头支票，要负法律责任。支票都是即期的。支票分为现金支票和转账支票两种，但是支票一经划线就只能通过银行转账，而不能支取现金。支票可由付款银行加"保付"字样并签字而成为保付支票，支票经保付后身价提高，有利于流通。

支票与汇票、本票的区别如下。

① 当事人　汇票和支票均有三个基本当事人，即出票人、付款人和收款人；本票有两个基本当事人，即出票人和收款人。

② 证券的性质　汇票与支票均是委托他人付款的证券，都属于委托支付证券；而本票是由出票人自己付款的票据，属于自付证券或承诺证券。

③ 到期日　支票均为见票即付；而汇票和本票除见票即付外，还可作出不同到期日的记载，如定日付款、出票后定期付款和见票后定期付款。在进出口货款结算中使用的跟单汇票，还有运输单据出单日期后定期付款记载。

④ 承兑　远期汇票需要付款人履行承兑手续；本票由于出票时出票人就负有保证付款的责任，因此无需提示承兑，但见票后定期付款的必须经出票人见票后才确定到期日，因此又有提示见票即"签见"的必要；支票均为即期付款，故无需承兑。

⑤ 出票人与付款人的关系　汇票的出票人对付款人没有法律上的约束，付款人是否付款或承兑，是付款人自己的独立行为，但是一经承兑，承兑人就应承担到期付款的绝对责任；本票的付款人即出票人自己，一经出票，出票人即承担付款的责任；支票的付款人只有

在出票人在付款人处有足以支付支票金额存款的条件下才负有付款义务。

二、国际货款结算常用方式

国际货款结算的常用方式有汇付、托收和信用证三种。

1. 汇付

汇付（Remittance）又称汇款，即付款人主动通过银行或其他途径将款项汇给收款人，是最简单的支付方式。汇付的资金流向与支付工具传递方向一致，属于顺汇。

汇付是国际贸易中经常采用的支付方式，由买卖双方根据合同互相提供信用，属于商业信用。汇付通常多用于订金、运杂费用、佣金、小额货款或货款尾数的支付。

按照汇出行向汇入行发送解付授权书的方式，可以将汇付分为三种：信汇、电汇、票汇。

信汇（Mail Transfer，M/T）：汇出行应汇款人的申请，将信汇委托书寄给汇入行，授权解付一定金额给收款人的汇款方式。信汇费用低廉，但收款时间较迟。

电汇（Telegraphic Transfer，T/T）：汇出行应汇款人的申请，拍发加押电报、电传或SWIFT给另一国家的分行或代理行（即汇入行）指示解付一定金额给收款人的汇款方式。电汇可迅速收到汇款，但费用较高。

票汇（Demand Draft，D/D）：汇出行应汇款人的申请，开立以其分行或代理行为解付行的银行即期汇票，支付一定金额给收款人的汇款方式。

汇付方式通常用于预付货款、订货付现和赊销等。采用预付货款或订货付现，对卖方来说就是先收款，后交货，最为有利。相反，采用赊销交易时，对卖方来说，就是先交货，后收款，卖方不仅要占用资金，还要承担买方不付款的风险，对卖方不利，而对买方最为有利。此外，汇付方式还用于定金、运费、分期付款、货款尾数、佣金等小金额的支付。

2. 托收

托收是国际结算中经常使用的一种支付方式。是指债权人（出口人）出具债权凭证（汇票等）委托银行向债务人（进口人）收取货款的一种支付方式。托收方式一般通过银行办理，所以又称为银行托收。银行托收的基本做法是：出口人根据买卖合同先行发运货物，然后开立汇票连同商业单据，向出口地银行申请托收货款，委托出口地银行（托收行）通过其在进口地的代理行或往来银行（代收行）向进口人收取货款。

① 根据托收过程中是否要求附有商业单据，可以将托收分为光票托收和跟单托收两类。

光票托收是指金融单据不附有商业单据的托收，即提交金融单据委托银行代收货款。光票托收如以汇票作为收款凭证，则使用光票汇票。国际贸易中，光票托收主要用于小额交易、预付货款、分期付款以及收取贸易的从属费用等。

跟单托收是指金融单据附有商业单据或不用金融单据的商业单据的托收。跟单托收如果以汇票作为收款凭证，则使用跟单汇票。国际贸易中货款的收取大多采用跟单托收。

② 根据向进口人交单的条件不同，跟单托收又可分为付款交单和承兑交单两种。

付款交单是指出口人的交单是以进口人的付款为条件。即买方付清货款时才能取得货运单据，提取或转售货物。按照付款的时间不同，又可以分为即期付款交单和远期付款交单两种。前者使用即期汇票，见票即付，付款交单；后者使用远期汇票，见票承兑，到期付款，付款赎单。

承兑交单是指代收行的交单以进口方在汇票上承兑为条件，即进口人承兑汇票之后，即可取得商业票据，凭以提取货物，在汇票到期时，进口方履行付款义务。也就是说，进口商在付款前就可以取得单据，凭以提货，出口人先交出商业单据，其货款的收取完全依赖进口人的信用，一旦进口人到期拒付，出口人便会遭到货物与货款全部落空的损失。因此应谨慎采用此方式。承兑交单方式只适用于远期汇票的托收。

在托收业务中虽然有银行介入，但银行仅起到代收货款的作用，托收仍属于商业信用，对出口人有一定的风险，对进口人较为有利。实质上，托收是出口人对进口人的资金融通。因此，托收方式是一种有效的非价格竞争手段，有利于调动进口人的积极性，提高出口商品的竞争力。

3. 信用证

信用证是开证行根据申请人的要求，向受益人开立的一种有条件的书面付款保证。开证行保证在收到受益人交付全部符合信用证规定的单据的条件下，向受益人或其指定人履行付款的责任。简言之，信用证是一种银行开立的有条件的承诺付款的书面文件。

信用证付款是一种银行信用。采用信用证支付方式对出口商安全收汇较有保障，对进口商来说，由于货款的支付是以取得符合信用证规定的单据为条件，避免了预付货款的风险。因此，采用信用证支付方式，在很大程度上解决了出口商和进口商双方在付款与交货问题上的矛盾，而且还能使双方在使用信用证结算货款的过程中获得银行资金融通的便利，从而促进了国际贸易的发展。因此，信用证被广泛应用于国际贸易之中，以致成为当今国际贸易中的一种主要的结算方式。

信用证主要通过信开本形式和电开本形式开立。

信开本是指开证行通过采用印就的信函格式的信用证，开证后以空邮寄送通知行。目前，通过这种形式开立的信用证已经很少。

电开本是指开证行使用电报、电传、传真、SWIFT等各种电讯方法将信用证条款传达给通知行。电开本信用证可以分为以下几种。

（1）简电本（Brief Cable） 即开证行只是通知已经开证，将信用证主要内容，如信用证号码、受益人名称、地址、开证人名称、金额、货物名称、数量、价格、装运期以及信用证有效期等预先通告通知行，详细条款将另外航寄通知行。值得注意的是，简电本信用证不具有法律效力，不足以作为交单议付的依据。

（2）全电本（Full Cable） 开证行以电讯方式开证，把信用证全部条款传达给通知行。全电本信用证是一个内容完整的信用证，可以作为交单议付的依据。

（3）SWIFT信用证 是"全球金融银行电讯协会"的成员银行通过该电讯网办理的信用证业务。采用SWIFT信用证后，信用证更加具有标准化、固定化和统一化的特性，并且传递速度快，成本也较低。目前SWIFT信用证已经被许多国家和地区的银行广泛使用，我国银行的信用证业务中，SWIFT信用证已占有很大比重。

根据信用证的性质、期限、流通方式等不同的角度，将信用证划分为不同的种类。

① 跟单信用证和光票信用证。

跟单信用证（Documentary L/C），是指开证行凭跟单汇票或仅凭单据付款的信用证。国际贸易中使用的信用证绝大部分都是跟单信用证。

光票信用证（Clean L/C），是开证行凭借不附单据的汇票付款的信用证，主要用于预付货款。

② 不可撤销信用证和可撤销信用证。

不可撤销信用证（Irrevocable L/C），一经开出，在有效期内，未经受益人及有关当事人的同意，开证行不得片面修改或撤销，只要受益人提交的单据符合信用证的规定，开证行必须履行付款义务。使用不可撤销信用证对受益人的权益较有保障。

可撤销信用证（Revocable L/C）。开证行对所开立的信用证不必征得受益人或有关当事人的同意，有权随时撤销的信用证。使用这种信用证将会对出口人不利，因此出口人一般不愿接受可撤销信用证。

③ 保兑信用证和不保兑信用证。

保兑信用证（Confirmed L/C），是指银行开出的信用证，由另一银行保证对符合信用证条款规定的单据履行议付义务。

不保兑信用证（Unconfirmed L/C），是指开证行开出的信用证没有经另一家银行保兑，当开证行的资信好或成交金额不大时，往往使用不保兑的信用证。

④ 即期信用证和远期信用证。

即期信用证（Sight L/C），是指开证行或付款行收到符合信用证条款的跟单汇票及装运单据后，立即履行付款义务的信用证。

远期信用证（Usance L/C），是指开证行或付款行收到信用证要求的单据后，在规定期限内履行付款义务的信用证。远期信用证主要包括承兑信用证和延期付款信用证。

假远期信用证（Usance L/C Payable at sight），规定受益人开立远期汇票，由付款行负责贴现，并规定一定利息和费用由进口人负担。表面上看它是一种远期信用证，但是受益人却可以即期收到全部货款，所以对出口人而言，实际上是即期收款，但是对进口人来说，则可以等到远期汇票到期时再付款给付款行。所以，假远期信用证又被称作买方远期信用证。

⑤ 付款信用证、承兑信用证与议付信用证。

付款信用证（Payment L/C），即指定某一银行付款的信用证，一般不要求受益人开立汇票，而仅凭受益人提交的单据付款。付款行一经付款，对受益人均无追索权。付款信用证有即期信用证和延期付款信用证。

承兑信用证（Acceptance L/C），是指定某一银行承兑的信用证，即当受益人向指定银行开具远期汇票并提示时，指定银行即行承兑，依汇票到期日再付款。

议付信用证（Negotiation L/C），是指开证行允许受益人向某一指定银行或任何银行交单议付的信用证。议付是指由议付行对汇票和（或）单据付出对价，只审单而不付对价，不能构成议付。即开证行在信用证中，邀请其他银行买入汇票和（或）单据的信用证。

⑥ 可转让信用证和不可转让信用证。

可转让信用证（Transferable L/C），指信用证的受益人（第一受益人）可以要求授权付款、承担延期付款责任、承兑或议付的银行（统称"转让银行"），或信用证是自由议付信用证时，可以要求信用证中特别授权的转让银行，将信用证全部或部分转让给一个或数个受益人（第二受益人）使用的信用证。可转让信用证中需明确标注"Transferable"字样。如果信用证上注有"可分割"、"可让度"、"可分开"、"可转移"等字样，银行可以不予理睬。可转让信用证只能转让一次。

不可转让信用证（Non-transferable L/C），是指受益人不能将信用证的权利转让给他人的信用证。凡是信用证中未注明"可转让"字样的就是不可转让信用证。

⑦ 循环信用证　循环信用证（Revolving L/C），指在一定时间内信用证被全部或部分使用后，能够重新恢复信用证原金额并再度使用，周而复始，直至达到该证规定的次数或累计总金额用完为止。循环信用证适用于分批等装、分批支款的长期供货合同。其优点是，进

口方不必多次开证,不仅节省了开证费用,同时也简化了出口方的审证、改证等手续,便于合同的履行。循环信用证又可以分为按时间循环信用证和按金额循环信用证。

⑧ 对开信用证　对开信用证(Reciprocal L/C)是易货贸易或进料加工和补偿贸易业务中使用的一种结算方式。因交易的双方都担心对方凭第一张信用证出口或进口后,另外一方不履行进口或出口的义务。于是,就采用这种相互联系、互为条件的开证办法,彼此约束。

⑨ 对背信用证　对背信用证(Back to Back L/C),又称转开信用证,指受益人要求原证的通知行或其他银行以原证为基础,另开一张内容相似的新证。对外信用证的受益人可以是国外的,也可以是国内的,其主要用于:中间商转售他人货物,从中图利;两国之间不能办理进出口贸易而需要通过第三方沟通贸易;原证是不可转让的;原证受益人不能提供全部规定货物等。

⑩ 预支信用证　预支信用证(Anticipatory L/C),指开证行授权代付行(通常是通知行)向受益人预付信用证的全部或一部分,由开证行保证偿付并负担利息的信用证。

三、银行保函

在国际经济贸易交往中,对于履行期限较长、交易条件比较复杂的情况可以选用银行保函。

银行保函(Banker's Letter of Guarantee)又称银行保证书,是由银行开立的承担付款责任的一种担保凭证。银行根据保函的规定承担绝对付款责任。保函的内容根据交易的不同而有所差别,在形式和条款方面也无一定格式,对有关当事人的权利和义务主要以文件本身条文进行解释和处理。

银行保函是银行开立的保证文件,属于银行信用,它不仅适用于货物贸易,也适用于承包工程、融资等有关国际经济合作的领域。

银行保函根据不同的用途可分为许多种,但概括起来,主要有投标保证书和履约保证书两种。

四、各种支付方式的选用

为保证安全、迅速收取外汇,加速资金周转,促进贸易的发展,进出口双方可以选择对自己有利的支付方式。在一般的进出口合同中,通常单独使用一种支付方式,但是在特定情况下,也可以在同一笔交易中结合使用两种或两种以上不同的支付方式。

1. 信用证与汇付相结合

指一笔交易的货款,部分用信用证支付,余额用汇付方式结算。

2. 信用证与托收相结合

指一笔交易的货款,部分用信用证支付,余数用托收方式结算。一般做法是:信用证规定出口人开立两套汇票,属于信用证部分的货款凭光票付款,而全套单据附在托收部分汇票项下,按即期或远期付款交单方式托收。但信用证上必须订明"在发票金额全部付清后才可交单"的条款,以求安全。

3. 托收与银行保函相结合

跟单托收对出口人来说,有一定的风险。如果在使用跟单托收时,结合使用银行保函,由开证行进行保证,则出口人的收款就将安全许多。具体做法是,出口人在收到符合合同规定的银行保函后,就可凭光票与声明书向银行收回货款。

4. 汇付、托收和信用证的结合

在国际贸易实践中，对于那些成交金额大、产品生产周期较长，需要分期付款时，往往采用汇付、托收和信用证相结合的方式。

第五节　国际贸易电子单证

在国际贸易中，单证占有重要的地位。传统的纸质单证在处理过程中存在的劳动强度大、效率低、容易出错、费用高等问题，而基于 EDI 技术的电子单证，处理速度快，准确程度高，功能多样，自 20 世纪 60 年代后期诞生以来，迅速发展起来。

一、EDI 简介

EDI（Electronic Data Interchange，电子数据交换），按照国际标准化组织的定义，是"将商业或行政事务按照一个公认的标准，形成结构化的事务处理或文档数据格式，从计算机到计算机的电子传输方法"。简言之，EDI 就是供应商、零售商、制造商和客户等在其各自的应用系统之间利用 EDI 技术，通过公共 EDI 网络，自动交换和处理商业单证的过程。

EDI 已成为一种趋势，成为商家必备的手段，成为进入国际市场的通行证。如果不采用 EDI，企业就会失去市场，无法在当代市场竞争中生存。

利用 EDI 技术传输、处理的单证称为电子单证。

二、EDI 的工作流程

EDI 的工作流程可以划分为三部分。

① 文件的结构化和标准化处理。用户首先将原始的纸面商业和行政文件经算机处理，形式符合 EDI 标准的、具有标准格式的 EDI 数据文件。

② 传输和交换。用户用自己的本地计算机系统将形成的标准数据文件经由 EDI 数据通信和交换网络，传输到登录的 EDI 服务中心，继而转发到对方用户的计算机系统。

③ 文件的接收和自动处理。对方用户计算机系统收到发来的报文后，立即按照特定的程序自动进行处理。越是自动化程度高的系统，人的干扰就越少。如有必要，则输出纸面文件。

三、EDI 业务应用领域

EDI 适用于需要进行表单数据处理与交换的企业和行业，主要有商业，零售业，外贸部门、进出口业、工业企业、制造业、化工、石油、汽车业、金融机构、银行保险业、交通运输业、海关、政府部门，公用事业，其他需大量单据来往的行业以及对销货/存货量的关系敏感的行业。

（1）商业贸易领域　在商业贸易领域，通过采用 EDI 技术，可以将不同制造商、供应商、批发商和零售商等商业贸易之间各自的生产管理、物料需求、销售管理、仓库管理、商业 POS 系统有机地结合起来，从而使这些企业大幅提高其经营效率，并创造出更高的利润。

（2）运输业领域　在运输行业，通过采用集装箱运输电子数据交换业务，可以将船运、空运、陆路运输、外轮代理公司、港口码头、仓库、保险公司等企业之间各自的应用系统联系在一起，从而解决传统单证传输过程中的处理时间长、效率低下等问题。可以有效提高货物运输能力，实现物流控制电子化。从而实现国际集装箱多式联运，进一步促进港口集装箱运输事业的发展。

（3）通关自动化　在外贸领域，通过采用 EDI 技术，可以将海关、商检、卫检等口岸监管部门与外贸公司、来料加工企业、报关公司等相关部门和企业紧密地联系起来，从而可以避免企业多次往返多个外贸管理部门进行申报、审批等。大大简化进出口贸易程序，提高货物通关的速度。最终起到改善经营投资环境，加强企业在国际贸易中的竞争力的目的。

（4）其他领域　税务、银行、保险等贸易链路等多个环节之中，EDI 技术同样也具有广泛的应用前景。通过 EDI 和电子商务技术（ECS），可以实现电子报税、电子资金划拨（EFT）等多种应用。

四、基于 EDI 技术的电子单证在国际贸易中的优势

国际贸易通常涉及货物的买卖、运输、保险、支付以及进出口报关等诸多程序，涉及进出口商、货运公司、保险公司、海关、商检、银行等部门，手续繁琐复杂，基于 EDI 技术的电子单证在国际商业贸易中的应用，简化了贸易程序，逐步取代纸质单证，促使国际商业贸易方式产生重大的变革。

在国际贸易中，基于 EDI 技术的电子单证的优势越来越明显，具体表现如下。

① 电子单证避免数据的重复录入，提高信息处理的准确性，加快信息传递速度，提高办公效率，增加贸易机会。

② 取代纸面贸易，节约办公费用，降低劳动成本。

③ 改善企业的信息管理及数据交换水平，有助于企业实施"适时管理（Just in time）"或"零库存管理"等全新的经营战略。

④ 确保有关票据、单证的处理安全、迅速，从而加速资金周转。

⑤ 提高"一关三检"部门的工作效率，加速货物的验放速度。

⑥ 提高文件处理的速率、简化中间环节，使内部运作过程更合理化。

⑦ 缩短付款时间，有效加速资金流通。

⑧ 及时提供更快的决策支持信息，并得到即时确认。

⑨ 可把人为耽误因素减到最低程度，在最短时间内完成贸易全部工作。

总之，基于 EDI 技术的电子单证不仅消除了纸张，建立了无纸贸易，更重要的是消除了处理的延误及数据的重复输入，提高了企业的竞争力。

第六节　服装外贸函电书信

外贸函电是国际贸易双方进行书面商务信息沟通的重要手段，它包括外贸书信、传真、电子邮件等，在服装外贸业务中贯穿整个业务流程。因此，了解外贸英语函电书信的写作基本要求与文体特点，掌握好书写外贸函电的原则和技能，才能更好地与外商进行交流洽谈，为成功交易打下基础。

一、服装外贸函电的特点

外贸函电是一种公文性质的商业信函，其内容涉及外贸业务中建立业务关系、询盘、发

盘、还盘、签订贸易合同、合同履行等各环节。外贸函电作为与客户沟通信息的主要方式，帮助跟单员及时了解客户的需求及需求的变更，准确地进行答复，从而保证跟单工作的顺利进行。服装外贸函电具备以下特点。

1．语言规范

随着对外贸易的日益频繁，外贸函电的语言越来越规范化，不仅要求用词、写句、句法、拼写和标点符号符合规范要求，而且对格式语句的使用，也有更为明确的规定。

2．内容简洁

外贸函电要写得生动、具体、明确，特别是要求对方做出明确反应的信函，或是答复对方提出的要求或问题的信函，或是报盘、承诺，要写得明白，使收信人一看就知道写信人所要表达的意见，丝毫不会产生误解。信中没有含糊或模棱两可的地方。

3．态度礼貌

写信要有理有节，注意礼貌，不能以命令的语气对待客户，要经常想到对方，同时又要及时答复对方的来函。特别要注意，当双方观点不能统一时，首先要理解并尊重对方的观点。即使对方提出无理要求甚至蛮不讲理，也应有礼貌地婉言拒绝或加以解释，以达到仍然保持业务关系的目的。

4．格式固定

外贸在长期的发展中，逐步形成了许多约定俗成的国际惯例。外贸函电以其独特的格式，惯用的商务词汇，丰富的贸易术语，固定的句式和缩写形成了独特的函电文体，具有强烈的商业色彩。

5．大量使用贸易术语、惯用语及外贸业务的缩略语

贸易术语是在长期的贸易实践中形成的，代表买卖双方在货物交接方面的责任、风险和费用的划分。使用贸易术语可以简化交易手续，节省磋商的时间和费用，明确买卖双方的责任。贸易术语言简意明，含义丰富，容易记忆，使用方便。因此，在函电中会经常用到。

惯用语是外贸信函在涉及如价格条件、装运、保险等具体业务环节中形成的各种套语。

外贸业务中的缩略语也是在长期的贸易实践中形成的特有词汇，在执行合同过程中起着不可替代的作用，如 L/C 代表信用证，B/L 代表提单。

6．服装专业词汇的应用

在服装贸易中避免不了的要涉及服装的商品名称、品种、款式、色彩、工艺等，因此会用到服装专业词汇。

二、服装外贸函电的翻译原则

外贸英语函电属于商务信件，与普通的信件相比，外贸英语函电具有格式固定、内容简洁、语言准确等特点。作为一种商业交流的工具，外贸英语函电应是易读易懂、友好客气的。外贸英语函电的翻译不仅要遵循普通英语的翻译原则，而且还要按其专门用途的要求进行翻译。外贸函电的翻译原则表现为以下几个方面。

1．用词准确，行文严谨

外贸信函是辅助合同实施的重要工具，其内容关系双方态度、意见、要求等。翻译人员应准确理解原文含义，仔细斟酌用词，以体现原文的准确性和严谨性。

2．措辞简洁、礼貌，语气委婉

外贸英语函电具有语言简洁、段落清晰的特点。因此翻译时，应力求言简意明，避免冗长。此外，讲究礼仪是外贸函电的最大特点，在翻译函电时应仔细揣摩客户的婉转语气，斟酌使用合适的语言，将其表达出来。

3. 语言规范，多使用对外贸易交流中的常用语

外贸英语属于实用性英语，它要求翻译人员具备一定的外贸专业知识。在翻译函电时要使用规范化、系统化的语言，多使用对外贸易交流中的常用语。

4. 正确理解服装专业词汇、熟悉贸易实务

这需要跟单员不仅了解服装专业词汇，同时应对贸易术语、惯用语和缩略语及相关贸易实务知识了如指掌，从而保证传达正确信息。

三、外贸函电的撰写原则

为确保准确无误的沟通，撰写外文函电时应当遵循以下七个原则。

1. 礼貌原则（Courtesy）

语言要有礼且谦虚，及时地回信也是礼貌的表现。

2. 体谅原则（Consideration）

写信时要处处从对方的角度去考虑有什么需求，而不是从自身出发，语气上更尊重对方。

3. 完整原则（Completeness）

一封商业信函应包括所有必须表达的信息，如邀请信应说明时间、地点等，确忌寄出含糊不清的信件。

4. 正确原则（Correctness）

使用正确的语法、拼写、标点符号；使用标准的语言，恰当的陈述，精确的数字。

5. 清楚原则（Clarity）

意思表达明确，要注意避免用词错误；注意词语所放的位置及句子的结构。

6. 具体原则（Concreteness）

外贸函电所表达的内容、信息应当详细、具体、生动。

7. 简洁原则（Conciseness）

避免废话连篇和不必要的重复，适当选用贸易术语、缩略语及惯用语。在不失具体和完整的前提下，用最少的语句表达最清楚的含义。具体可以使用简洁明了的句子结构，用单词替换词组或从句，从而使内容简洁精悍。

思维拓展

国际贸易结算方式的多样化

中国成为 WTO 正式成员以来，与国际接轨的步伐加快，经贸交往也随之增多，多种国际结算方式也成为外经外贸企业应知和必须掌握的内容之一。

世界经济一体化促进了各国在贸易领域的交流与合作，为适应贸易发展形势的需要，贸易结算方式也在不断演进，呈现出多样化的特点。结算工具也从以现金为主发展到以票据为主。而在贸易结算方式的多样化演进过程中，始终都渗透了买卖双方的利害竞争，这种竞争成为结算方式演进的内在动力。以下就以此为线索介绍国际贸易结算的三种主要方式。

一、汇款

汇款也称为汇付，是付款方通过银行，使用一定的结算工具（票据），将款项交收款方的结算方式。通常汇款有电汇、信汇、票汇三类。不论采用以上哪一种方式，在贸易项下，汇款都可以分为预付货款和货到付款两种。

预付货款是指买方（进口商）先将货款的全部或者一部分通过银行汇交卖方（出口方），卖方收到货款后，根据买卖双方事先约定好的合同规定，在一定时间内或立即将货物发运给出口商。预付货款对出口商是有利的，因为对于出口商来说，货物未发出，已经收到一笔货款，等于利用他人的款项，或者等于得到无息贷款；收款后再发货，预收的货款成为货物担保，降低了货物出售的风险，如果进口商毁约，出口商即可没收预付款；出口商甚至还可以做一笔无本钱的生意，在收到货款后再去购货。反过来，预付货款对进口商是不利的，因为进口商未收到货物，已经先垫款，将来如果货物不能收到或不能如期收到，或即使收到货物又有问题时，将遭受损失和承担风险；而且，货物到手前付出货款，资金被他人占用，造成利息损失甚至是资金周转困难。

货到付款，是出口商先发货，进口商后付款的结算方式。这种方式实际上属于赊账交易或者延期付款性质。显然，这种方式对进出口商产生了同预付货款截然相反的影响，有利于进口商而不利于出口商。所以在国际贸易中，进口商倾向于运用货到付款的方式，而出口商则偏好预付货款的方式。在实际操作中，采用哪一种方式是由市场形势等造就的买卖双方力量对比决定的，为了避开这种明显不利于一方的结果，贸易结算方式向托收演进。

二、托收

托收是出口商（债权人）为向国外进口商（债务人）收取货款，开具汇票委托出口地银行通过其在进口地银行的联行或代理行向进口商收款的结算方式。托收按是否附带货运单据分为光票托收和跟单托收两种。前者是指出口商仅开具汇票而不附带货运单据的托收，后者是指在卖方（出口商）所开具汇票以外，附有货运单据的托收。跟单托收又可进一步分为承兑交单（D/A）和付款交单（D/P）。承兑交单即出口商（或代收银行）向进口商议承兑为条件交付单据；付款交单则是出口商（或代收银行）以进口商付款为条件交单。

托收方式对于汇款方式而言，使得钱货两讫，是一个进步，然而托收显然对出口商是不利的。在光票托收下，出口商可能遇到进口商拒付或延付的风险，即使是在跟单托收下，也会出现进口商承兑后拒付或延付的风险。这种不利使得贸易结算方式进一步演进，产生了信用证。

三、信用证

信用证有光票（没有附带货运单据）和跟单之分，通常所说的信用证指跟单信用证，即银行（开证行）根据买方（申请人）的要求和指示，向卖方（收益人）开立的，在一定的金额内、在规定的期限里，凭规定的货运单据付款的书面承诺。简言之，就是银行有条件的付款保证。信用证业务大致可以分为以下几个环节：进口商向开证行申请开立信用证；出口商提供单据索付；议付行审查单证合格后垫款议付；银行向进口商通知赎单；进口商付款赎单。

在托收方式下，虽然做到了钱银两讫，但是出口商是否能收到货款主要依赖于进口商的信用，因此存在较大的风险。而在信用证方式下，银行的介入使得银行信用取代了商业信用，出口商只要提供符合条件的单据就能取得货款，而进口商只要付款就可取得代表货物所有权的单据，买卖双方的风险大大降低。值得注意的是，银行虽然作为信用证业务的第一付款人，但是银行付款的条件只是"单单一致"。换言之，信用证中银行的付款承诺产生于买卖双方的买卖合同，却又独立于买卖合同，只要单据一致，银行就提供付款，而对于货物不符合条件或途中损耗所引起的贸易双方的纠纷则与银行无关。这样，信用证也不能完全消除贸易双方的风险，但作为目前最完善的结算方式，信用证被广泛应用，并且适应贸易双方的不同需求，演化出多种类型。

① 从是否跟单可分为跟单信用证和光票信用证。

② 从开证行开出信用证后可否单方面撤销或做出重大修改可分为可撤销信用证和不可撤销信用证。

③ 从有无开证行以外的另一家银行担保可分为保兑信用证和不保兑信用证。

④ 从实际操作中具体的交款和交单时间上的差别可以有以下类型：一手交单，一手交款；先交单，后交款；付款在先，交单在后。

⑤ 从可否转让可分为可转让信用证和不可转让信用证（适合于中间商做转手买卖使用）。

⑥ 此外，当买卖双方频繁进行同等金额的同样交易时，可以用循环信用证，即一笔买卖完成后原有的信用证自动重新生效，不用再申请开出新的信用证。

总之，在当今世界经济一体化的形势下，国与国之间的贸易联系愈加紧密了，出口和进口之间的矛盾在这一过程中不断缓和又不断产生，贸易结算方式因此日趋多样化，以符合贸易需要。作为国际贸易的参与者，包括出口商、进口商以及银行等，都应该对贸易结算方式的这种多样化有很好的把握，才能选择有利于己的方式，甚至因地制宜创造新的方式，就能在国际贸易中减少风险，获得更多利益。

思考与练习

1. 服装外贸跟单的内容有哪些？
2. 如何制作工艺单？
3. 跟单员在核价报价时应注意哪些问题？
4. 跟单员应如何备样？
5. 跟单员应如何做好备货工作？
6. 订舱装船都有哪些环节？跟单员应做好哪些相应工作？
7. 订单评审时，跟单员应做好哪些工作？
8. 在国际货物运输中，主要单证有哪些？主要的运输单据有哪些？
9. 国际货款结算的方式有哪些？
10. 什么是信用证？使用信用证结算有哪些优点？
11. 什么是电子单证？它在国际贸易中有哪些优势？
12. 服装外贸函电的特点有哪些？在撰写服装外贸函电时有哪些注意事项？

第九章 客户管理与服务

学习目标

通过本章教学，使学生了解客户信息资料收集与管理的方法和手段，明确客户资料管理过程，同时掌握客户满意度调查和客户投诉处理技巧，以便在订单资料管理中使理论与实践更好的结合运用。

客户是指下订单或有可能下订单给企业的组织或个人。客户关系管理是指将企业的客户作为最重要的企业资源，通过企业与客户之间的管理机制，完善的客户服务，提高客户的满意度，增加营业额，并通过优化商业流程来有效地降低企业经营成本。

第一节 客户信息资料收集与整理

随着市场竞争日趋激烈，客户资源越来越受到企业的重视，做好客户资源管理，充分利用网络资源，建立客户档案库及时与客户交流，从中可以获取大量有价值的市场信息，为企业发展提供重要依据。服装企业应建立与客户长期良好的关系，应尽力提高客户高度满意度，开展多方面客户资料管理工作。

一、客户信息资料的内容收集与整理

跟单员可以通过各种渠道广泛收集各种有发展空间的客户信息，以便企业的业务人员与其建立业务关系。跟单员在收集客户信息的过程中，应注意信息的真实性、可靠性、准确性和及时性。客户信息档案库的建立是公司进行销售管理和客户管理的基础。内容涵盖以下几个方面（见表9-1）。

（1）企业资料 名称、地址、经济类型、注册资本金、规模、产品、销售网络、研发实力等，还有同行对手的跟进情况、优劣分析等。

（2）企业相关人员（如负责人、联系人、技术评估、财务审核、使用者及其他对项目有影响的人）的资料 姓名、性别、联系方式、生日、住址、爱好、社会关系、简历及家人情况等。

（3）交易资料 包括销售、发货、回款、应收等。

这些资料不是短时间就可以做出来的，是长时间工作积累，包括了从数据收集→数据管理→数据丰富→数据分析这一个漫长的过程。所以，客户资料档案库是逐渐建立起来的，应不断添加、完善。这些客户资料是商业机密，是企业发展的命脉，企业一定要做好保密工作，对业务人员能做到有权限的开放。要做好客户资料档案的有效管理和高效利用。

二、客户信息资料收集的方法和途径

客户信息按来源又分为内部信息和外部信息，跟单员在跟单工作中积累或主动获得的信

表 9-1 客户信息一览表

客户代码		客户名称		法人代表	
联系地址		联系电话		联系人	
经营产品	休闲装：□ 牛仔装：□ 童装：□ 职业装：□ 运动装：□ 皮革：□ 西裤：□ 男装衬衫：□ 西服：□ 棉针织：□				
经营方式	出口：□ 内销：□ 连锁专卖：□ 邮购：□ 批发：□ 加盟：□ 商场零售：□ 网购：□				
	员工人数			完税情况	
	同业地位			通过认证	
付款方式	态度	包含				
	付款期				
	方式				
	手续				
与本公司交易	年度	订单	主要产品	金额	旺季每月	淡季每月
客户负责人		审核：		收集人	

息为内部信息，外部信息通过购买、交换或其他方式获得。内部信息数据针对性强，成本相对较低，外部信息范围广，获取方便，但可靠性低且采集成本较高。

跟单员采集客户信息可以采取以下方式。

① 跟单员通过分析企业的各种资料、原始记录、营业日记、订货合同和客户来函等，了解营销过程中各种需求变化情况和反馈意见。

② 跟单员在工作过程中通过统计资料获取客户信息，如企业内部的各种统计资料、销售记录、客户联系表、客户投诉意见、市场活动采集信息。收集到的客户信息，其信息来源直接，所得资料较为准确。

③ 通过各种业务会议、经验交流会、学术报告、信息发布会、专业研讨会、科技交流会等现场进行资料收集。

④ 通过各种传媒手段，如广播、电视传播、网络、报纸、杂志或图书资料，收集有关信息。

⑤ 通过与同行货企业合作伙伴等外部有关单位进行信息交换。

⑥ 向咨询公司、顾问公司或科研单位有偿获取信息。

⑦ 从各类客户中获取，包括老客户和潜在客户，可通过问卷面谈方式获取信息。

⑧ 客户信息收集的途径主要有展销会、媒体、行业组织等。

三、客户信息资料的汇总整理

跟单员应及时对客户信息进行分类，建立客户信息资料库，对客户信息资料进行整理（见表 9-2）。

表 9-2　客户信息资料一览表

序号	客户名称	联系电话	主要联络人	订单编号	所定产品	售卖价		成交价		建卡日期	备注
						第一次	最近	第一次	最近		

第二节　客户的分类与管理

客户信息在采集过程中受到采集时间、环境、采集人员等诸多方面因素的影响，在使用前跟单员应对客户进行分类与管理，使之更好地为企业业务发展提供可靠依据。

一、客户分类整理的原则

跟单员对客户的管理主要是对客户进行分类整理，以便更好地为企业开展针对性的业务。

1. 客户的可衡量性

是指客户分类必须是可以识别的或可以衡量的。分类出来的客户范围要清晰，并能判断出该市场的大小，从而识别或衡量其分类的企业特征。

2. 客户的需求足量性

分类出来的客户总量，必须大到足以使企业实现它的利润目标。因此，分类必须考虑客户的数量、其订单数量和金额，并有足够的市场拓展能力和货币支付能力，使公司能够补偿生产与行销成本，获得利润。

3. 客户的可开发性

是指分类客户应是本公司在公司业务活动中能够开发的。客户开发必须注意的问题是：本公司是否具有开发可写客户的条件和竞争实力，本公司是否将产品信息传递给客户，本公司是否能将产品经过一定的方式传达该客户。

二、客户分类的方法

1. 按客户的市场区域分类

① 国内客户：内地客户、港澳客户和台湾客户。

② 国外客户：欧盟客户、东亚客户、北美客户、中南美洲客户、东盟客户、非洲客户。

③ 国别客户：法国客户、俄罗斯客户、澳洲客户。

2. 按客户行业分类

① 贸易企业或公司：此类客户往往作转手倒卖，是企业的主要客户。

② 非贸易企业：此类客户通常是直接销售或最终用户，其对产品的规格、型号、品质、

功能、价格等方面会有不同的要求。

此种分类便于开展针对行的经营，设计不同的营销方案。

3. 按客户成交金额和市场优势地位分类

① 常规客户，又称一般客户。公司主要通过让渡财务利益给客户，从而增加客户的满意度，是经济型客户。其下单具有随机性，看重价格优惠，是企业与客户关系的最主要部分，可直接决定企业的短期效益。

② 潜力客户，又称为合适客户。它们希望在与公司伙伴关系中，获得附加的财务利益和社会利益。这类客户是公司与客户关系中的核心。

③ 头顶客户，又称关键客户。它们除了希望从公司那里获得直接的客户价值外，还希望得到社会利益，如成为公司供应链中的成员等，体现一定精神满足。它们是比较稳定的客户，数目不多，但对企业的贡献高达80%左右。

4. 按企业与客户的生命周期分类

按企业与客户的生命周期分类，可将客户分为导入期、成长期、成熟期、衰退期（见表9-3）。

表9-3 按企业与客户的生命周期对客户分类

导入期:订单交易开始时期	成长期:订单交易额上升时期	成熟期:订单交易额趋于稳定时期	衰退期:订单交易额减少时期

为此，跟单员应重点跟进那些处于导入期、成长期的客户，做好成熟期客户的服务工作，尽力延续业务衰退期的客户，从而获取更多的订单。

另外，还可根据客户是否成交，分为已交易客户、可能客户、潜在客户；根据客户的信用，又可分为诚信客户和不诚信客户等。

第三节　客户的联络与跟踪

跟单员主要是以电话跟踪客户为主，通过定期与客户联络的形式跟踪客户的各种情况，及时处理客户的投诉，与客户建立良好的合作关系。

1. 客户访问的目的

① 创造一个与客户交流的机会，联络感情，并向客户传达资料、样品等无法表达的信息。

② 对客户的经营风格和个人素养进行考察，了解客户信用状况，作为是否下订单等的依据。

③ 听取对方的要求和建议，遇到客户决策、客户访问或联络应事先做好客户有关资料、产品资料或样品等准备，备好签订文书、票据和印章等，并确立客户的联络计划。客户联络计划的内容应包括：联络重点、预定货品种类数量、金额、定期访问次数和联络实践。客户联络表见表9-4。

在客户访问或联络中，应注意的问题是：

① 恪守访问计划，不进行推销目的以外的行为；

② 不应与客户长时间闲谈；

表 9-4　客户联络表

客户类别	客户名称	国家地区	联系电话/传真	产品类型	联系地址/邮编
甲类					
乙类					
丙类					

③ 掌握洽谈主动权，不为客户左右；
④ 利用闲暇时间帮助客户做力所能及的工作，向在场的其他人宣传企业。

2. 客户的跟踪

客户的跟踪主要有订单跟踪、出货跟踪和产品跟踪（见表 9-5～表 9-7）。跟单员主要是统计这些资料，定期联络跟踪、客户出货跟踪和客户产品跟踪。

表 9-5　客户订单跟踪表

编号	订单编号	客户名称	客户类别	联系人	形式发票号	信用证号	数量金额	下单日期	交单日期	备注

表 9-6　客户出货跟踪表

编号	订单编号	制造单号	出货日期	数量规格	运输方式	交货地点	制造状态	出货情况	备注

表 9-7　客户产品跟踪表

客户：　　　　　　　　　　　　　　　　　　　　　　　　　　　品牌：

批次	产品编号	产品名称及规格	颜色	包装尺寸	外箱尺寸	净重	毛重	成交价	主要材料

第四节 客户服务

客户服务是指与跟单员所联系的产品事后的事物处理,是为了能够使企业与客户之间形成一种良性的互动,是以有效成本的方式,提供供应链客户显著附加价值利益的程序。其主要包括:调查客户的满意度,接受与处理客户的各种反馈信息、投诉和抱怨等;针对问题提出改善措施。

一、客户的满意度调查

客户满意度就是客户对产品交易过程的感知与期望值比较后所形成的愉悦感和失望感的程度。跟单员应根据产品的特定要求,定期向每个客户发送客户满意度调查表,了解客户的要求和需要。调查后按客户类别建立客户满意度统计表,对需要改善之处应形成报告交付主管、有相关部门执行。开展调查工作:定期发出客户满意度调查问卷了解客户意见、建议及本公司与同行竞争对手之间的差距。客户满意度调查和处理调查意见的步骤为:

① 跟单部收回满意度调查表后,分析总结客户提出的意见和建议;
② 将调查结果提交给质量部门进行统计分析;
③ 编写客户满意度调查报告;
④ 在总结评审会上做意见分析和工作检讨,同时制定出相应的改进措施;
⑤ 指定专人进行改进措施的落实情况,并填写改进效果确认书;
⑥ 回函高职客户,目前企业准备实施的改进方案,以期获得客户的了解和建立必要的业务关系。

客户满意调查表见表9-8。

表9-8 客户满意调查表

序号	服务项目 \ 服务状态	非常满意		满意		尚可		不满意		极不满意	
1	产品品质	10	9	8	7	6	5	4	3	2	1
2	产品交货期										
3	产品交货数量										
4	产品价格与费用										
5	市场退货、满意与反应情况										
6	合同履行情况										
7	技术支援情况										
8	产品样板开发情况										
9	样品处理速度										
10	公司服务与应变情况										
	总得分情况										

对公司的其他宝贵意见

顾客代表签字: 　　日期:

二、管理客户投诉，力争服务创新

对客户的投诉处理不当，有时会给企业带来不利影响，甚至殃及服装企业的生存；处理得当，客户的忠诚度会得到进一步的提升。客户不满一般包括产品与服务两方面，对服务不满的客户大部分会离去。而一个不满意的客户会向更多的人叙述不愉快的经历，所以处理客户的投诉是大事。想客户所想，急客户所急，才能把客户的不满转化成满意。

1. 处理客户投诉的步骤

① 跟单部受到客户投诉或索赔后，应请客户提供实际投诉资料；
② 复查落实前客户有没有签署证明货物已通过验收的客户收货单；
③ 向加工厂发出业务通告，复查厂方质检报告是否与客户投诉事项相符；
④ 复查合同中是否有注明允许投诉与退货的期限；
⑤ 收集谈判资料，包括客户的收货单、质检报告、合同、样板、客户投诉书面报告、接单成本等，将所有调查结果提交给部门主管。

2. 处理投诉的方法和措施

(1) 承诺兑现　服装企业做广告宣传时，要符合实际，不可盲目夸大。不切实际的承诺会给客户留下深刻的印象，尤其在处理客户投诉是，对客户的承诺一定要兑现，避免客户期望值再次落空而导致新的不满。

(2) 消除隐形不满　客户的不满通常表现为显性不满和隐性不满。据调查，隐性不满往往占客户不满度的70%。因此应注意观察客户表情、神态、行为将客户的不满化解。

(3) 耐心倾听　当客户表现不满时，应以诚恳的态度听取客户对产品、服务的不满，从细微的言行举止平息客户的怒火，切忌与客户发生争执。

(4) 积极应对　要换位思考，站在客户的立场考虑事情，尽量减少偏差，认真了解事情的真实情况和客户的真实想法。跟单员要准确判断，迅速查处引起客户不满的真实原因，有针对性的妥善处理。

(5) 创新产品，改善服务　客户对产品的不满往往蕴含着潜在的商机和需求，正确分析客户的不满信息，可以发现新的需求，抓住商机开发新的产品。同时应注意到，客户对企业提出要求和建议往往正是企业服务的漏洞。企业要想改善服务，应尽量收集客户投诉意见。

客户投诉处理意见表见表9-9。

三、提升客户服务的几种方式

(1) 弥补服务中的不足　对服务中的不足，要及时弥补，而不是找借口推脱责任。通过"服务修整"，不但可以弥补服务中发生的问题，还可以使挑剔的客户感到满意，使你和竞争者之间产生明显差别。

(2) 制定服务修整的方案　每个企业及其员工都会犯错误，客户对这点能够理解。客户关心的是怎样改正错误。对服务中出现的问题，首先是道歉，但并不仅仅如此，还需要制定出切实可行的方案，用具体的行动来解决客户的问题。

(3) 考虑客户的实际情况　在为客户提供服务的过程中，要考虑客户的实际情况，按照客户的感受来调整服务制度，也就是为客户提供个性化的、价值最高的服务。

(4) 建立良好的服务制度　通过建立良好的服务制度，可以很好的指导客户，让他们知道你能为他们提供什么以及怎样提供。通过良好的服务制度，可以极大地提高企业内部员工

表 9-9　客户投诉处理意见表

客户		订单编号		款号	
制单编号		订单数量		生产部门	
跟单员		跟单主管		生产主管	
客户投诉形式		投诉收件人		处理期限	
投诉内容					
客户要求					
情况核实与原因分析	负责人：			时间：	
会议纪要及相关部门意见	负责人：			时间：	
处理方案	负责人：			时间：	
客户意见	负责人：			时间：	
处理方案跟踪	负责人：			时间：	
处理结果记录	负责人：			时间：	
整改措施	负责人：			时间：	

的服务意识，提升服务质量。对于老客户和新客户，即使做不到更好，也要把为老客户服务看得与为新客户服务同等重要。很多企业把更多的精力放在争取新客户上，为新客户提供优质的服务，却忽视了对老客户的服务，这是非常错误的。因为发展新客户的成本要大大高于保持老客户的成本，等到老客户失去了再去争取就得不偿失了。所以，重视对老客户的服务可以显著地提升服务的质量。同时，要经常考察服务制度。企业制定服务制度的目的是更好地为客户服务，帮助客户解决问题，满足他们的需求，达到和超过他们的期望。如果因为制度问题影响了客户服务质量的提高，就要及时地修改制度。

中小企业客户流失分析案例

在今天产品高度同质化的品牌营销阶段，企业与企业之间的竞争集中地体现在对客户的争夺上。"客户就是上帝"，促使众多的企业不惜代价去争夺尽可能多的客户。但是，企业在不惜代价争夺客户的过程中，往往会忽视或无暇顾及已有客户的流失情况，结果就导致出现这样一种窘况：一边是新客户在源源不断地增加，而另一方面是辛辛苦苦找来的客户却在悄然无声地流失。我们经常会在一些营销管理的书籍上看到类似以下的一组数据：

发展一位新客户的成本是挽留一个老客户的3~10倍；

客户忠诚度下降5%，则企业利润下降25%；

向新客户推销产品的成功率是15%，向现有客户推销产品的成功率是50%；

如果将每年的客户关系保持率增加5%，则利润增长将达25%~85%；

60%的新客户来自现有客户的推荐。

菲利普·科特勒有过这样的描述：太多的公司像搅乳器一样伤害了老顾客，也就是说，他们只能靠失去他们的老顾客来获取新顾客。这就如同给渗漏的壶经常加水一样。

新客户有限的增长率与高额的开发成本，促使企业越来越重视现有客户的流失问题。对企业来说，客户的流失是不可避免的，但是，适时地对潜在的流失客户展开相应的挽留措施，还是可以把客户的流失降低到一个合理状态的。然而，诚如"20%的客户创造了80%的利润"一样，这20%的核心客户如果流失，则会造成极大的影响。对于潜在的流失客户，没有能力也没有必要都展开相应的营销措施，构建客户流失分析模型的目的不是杜绝流失，而是通过这些分析，来找到潜在的流失客户中是否包括核心客户，从而采取有效的措施，以将损失降到最低。

目前，在电信/金融等领域，通过BI手段去构建客户流失分析模型时，通常都是通过多元回归分析模型等各种复杂的数学模型。而对于中小企业来说，判断是否客户流失的情况变得相对比较简单。奥威智动在Power-BI中加入了简单而又有效，非常适合中小企业的客户流失分析模型。

首先，我们来判断什么情况下客户存在流失的风险。

① 客户的销售收入连续数月呈下降趋势。在这种情况下，不管该客户的销售是大还是小，只要持续下降，就很可能存在流失的风险，就进入潜在流失客户名单，此时，只要找出下降原因，并采取相应有力的措施，则极有可能挽回损失。

② 客户连续数月的销售收入都没有超过某个金额。在这种情况下，如果连续数月都没有订单，即金额为0，则说明该客户极有可能已经流失；如果设定一个大于0的某个经验值，则可以找出那些虽然可能没有下降，但是只是象征性的给一些订单的客户，这种客户极有可能已经另外找到供应商，只是处于过渡阶段而已。如果反应及时，仍有机会将损失降低。

在Power-BI中，可以由使用者灵活定义统计条件，并可从订单/出库单/发票等不同的业务单据中取数进行分析。最终可以得到一个客户清单，并随时可看到某个客户的历史交易情况（趋势与明细）。有了这些信息，就可以指引企业有目的地去找原因，根据不同的原因来采取不同的措施。

思考与练习

1. 试述客户信息资料收集与整理的重要性。
2. 详述客户资料分类管理的方法。
3. 试述客户投诉处理的步骤与技巧。
4. 针对男装品牌的客户设计一份合理的客户满意度调查表。

附 录 高级服装跟单员认证考试大纲

第一部分 说 明

一、本大纲根据《高级服装跟单员岗位标准》相关内容编制。

二、本大纲为高级服装跟单员认证考试依据。

三、本大纲知识点按照《高级服装跟单员岗位标准》中《高级服装跟单员职业素质描述方案》的体例编排。

四、本大纲"了解"、"掌握"等术语的含义和与考试的对应关系见《高级服装跟单员认证考试方案》。

五、本大纲同一类知识可被不同的"岗位素质"规定为不同的掌握标准,考试时同一类知识按照本大纲不同的"岗位素质"规定的掌握标准确定考试难度。

第二部分 考试范围

一、跟单员的基本职责

了解:跟单员的由来、工作特点和素质要求

掌握:跟单员的定义

二、跟单员的基本知识

1. 外贸基础知识

(1) 对外贸易的类型

了解:按货物移动的方向、商品的形式、进出国境与关境、贸易方式、货物运送方式、贸易参加国、清偿方式划分等标准划分不同贸易类型

(2) 对外贸易的方式

了解:包销、代理、寄售、拍卖、招标与投标、补偿贸易、加工贸易等贸易方式

(3) 对外贸易的流程

掌握:进出口贸易的流程及每环节的基本业务内容

(4) 外贸易的术语与惯例

了解:贸易惯例、FCA 术语、CPT 术语、CIP 术语、EXW 术语、FAS 术语、D 组术语

掌握:贸易术语的定义、FOB 术语、CFR 术语、CIF 术语

(5) 电子商务

了解:电子商务的模式;EDI 技术

掌握:电子商务的交易步骤

(6) 进出口合同履行

了解:进出口合同履行流程

掌握：进口合同的履行中筹备货物、催审单证、订舱装船、制单结汇四个环节的工作内容；进口合同的履行中申请开证、催交装运、接货验收三个环节的工作内容

2. 生产管理基础知识

（1）生产运作知识

了解：生产的类型；生产过程；制造过程

（2）物料控制知识

了解：物料控制的职能；物料控制的目标；物料控制的岗位职责

掌握：物料的分类；物料控制的工作内容；

（3）仓库管理知识

了解：货仓规划；进行堆码苫垫；物料的保管保养；发装卸搬运管理；仓库安全管理

掌握：安排储存场所、物料验收、物料出库管理、仓库盘点的基本知识

（4）制造业的电脑化管理

了解：MRPⅡ的结构、基本功能

掌握：MRPⅡ系统的使用要点

3. 跟单员的客户服务技巧

（1）客户投诉的处理

了解：处理客户投诉的流程

掌握：处理客户投诉的方法、要点及表格制作

（2）客户信息的收集

了解：客户信息的内容、收集的途径、方法和规范

掌握：统计资料法和观察法两种收集方法

（3）客户的分类整理

了解：客户的汇总和分类

掌握：客户分类整理的四条基本原则

（4）客户的联络跟踪

了解：客户的联络与拜访的专门技巧

掌握：客户的跟踪方法

4. 跟单员的沟通和礼仪

（1）跟单员的沟通

了解：沟通的条件；沟通的要素；沟通在管理中的重要性

掌握：沟通的定义

（2）人际沟通

掌握：改善人际沟通的方法

（3）跟单员涉外交往

了解：礼仪、礼貌、宴请礼节、各国礼仪、商务接待、日常礼仪

三、获取订单

1. 订单的形式

了解：协议书、备忘录、意向书、订单和委托书订购单等订单形式

掌握：合同、确认书两种订单形式

2. 接单的流程

掌握：询盘、发盘、还盘、接受四个接单环节及企业务内容

3. 审单

掌握：审查货物品名、质量、数量、价格、交货期限、付款方式、包装要求及交货方式等合同内容的方法

4. 签单

了解：合同成立的时间；订单成立的有效条件

掌握：签单的作用；电子商务合同的签订；签单的要点

四、跟单员的业务内容

1. 原料定购的跟单

（1）原料订购跟单的原因

了解：造成原料不能及时供应的三大原因

（2）原料订购跟单的要求

掌握：原料订购交货时间、交货质量、交货地点、交货数量及交货价格等基本要求

（3）原料订购跟单的流程

了解：本作业环节的工作流程

掌握：制作订购单、订单跟踪的方法

（4）原料订购跟单的方法策略

掌握：催单的方法、规划及作业要点

2. 生产进度控制的跟单

（1）生产进度跟单的要求

了解：不能及时交货的原因；按时交货跟单的要点

（2）生产进度跟单的流程

掌握：下达生产通知单、分析生产能力、制定生产计划、跟踪生产进度的方法

（3）生产进度安排

了解：计算载荷和排序的方法

3. 产品包装的跟单

（1）产品包装的类型与作用

了解：产品包装的类型、运输包装与销售包装的两种包装形式

掌握：产品包装的作用

（2）包装的基本材料

了解：木材、纸质、塑料、金属等包装的基本材料和辅助材料

（3）包装纸盒跟单

了解：箱型结构、瓦楞纸板的设计、造型设计

掌握：瓦楞纸箱包装材料的分类

4. 产品质量的跟单

（1）认识产品质量

了解：产品质量的层次和构成

(2) 生产制造过程质量监控

了解：工艺准备和制造过程的质量控制

掌握：生产制造过程质量控制的要求

(3) 产品质量检验

了解：常用的检验方式；检验计划的编制；检验活动的实施；开展三检制；产品标识与可追溯性

掌握：全数和抽样检验两种检验方式

(4) 不合格品管理

了解：不合格品的确定、管理和处置

5．业务外包的跟单

(1) 认识外包

了解：外包的类型和原因

掌握：外包的流程

(2) 外包质量管理

掌握：外包质量检验、控制、辅导和提升等管理内容

(3) 外包厂商管理

掌握：外包厂商调查、评审、开发、关系维护及监控等管理手段

6．项目跟单

(1) 认识项目与项目管理

了解：项目进度控制的生命周期；项目管理的基本决策项目的特点

掌握：项目管理的流程

(2) 项目进度控制的流程

掌握：项目进度控制流程图

(3) 项目进度控制的方法

了解：跟踪甘特图、S形曲线比较法、"香蕉"曲线比较法和前锋线控制法四种方法

(4) 项目进度控制的工具

了解：项目控制会议；项目报告；通信联系的控制

掌握：项目进度控制的主要文件

7．货物检验跟单

(1) 货物检验的内容

掌握：进出口商品的质量检验、数量和重量检验、包装检验、出口商品装运技术检验、进出口商品鉴定的作业流程及工作内容

(2) 货物检验的流程

了解：报检、抽样、检验、签证四个检验流程

掌握：报检的工作内容

(3) 货物检验的时间与地点

了解：三种货物检验的时间与地点的选择

(4) 货物质量检验

了解：常用的检验方式、开展三检制

掌握：全数与抽样检验两种方式；检验计划的编制；检验活动的实施

8. 货物运输跟单

（1）水路运输

了解：托运、承运、装船、运输、卸船及到达交货等工作环节的工作内容

（2）国际海洋运输跟单

了解：国际海洋运输的方式

掌握：海运进出口运输跟单的业务流程和作业内容；索赔与理赔业务内容和工作流程；国际海洋运输的运费计算和海运提单的缮制

（3）铁路运输

- 国内铁路运输跟单

了解：铁路运输的基本条件；铁路货物的托运、受理、承运；铁路货物的装车、卸车；货物运输变更；货运事故处理

掌握：铁路货物的到达、交付；铁路货物运输期限

- 我国香港的铁路运输跟单

了解：香港铁路运输的一般程序

- 国际铁路出口联运跟单

了解：运输计划的编制、货物托运与承运、装车、运送和交付等业务环节

- 国际铁路进口联运跟单

了解：进口货物发运前的准备、交接、接收及分拨、分运

（4）航空运输

了解：货物的押运；进口货物航空运输跟单；出口货物航空运输跟单

掌握：国内货物托运条件；货物包装要求；货物重量和尺码计算

（5）集装箱运输

了解：集装箱运输的方式；集装箱运输的优点

掌握：集装箱的种类；集装箱运输的费用；集装箱运输的主要货运单证；集装箱出口运输运作流程

9. 货物运输保险跟单

（1）国内产品运输保险的办理

了解：国内货物运输保险的种类；国内水路、陆路货物运输保险；国内航空货物运输保险

（2）国际货物运输保险的主要险种

了解：陆上运输保险险种；航空运输保险险种

掌握：海上运输保险险种

（3）国际货物运输保险险种的选择

了解：国际货物运输保险险种的选择的依据

（4）国际货物运输保险金额与费用的计算

掌握：保险金额和保险费用的计算方法

（5）国际货物运输保险手续的办理

掌握：进出口货物的投保手续

（6）国际货物运输保险单据的缮制

了解：保险单据的类型

掌握：保险单的填写及缮制的要点

（7）国际货物运输保险索赔

了解：保险索赔的手续；保险索赔的要点

掌握：赔偿金额的计算

10. 货物通关与报关业务跟单

（1）一般进出口货物的通关

了解：海关申报、接受查验、征缴税款、货物放行四个基本环节

掌握：海关申报、征缴税款的作业内容

（2）保税货物的通关

了解：保税货物的通关流程；来料加工货物的通关；进料加工货物的通关作业内容

（3）货物的报关

了解：陪同查验；提取或装运货物

掌握：进/出口申报手续；缴纳税费

（4）报关单的填制

了解：报关单的内容

掌握：报关单的填制要求和填制规范

11. 货物报验业务跟单

了解：买方的检验权；检验时间和地点；检验检疫机构；检验证书

12. 服装理单

（1）服装理单的基本流程

了解：服装理单的基本工作流程

掌握：服装报价、制定样衣工艺文本、制作产前样（生产样）、制定订单工艺文本四项核心工作内容

（2）内销服装理单

了解：内销服装款式号的编制方法

掌握：内销服装订单工艺文本的编制

（3）外销服装理单

掌握：出口服装报价、合同以及出口服装订单工艺文本的编制

13. 服装前期跟单与中期跟单

（1）服装前期跟单

了解：服装样衣跟单以及服装面、辅料跟单的工作内容

（2）服装中期跟单

了解：服装中期跟单概述；服装中期跟单的内容

掌握：服装中期验货报告的编制

（3）服装前、中期跟单基础知识

了解：西服板型结构与缝制工艺弊病补正技术

掌握：成衣测量、服装弊病的鉴定方法

14. 服装后期跟单

（1）服装后期验货（QC验货）

掌握：服装后期验货的检验项目、步骤以及检验报告填制

（2）服装产品包装

了解：服装包装的意义、分类；服装的包装方法、方式；服装装箱的分配方法以及服装条形码的运用

（3）出口服装商检

了解：商检条款、商检证书

掌握：商检程序

（4）国内外主要检验机构及检验标准

了解：中华人民共和国出入境检验检疫局（CIQ）；SGS集团；ITS集团；出口不同国家应注意事项

参 考 文 献

[1] 吴俊. 服装跟单实务. 上海：东华大学出版社，2008.
[2] 冯麟. 服装跟单实务. 北京：中国纺织出版社，2009.
[3] 郭瑞良. 织造面料跟单. 北京：中国纺织出版社，2009.
[4] 吴俊，刘庆，张启泽. 成衣跟单. 北京：中国纺织出版社，2005.
[5] 刘志娟. 外贸跟单实操教程. 上海：上海财经大学出版社有限公司，2009.
[6] 倪武帆. 纺织服装外贸跟单. 北京：中国纺织出版社，2008.
[7] 张神勇. 纺织品及服装外贸. 第二版. 北京：中国纺织出版社，2008.